诚之斋札记

黄克 著

中华书局

图书在版编目(CIP)数据

诚之斋札记/黄克著. —北京:中华书局,2015.5
(《文史知识》编委文丛)
ISBN 978-7-101-10916-0

Ⅰ.诚…　Ⅱ.黄…　Ⅲ.社会科学-文集　Ⅳ.C53

中国版本图书馆 CIP 数据核字(2015)第 076848 号

书　　名	诚之斋札记	
著　　者	黄　克	
丛 书 名	《文史知识》编委文丛	
责任编辑	陈若一　林玉萍	
出版发行	中华书局	
	(北京市丰台区太平桥西里 38 号　100073)	
	http://www.zhbc.com.cn	
	E-mail:zhbc@zhbc.com.cn	
印　　刷	北京市白帆印务有限公司	
版　　次	2015 年 5 月北京第 1 版	
	2015 年 5 月北京第 1 次印刷	
规　　格	开本/787×1092 毫米　1/32	
	印张 13½　字数 150 千字	
印　　数	1-4000 册	
国际书号	ISBN 978-7-101-10916-0	
定　　价	40.00 元	

目　录

小令中的天籁
——〔天净沙〕

王国维在他的《宋元戏曲史》中,把马致远的〔天净沙〕视为元人小令之最佳者,评语是:"纯是天籁,仿佛唐人绝句。"就情趣流畅、浑若天成的意义说来,确是公允之论。

小令只有短短五句,二十八字:

> 枯藤老树昏鸦,小桥流水人家,古道西风瘦马,夕阳西下,断肠人在天涯。

题名《秋思》,但全篇却无一语道及其所"思"的内容。它只是排列一些孤零零的景物,并点明这些景物正是小令主人公"思"之寄寓所在。这需要借助于读者的理解和想象,把景物与主人公之间的内在联系一一挖掘出来，然后才能最终达到对作者"秋思"内容的认识。

在作者铺染的一系列景物中，首先出现的形象是枯萎的蔓藤和僵老的古树，显示了毫无生机的萧瑟气象。这时，一只昏鸦——无精打采的乌鸦飞入画面，呀呀地嘶叫着，扑打着翅膀，跌落在光秃秃的老树枝上。这就在已经十分败落的背景上又涂抹了一笔凄厉的色调。

但是，随着画面的延伸，却出现了"小桥流水人家"这样极为明净的景色。潺潺的流水、纤巧的小桥、温暖的茅屋，一切都是如此的安谧，就连那户人家的欢声笑语也如闻似见。犹如是"柳暗花明又一村"，于历经昏暗之后，展示了一派勃勃生机。

按照我国传统的艺术表现手法，"以乐景写哀，以哀景写乐，一倍增其哀乐"（《李笠翁曲话》），那末，"枯藤老树昏鸦"点染出来的"哀景"，正与"小桥流水人家"展示出来的"乐景"形成极为鲜明的对照。不过，因为二者平列，仅此二句尚难以判断作者这种对照的用心，究竟是欲一倍增其哀抑或一倍增其乐。这只有在下文推出闻见此景的主人公之后，才能得到正确的答案。

"古道西风瘦马"，冒着凛冽的西风，一匹筋疲力尽的瘦马在荒郊古道上踟蹰而行。虽然读者尚不能正面认清主人公的面孔，但透过瘦马的蹒跚形影，马上游子的凄苦之情却已毕现无遗。于是乎，以上所列貌似对立的两组景物，在这位异乡羁旅人的眼底，便全然重叠起来。"枯藤老树昏鸦"岂不正是自身心境的写照？昏鸦栖落于枯枝与自己的寻觅归宿，处境何其相似！愈见其情绪之悲凉。而出现在另一角落的"小桥流水人家"之所以给他更有力的吸引，或许他的家乡也是这样的温暖、安适、生意盎然，不过，远在天边，可望而不可即。以这种悲凉的心情来体味这一"乐景"，势必会更添一重悲凉。"古道西风瘦马"，只见他顶风策马而行，一心要尽快离开这一"乐景"，以免沉浸于更深沉的痛苦之中。

值得注意的是，诗人特意点明了驿道年代之"古"，这不仅表明其今日的荒废，更意味着此情此景为古往今来的羁旅中人所共同的经验。一个"古"字，把游子的个人凄苦推及古今，足以引起读者的丰富联想和共鸣。而作者本人肯定是联想得最深、共鸣得最强烈的一个。"夕阳西下"，处在日暮途穷、尚未觅得归宿的时刻，作者不由发出悲哀的叹喟："断肠人在天涯！"人生的旅途在于寻求理想的归宿，可是对于这位游子来说，海角天涯，一切却是这样的渺茫；当思及此，怎不令人愁肠寸断呢？

最后一句，一反前文单纯铺叙景物的格局，变成了直抒胸臆。而读者在洞悉其胸襟之后，再来回顾前面铺陈的景物，才能豁然明了和深切感受每一景物都涂有这位天涯沦落人的浓重的感情色彩。

要在短短的二十八字里凝结如此丰富而跌宕的感情，并不是容易的事。为此，作者在语言设计上进行了一番惨澹经营。他把精心选择出来的景物只用特定的名词来标志，而不用半字谓语作说明，正所谓点到而已。进而，他又把九个景物——也就是九个名词平分成三组，每组景物里都包括一个活生生的主角，用它来决定一组景物的情调和气氛。枯藤、老树，只有在昏鸦飞落下来的时候，才更显出其败落；小桥、流水，只有与人家连在一起，才更显出其生气；古道、西风，也只有在出现了瘦马之后，才更添其凄凉，这样就构成了一幅幅特色独具的画面。这些画面，表面看起来是孤立的、静止的，彼此之间似乎毫无联系，仅仅通过篇末点题，"断肠人在天涯"，才告诉读者：如上画面乃是游子眼中捕捉到的，它们无一不牵动着游子的心弦。于是，孤立、静止、互不联系的景物，一变而为提供给读者驰骋想象羁旅之情的典型环境和广阔空间。对立的景色协调起来了，静止的物体浮动起来了，简单的名词也显示了极为丰富的内涵。景景相连，物物含情，情景交融，达于化境，终而脱落出这样一幅游子断肠的完整画卷。

纵观这首小令，字字句句皆出自匠心设计、巧意安排，然而全篇却是自然有致、情趣天成，丝毫不落雕琢的痕迹。它得到"纯是天籁"的评语，确实是当之无愧的。

（原载《文史知识》1982年第3期）

按语：这是作为编委在《文史知识》上发表的第一篇文章。不想若干年后，主持工作的柴剑虹同志通知我，此文被台湾一本教科书选为教材，随即寄来已兑换成人民币的稿酬若干。虽未见原书，但稿酬是切切收到了。故值一记。

从〔蟾宫曲〕《叹世》看马致远的心态

东篱半世蹉跎，竹里游亭，小宇婆娑。有个池塘，醒时渔笛，醉后渔歌。严子陵他应笑我，孟光台我待学他。笑我如何？倒大江湖，也避风波。

马致远摘取陶渊明"采菊东篱下"诗句而自号"东篱"，借以表明其寄身田园、寄情世外的志趣。正像他在〔大石调·青杏子〕《悟迷》中所自嘲的那样："天公放我平生假，剪裁冰雪，追陪风月，管领莺花。"明明是怀才不遇，却故作旷达，要主宰起风花雪月来。为此，他精心设计了自己的世外桃源般的生活。摆在我们面前的这支〔蟾宫曲〕小令就是对其田园生活的具体描述。在那通幽的竹径中，隐映着一座小巧的游亭，而走到竹径的尽头，就是小巧的庭院。形容这座庭院用了"婆娑"二字，"婆娑"

的含义很丰富，不只展现了花木的繁茂，而且透露了其中飘荡翩跹的一种动感，使这恬静的小院洋溢着生气，既诱人又足令人忘情。一个经历了"半世蹉跎"的老人憩息于此，陶然忘机，自不难想见。然而主人公对生活的设计尚不止于此。在庭院后面，另有一池清水，在那小小池面上更漂浮着扁舟一叶。主人公在扁舟之上，醒的时候轻声吹起渔笛，醉酒之后又放声唱起渔歌，其胸中的郁闷亦于此得到尽情的宣泄。于是，不平的心境得到了暂时的平衡，沉浸在一种所谓"心旷神怡，宠辱皆忘"的心态之中。这时候，什么"密匝匝蚁排兵，乱纷纷蜂酿蜜，闹穰穰蝇争血"（〔双调·夜行船〕）般的人世间争斗，什么"无也闲愁，有也闲愁，有无间愁得白头"（〔双调·行香子〕）样的人世间烦恼，统统抛诸脑后。主人公孑然一身，怡然自得，完全陶醉在自己精心设计的小天地里。而这正是他"半世蹉跎"换来的大彻大悟。

有趣的是，马致远的另一首散套〔般涉调·哨遍〕（半世逢场作戏）也是以他的"小宇"来寄情的，几乎可以视为这支小令的铺排。其中就有这样的句子："茅庐竹径，药井蔬畦，自减风云气。"好一个"自减风云气"！一语道破其寄情田园的目的就在于抑制自己那愤世嫉俗的风云气概。而为了达到这一境界，又经历了多么大的蹉跎，付出了多么大的痛苦啊！所以，表面上看起来，〔蟾宫曲〕的前半部表现了作者在恬静的田园生活中得到了寄身世外、与世无争、六根清净的无限乐趣，其实，却蕴含了内心的波澜起伏，表明他正在出世与入世的极度苦闷中挣扎。"自减风云气"——这种人为的甚至不无造作的恬淡心态，才是最真实的夫子自道。我认为，非如此理解曲的上半部，下半部的内涵也无从进一步挖掘。

"严子陵他应笑我"。严子陵即严光，年少时曾与东汉光武帝刘秀一起游学，待刘秀称帝，他就变换姓名隐逸了起来。刘秀派人四处寻访，征召到京，委以谏议大夫，竟不受，终隐于富春江。相较而言，马致远虽也高唱隐居，却远没有这位严光先生来得彻底，不仅担任着"江浙行省务官"（一作"江浙省务提举"，此据《录鬼簿》）这样的小官，而且用作避世超俗的这座茅庐小宇很可能就处在闹市之中，所以才怀疑严子陵若在世，一定会嘲笑他的假正经，而非真隐士了。当然，如果能够想象自己会受到别人的指责，也意味着作者自料难以彻底摆脱尘世的绊羁，他的头脑还是清醒的。

难解的是下一句："孟光台我待学他。"这"孟光台"

者何许人？遍查字书、求教方家，皆不得其解，笔者自不敢妄断。鉴于依曲律此句与上句为对偶，可以肯定"孟光台"与"严子陵"是相对应的三字姓名，只是尚不知其出处罢了。但是，从下面曲词来揣测，这"孟光台"纵使不是"东方朔"三字的误植，也该是类似东方朔一流的人物。这种设想虽近荒诞，却也有如下的依据。东方朔者乃西汉武帝之弄臣，待诏金马门，官至太中大夫，以滑稽善辩名于世。据《史记·滑稽列传》记载：听到朝中以"狂人"呼之，东方朔回答说："如朔等，所谓避世于朝廷间者也。古之人，乃避世于深山中。"并乘酒酣，踞地而歌曰："陆沉于俗，避世金马门。宫殿中可以避世全身，何必深山之中，蒿庐之下。"金马门本宦者署门，后世沿用作官署代称。马致远既不能如严子陵那样弃官而去，隐逸江湖，只能效仿东方朔辈，所谓"避世金马门"，以求得一种心灵上的安慰，或自我解嘲了。

倘若如上臆说可以成立的话，那末，马致远就可以向严子陵反唇相讥了："笑我如何？"我又有什么可被嘲笑的呢？你隐逸于深山蒿庐之下固然是隐士的行藏，可我隐逸于官署衙门之中也是有前贤可鉴的行径啊！故而随即发出请人谅解的呼吁："倒大江湖，也避风波！""倒大"，词曲中常用语，乃大、绝大之意。全句的意思很明确：不只湖畔港湾，即或白浪滔天的偌大湖面上，也自有躲避风波的办法。所谓江湖也避风波，其实是用来借喻官场中亦可求隐。这样一种阿Q式的心态，在怀才不遇或愤世嫉俗的士大夫群中颇具代表性，晋人邓粲就曾发表过这样的高论："夫隐之为道，朝亦可隐，市亦可隐。隐初在我，不在于物。"（《晋书·邓粲传》）马东篱沉寂下僚，既不齿于官场的窳败，不肯与之同流合污，又无力摆脱或与之抗争，于是，在官署之旁、闹市之中苦心经营了一片精巧的小天地，虽比不上前辈隐士超世脱俗的大气魄，亦可略效其遗风，来个眼不见、心不烦，从中得到一种聊以自慰的心态平衡。这篇"叹世"的〔蟾宫曲〕所透露的正是马神仙的这样一种隐衷。读者诸君以为然否？

（原载《文史知识》1988年第5期）

马致远行状自白

　　马致远，元代著名的散曲大家。"万花丛中马神仙"，"战文场，曲状元"（明人贾仲名〔凌波仙〕吊词），后人对他也推崇备至，形容他一副曲高和寡、不食人间香火的仙风道骨形象。惜乎，生平不详。《录鬼簿》也只提到他任"江浙行省务官"（一本作"江浙省务提举"），只是经办庶务的小吏。因此，明人胡侍《真珠船》将其泛泛归于"沉寂下僚，志不得伸"之属，学者多从此说。

　　然而，观其散曲之作，不时透露一些远非"沉寂下僚，志不得伸"之举，如〔拨不断〕"九重天，二十年，龙楼凤阁都曾见"，表明他出入禁中达二十年之久，确曾飞黄腾达过。

　　在另一首〔中吕·喜春来〕《六艺》中，借着写"御"，回忆当年："昔驰铁骑经燕赵，往复奔腾稳似船。"而弓马娴熟驰骋于燕赵大地，正是随驾征战的怯薛儿郎的行径。怯薛，乃蒙语宫廷宿卫的音译，按律不仅必须由"蒙古、色目之有阀阅者"充任（《元史·武宗二》），凭着这种"大根脚"出身，还可分任省台要职（叶子奇《草木子·杂俎》）。马致远此时身为皇帝的近臣，为了前程，频频进献词曲，写出"祝吾皇万万年，镇家邦万万里，八方齐贺当今帝，稳坐盘龙亢金椅"（〔中吕·粉蝶儿·尾〕"寰海清夷"），以及"善教他（指来朝的藩邦小国）归厚德，太平时龙虎风云会。圣明皇帝，大元洪福与天齐"（〔中吕·啄木儿煞〕"至治华夷"）这样歌功颂德、阿谀逢迎的篇章。

诗人对此举一直津津乐道，晚年在感叹自己坎坷际遇时仍不忘提及："且念鲰生（自谦之词，犹如小生）自年幼，写诗曾献上龙楼。"（散套〔女冠子·黄钟尾〕"枉了闲愁"）不过，随后一句"都不迭半纸来大功名一旦休"，意即来不及得到半纸功名，升迁之路便被断送了。究竟是谁断送的，又为什么事断送的，却又欲说还休，吞吞吐吐，不肯做个交代。个中情由自然没有史料可以考索，但在〔大石调·青杏子〕《悟迷》的散套中却已明白道出。谓予不信，试将全篇逐句加以点评，其意自明。

"世事饱谙多，二十年漂泊生涯。天公放我平生假，剪裁冰雪，追陪风月，管领莺花。"此时，出入禁中、年少得志二十年的辉煌早已不再，之后的二十年，漂泊不定，浪迹天涯，备尝人间冷暖，虽然自认为饱谙世故，却也无计摆脱无所事事、一事无成的尴尬境遇。于是故作旷达，说这全是上天的安排：放任他一心一意地去兴诗作赋，拈花惹草，享受良辰美景。貌似逍遥自在的生活，其实是被排斥在主流社会之外的无业游民的写照。

"当日事，到此岂堪夸？气概自来诗酒客，风流平昔富豪家，两鬓与生华。"（〔归塞北〕）意即到了两鬓泛白的年纪，再提当年的诗酒气概、富豪风流，还有什么意思呢？不堪回首偏回首：

"云雨行为，雷霆声价，怪名儿到处里喧驰的大。没期程，无时霎，不如一笔都勾罢。"（〔初问口〕）此处的云雨行为，据下文指的是嫖妓。对此，元代律有明文："诸职官频入茶酒市肆及倡优之家者，断罪罢职"（《元史·刑法·职制上》），"诸职官取倡女为妻者，笞五十七，解职离之"（《元史·刑法二·户婚》）。只不过元代职官并不谨遵恪守，看看时人夏庭芝的《青楼集》里留下了多少高官显贵的足迹，他们之于倡优或"瞩意"、或"纳之"、或"置于侧室"，尽情在烟花柳巷寻欢作乐，几曾忌惮什么王法？相反，还可以作为风流韵事四处夸耀。偏偏马致远没有这般幸运，本是男欢女爱的云雨私情，竟闹出雷霆般的响动，怪名儿到处传播，没时没响，没完没了，如影随形，纠缠不休。实在受不了了，于是下定决心与青楼生活一刀两断，一笔勾销。

为什么官场习以为常、见怪不怪的糗事，独独马致远被揭发、被炒作，弄得"怪名儿到处里喧驰的大"呢？作者不肯作答，我们只能就其当时的境遇加以揣测。少年得志，恃才傲物，睥睨他人，肯定是有的，所以容易招人妒恨，一当行为失检被发现，把柄授人，必遭落井下石般的恶意炒作，他的名声大，怪名儿也自播扬得大，就在情理之中了。是否如此，恰有张可久的一支曲子可以证之。张可久，字小山，乃元代后期散曲大家，他写了一首〔双调·庆东原〕《次马致远先辈韵九篇》的组曲，其中多侧面地勾勒了他所尊重的已故前辈那怀才不遇、郁郁寡欢、看破穷通而又追求闲适的形象。值得注意的是，每支曲子的结尾处都反复吟唱这样一句曲家称"务头"的警句："他得志笑闲人，他失脚闲人笑。"倘若"失脚"不是事实，在与"先辈"步韵唱和中竟然如此实指，岂非大不敬吗？张可久的次韵九篇也从反面说明马致远的"失脚"已不是什么秘密，确实"怪名儿"不小，以至于后人敢于这样论定。

下面，且看作者在《悟迷》中是如何勾销、了断的。

"再不教魂梦反巫峡，莫燃香休剪发，柳户花门从（纵）潇洒，不再踏，一任教人道情分寡。"（〔怨别离〕）从今后，巫山云雨之事再不想，海誓山盟之态（如燃香、剪发）再不做，花街柳巷纵然潇洒也不再进，任凭人说无情无义也不在乎。

"也不怕薄母放诈掐，谙知得性格儿从来织下；颠不刺的相知不绻他，被莽壮儿的哥哥截替了咱。"（〔揭鼓体〕）不怕那鸨儿恶语相加，我深知她性格低下；轻薄的相好也不再缱绻恋爱，让她另结新欢吧。

最后，"休更道咱身边没寻剥，便有后半毛也不拔。活缲儿从（纵）他套共撮，沾泥絮怕甚狂风刮。喝道尘虑俱绝，兴来诗吟罢酒醒时茶，兀的不快活煞，乔公事心头再不罣（挂）"（〔赚煞〕）。别说我身无分文没得可盘剥，即或有钱也不会再拔半根毛。任凭设圈套百般算计，我是柳絮沾在泥巴上，狂风劲吹也不动摇。正好是杜绝尘缘，兴来吟诗、吟罢饮酒、酒醒品茗，真是快活煞，再不用牵挂那装腔作势的官场生涯。

好一篇章台子弟的忏悔书。

按理说，知过改过，浪子回头，应该回归上流社会才是，不想他根本没有被给予这样的机会，从此被踢出主流社会之外，成了社会底层的臭老九。

以上就是以"悟迷"为题自述其"失脚"这一公案的始末根由。正当少年得志、风云际会之时，受此打击而一蹶不振，让他如何不牢骚满腹、愤恨不平？这种情绪，付之于曲则有"东篱半世蹉跎"（〔蟾宫曲〕《叹世》）、"半世逢场作戏"（〔哨遍〕）、"百岁光阴一梦蝶，重回首往事堪嗟"（〔夜行船〕《秋思》）之词；付之于剧则有"这壁拦住贤路，那壁又挡住仕途，如今这越聪明越受聪明苦，越痴呆越享了痴呆福，越糊涂越有了糊涂富"（《荐福碑》一折）之语。愤世嫉俗的情怀，怀才不遇的感叹，玩世不恭的态度，就成了他创作的主旋律。究其所以，无不与这次的"失脚"有关。嘴上说"兀的不快活煞"，心里实"怎的不痛苦煞"，此情又何以堪！

对待烟花路也有不同的态度。与马致远在《悟迷》曲中表现的浪子回头不同，另一位散曲大家关汉卿在《不伏老》曲中表现的完全是另外一种心态，即一意孤行，死不改悔。对此又该如何认识呢？关氏在这篇著名散曲中，自称是谙熟花街柳巷、洞悉圈套陷阱的风月场中的老手，所以敢于一往无前，"你便是落了我牙、歪了我嘴、瘸了我腿、折了我手，天赐与我这几般儿歹症候，尚兀自不肯休。则除是阎王亲自唤，神鬼自来勾，三魂归地府，七魄丧冥幽，天哪，那其间才不向烟花路上走!"（〔南吕·一枝花·尾〕）表现得至死不悟，多么坚决! 与《悟迷》不同，关氏之作以浪子沉湎于烟花路为喻，表明与世俗之见的对立，而马氏之作全在写实，表明浪子不再踏柳户花门的决心；关氏之作像叛逆者的宣言，所以表现得酣畅淋漓，我行我素，毫无忌惮，气势不凡，马氏之作却犹如忏悔者的自白，所以处处显得低声下气，絮絮叨叨，委婉周致，千方百计在乞求世俗社会对自己的原谅。两下相较，高低自见。

（原载《文史知识》2013年第10期）

按语: 偶见2013年11月2日《北京晚报》专栏文章朱祖希《马致远的故居在哪里》，其对马致远"失脚"的"考据"，长达数百字的引证资料乃至行文用语全系抄自拙作，且又不注任何出处。不是发表时间有先后，竟难断奶酪之属。这也是拙作在《文史知识》发表后的一端趣话，特立此存照。

寻梅寻得的苦闷
——读乔吉〔双调·水仙子〕《寻梅》

　　　　冬前冬后几村庄，溪北溪南两履霜，树头树底孤山
上，冷风来，何处香？忽相逢缟袂绡裳。酒醒寒惊梦，
笛凄春断肠，淡月昏黄。

　　读罢此曲，掩卷思之，你会不禁为它那独特的节奏
所吸引。"冬前冬后""溪北溪南""树头树底"，在这接
二连三、反反复复而又摇摇摆摆的旋律中，首先就会产
生一种十分鲜明轻快的动感。踩着这俏皮的小过门儿，
诗人登场了。那是早春天气，乍暖还寒，酒后微醺的诗
人，飘飘然徜徉在乡间小路上，心情淡泊，信步闲行。逐
渐的，诗人加快了脚步，一会溪南一会溪北，似有所感；
或往树上或往树下，似有所寻；终于，在孤山之下停了下
来。这时，阵阵冷风从山上轻轻而下，夹带着淡淡清香，

沁人肺腑。循香而望，梅树一株，突现眼前，诗人的眸子顿时放射出异样的光彩。在一片枯木秃枝中，独有梅树显示出勃勃生机，那怒放的白花，犹如披在树冠上的一层薄纱，素雅清淡；那簇满花朵的树枝，又如伸出的洁白长袖，迎风摇曳。春天的信息，全然是从这里生发出来。诗人兴奋不已，如遇朝思暮想的故人，健步上山，直奔梅花树下，伫立端详，如呆如痴，陶醉在对梅花、对春意的迷恋之中。这样过了不知多少时光，远处隐隐传来凄凉的笛声，才打破了孤山上的寂静，也惊醒了诗人出世般的梦幻，重又归依到现实的氛围中来：夜幕降临，周围的一切——包括梅花在内，都笼罩在昏黄的月光之下，失去了光彩，初萌的生气被逼人的寒气窒息了，美好的事物被无情的黑暗扼杀了。

仔细揣摸这"酒醒寒惊梦，笛凄春断肠，淡月昏黄"的意象，非物、非我，亦物、亦我，物我融汇一起，复臻于化境。而从中我们却分明听到了笔底下诗人的叹息。是呵，春天来了，大地复苏，这在严冬之后本当给人以新的活力，但是诗人反省自己，处境依然萧索，前途依旧渺茫，竟没有一丝希望，即或是刚刚萌生的一丝希望，也被这淡月昏黄的沉沉寒夜又一次地吞噬。这绝非我们读者的主观臆测，肯定是诗人的痛苦的内心独白，不然，他也就不会在感受到大地回春的欣喜之后，笔锋一转，反而要哀叹"春断肠"了。

全曲突出在一个"寻"字。梅，是春天的使者，所以寻梅即是寻春。寒冬经久了，亟盼春天的到来，本是人之常情。诗人兴致勃勃地寻，即缘于此。问题在于诗人在准确地捕捉到春天的信息，而且在经历了一番狂喜之后，却又黯然神伤起来。这样就一变寻春而为伤春。一般伤春，多伤在春之归去；而诗人伤春，却伤在春之未来。看那感伤的情思，不绝如缕，与寻梅时的急切，得梅时的喜悦，恰成鲜明的对照。这种对照，反映了暂时的喜悦与长久的忧愁的矛盾。希冀摆脱忧愁而去寻春，又由于忧愁的无法摆脱而又伤春起来——而且，因为在寻到春之后更感知忧愁的无法摆脱，所以对春的感伤情绪反倒更加浓重。这种情绪的起伏转化，遂成为透视诗人内心世界的一个精致的窗口。

此曲作者乔吉（一名吉甫）是元代后期的著名曲家，除著杂剧十一种（今存三种）外，尤以散曲名世。散曲之作，至今存世二百余篇，数量之丰仅次于同时代的另一散曲名家张可久，故后世亦以张、乔并提，并比之为"唐之李、杜"（明李开先《乔梦符小令·序》）。可是，这样一位多产而优秀的曲家，却生不逢时，落魄一生。钟嗣成《录鬼簿》将他编入"方今已亡名公才人余相知者"之列，又记下了他的如下行状：

> 吉甫字梦符，太原人。号笙鹤翁，又号惺惺道人。美容仪，能词章。以威严自饬，人敬畏之。居杭州太乙宫前。有《题西湖》〔梧叶儿〕百篇，名公为之序；江湖间四十年，欲刊所作，竟无成事者。至正五年（1345）二月，病卒于家。

不难看出，诗人客居异乡，浪迹江湖，过的是穷困潦倒的生活。这方面，在他的散曲创作中也多有反映："世情别，故交绝，床头金尽谁行借？今日又逢冬至节，酒，何处赊？梅，何处折？"（〔中吕·山坡羊〕《冬日写怀》）不过，诗人似乎并不甘心为贫苦所困，他十分达观，这种达观也多半来自他那愤世嫉俗的傲骨。试看他的一首〔正宫·绿幺遍〕《自述》："不占龙头选，不入名贤传。时时酒圣，处处诗禅。烟霞状元，江湖醉仙。笑谈便是编修院。留连，披风抹月四十年。"这就是说，四十年，他都是在这样玩世不恭，傲岸不俗，而又孤芳自赏中度过的。他在另外一首《自述》曲中，竟至这样勾勒着自己的肖像："华阳巾鹤氅蹁跹。铁笛吹云，竹仗撑天。伴柳怪花妖，麟祥凤瑞，酒圣诗禅。不应举（的）江湖状元，不思凡（的）风月神仙。断简残编，翰墨云烟，香满山川。"（〔双调·折桂令〕）在另外一首〔双调·殿前欢〕中，他将自己的心迹表述得更为坦荡："懒神仙，懒窝中打坐几多年。梦魂不到青云殿，酒兴诗颠。轻便如宰相权，冷淡如名贤传，自在如彭泽县。苍天负我，我负苍天！"这种出世脱俗的情态，只能来自那不平社会的压迫。理所当然的是，诗人那敢于"我负苍天"的筋骨，也正是在"苍天负我"、备受摧残的经历中逐渐锤炼出来的。《太和正音谱》评"乔梦符之词，如神鳌鼓浪。若天吴跨神鳌，嗅沫于大洋，波涛汹涌，截断众流之势"，语虽朦胧，不易捉摸，但大致是指其出世脱俗，乃至惊世骇俗，是不会错的。

但是，这种风格绝不是梦符散曲的全部。它也还拥有另外的一面，即在"出世"无成、"脱俗"不能的时候，势必会产生无法摆脱、更无法傲然处之的深沉的苦闷，有如〔水仙子〕《寻梅》者。这是受寒风凌逼的春天的苦闷，这是被黑夜吞噬的梅花的苦闷，这是横遭恶势力扼杀的一切富有生机的美好事物的苦闷，当然，也是在那世情浇薄、世道昏暗的压迫下的诗人的苦闷。这种苦闷无所不在，即使在兴冲冲地寻春所引起的喜悦之后，也最终被不由自主的伤春搞得兴致索然了。此曲以欢快的节奏起头，以沉闷的调子结束，先扬之，后抑之，造成情绪的起伏跌宕，巧妙而又深沉地借喻自身的处境。如此傲世之大才，也只能在黑暗中挣扎，向黑暗中走去，直至生命的尽头。

（原载《文史知识》1987年第7期）

张养浩〔中吕·山坡羊〕《潼关怀古》赏析

> 峰峦如聚，波涛如怒，山河表里潼关路。望西都，意踌躇，伤心秦汉经行处，宫阙万间都做了土。兴，百姓苦；亡，百姓苦！

张养浩是有元一代的名臣，《山坡羊·潼关怀古》又是元人散曲的名篇，其中最为动人心弦之处又显然在最后两句："兴，百姓苦；亡，百姓苦！"意即改朝换代，或兴或衰，或成或败，平民百姓都一样地承受着苦难。这一深刻的命题，在距张养浩六百年后的鲁迅先生笔下有了更为精湛的概括：过去的历史，对百姓来说，只是"想做奴隶而不得的时代"和"暂时做稳了奴隶的时代"的颠来倒去而已（《灯下漫笔·一》）。在张养浩之前，封建士大夫虽也不乏悲天悯人之作，却似乎还不曾有如张养浩那样直朴明快地表述过这一命题。一个封建官僚如此关心民生疾苦，是真是假，确实是耐人寻味的。

张养浩（1269—1329），字希孟，号云庄，济南人。起于学正小吏，历任堂邑县（今山东聊城西北）尹，监察御史，直至礼部尚书、参议中书省事。为县令时曾著《牧民忠告》，为御史时曾著《风宪忠告》，为中书时又著《庙堂忠告》，合成一书，是为《三事忠告》，今存。《四库全书总目》评该书曰："其言皆切实尽理而不涉于迂阔，盖养浩留心实政，举所阅历者著之，非讲学家务为高论，可坐而言而不可起而行者也。"足见，在那个时代，养浩堪称勤于政事的循吏。当然，因其直言敢谏，数忤人君，也为当国者所不容。因此他决计退隐，避身远祸，终于五十二岁那年，借口父亲年迈而弃官归养。"辞却凤凰池，跳出醯鸡瓮"（小令〔庆东原〕），他是心存余悸地离开那虎狼窝的。故而，尽管后来朝廷屡次征召，皆坚辞不赴，就如他在小令〔西番经〕中所述："屈指归来后，山中八九年，七见征书下日边。"只是到了六十岁那年，一场空前的天灾人祸强烈地震撼了他，才使他一反初衷。据《元史》本传记载，文宗天历二年（1329），"关中大旱，饥民相食，特拜（养浩）陕西行台中丞。既闻命，即散其家之所有与乡里贫乏者,登车就道,遇饿者则赈之,死者则葬之。……到官四月,未尝家居,止宿公署,夜则祷于天,昼则出赈饥民,终日无少怠。每一念至,即抚膺痛哭,遂得疾不起,卒年六十。关中之人,哀之如失父母"。

一个封建官吏,一隐八九年,朝廷多次召为吏部尚书、太子詹事丞兼经筵说书,皆力辞不受,其绝意仕途、罢却名利之志是何等的坚决!然而,一闻赈济灾民,不顾年事已高,毅然应命,散其家财,尽其心力,"爱民如子"之情又是何等的真诚呵!

这样一种弥足珍贵的情愫,还可以通过下面这段小事得到佐证。史载,张养浩此次命驾西秦,"道经华山,祷雨于岳祠,泣拜不能起,天忽阴翳,一雨二日"。这件事在他的散曲集《云庄休居自适小乐府》中恰有记述:"亲登华岳悲哀雨,自舍资财拯救民。"(〔喜春来〕)另有一首《得胜令·四月一日喜雨》,也可以肯定是为此事而发:

"万象欲焦枯,一雨足沾濡。天地回生意,风云起壮图。农夫,舞破蓑衣绿;和余,欢喜的无是处。"这种在久旱逢甘霖时产生的发自内心的欢笑,绝不是什么粉饰升平的"与民同乐",适以表明他对灾情的感同身受,他与灾民的情感相通。试看他在另一篇题名《一枝花·咏喜雨》散套的尾声中，竟至笑逐颜开，抒发起奇丽的想象来："青天多谢相扶助，赤子从今罢叹吁。只愿的三日霖霪不停住，便下（得）当街上似五湖，都滹了九衢，犹自洗不尽从前受过的苦！"由此可见，百万饥民离乡背井的苦难生活给他留下了多么深刻的印象。《山坡羊·潼关怀古》一曲所发出的"百姓苦"的哀叹，无疑正是这种同情百姓遭际的情感的凝炼与升华。

在《云庄乐府》中，以〔山坡羊〕曲牌写下的怀古之作共七题九首，它们是《骊山怀古》（二首）、《沔池怀古》（二首）《北邙山怀古》《洛阳怀古》《未央怀古》以及《咸阳怀古》。鉴于张养浩归隐前为官只局限在山东和大都（北京）两地，从未西行过，所以完全可以断定：这九首怀古小令乃是他应诏从隐居的济南出发，经河南而至任所的纪程实感录。在这一组曲中，固不乏对壮丽山河的赞美，但更多的还是吊古伤今。面对前代宫殿的荒废，他感叹着争名夺利的虚妄——这和他决计归隐的政治态度是相一致的；面对流民的深重苦难，他愤愤于历代君主的竞相豪奢，不顾百姓的死活——这又是和他出自社会基层因而同情人民的思想倾向相一致的。如此两方面的内容，经纬交织在一起，构成了这七题九首怀古组曲——自然也包括《潼关怀古》在内——的主色调。

"峰峦如聚"，潼关地处秦岭高地，西近华山，南接商岭，犹如丛山环抱，《太平寰宇记》卷二十九《关西道·华州·华阴县》便这样描述它："自函谷（关在今河南灵宝县东北）至于潼关，高出云表，幽谷秘邃，深林茂木，白日成昏。"不过，因为潼关筑城于山腰，所以作者对群山的感受不是什么高耸入云，而是"平起平坐"似的从四面八方来聚凑。"波涛如怒"，波涛，指黄河，潼关的北面当黄河之曲，流势湍急。据说，"潼关本名冲关，河水自龙门（即今山西河津县西北的禹门口）冲击至华山，故以名之"（引文同前）。所以，作者居高临下以当之，其浊浪翻滚、如怒如吼之状，固足以惊心动魄。值得注意的是，"聚""怒"这两个拟人化词语的选用，使自然界的山河都呈现了一种特定的聚集力量和愤怒情绪。而这种力量和情绪又充斥于"山河表里潼关路"上，从而铺染了潼关内外一派天怒人怨的氛围。当然，所谓的"天怒人怨"，并非说作者在做什么暴力的鼓吹，或预见到什么"天下大乱"的气候。但是，作者身为奉命赈济灾民的行政长官，面对通往潼关的一路上饥民相食、流民千里的惨状，既然不能无动于衷，那末，目之所见，心之所感，一旦诉诸笔端，那足令山河变色的受灾情况和足使鬼神生忧的灾民情绪，就不能不影响到他的运思，以至于对词语的斟酌，对比喻的择选。自然界的山河都变成了在这种特定情绪支配下的审美对象；同样在这特定情绪支配下，自然界的山河也与人间世的氛围和谐统一了起来。这种难民群中所反映出来的天怒人怨的氛围所引起的情绪的共鸣、心灵的震撼，已化作作者的潜意识，因而在喻事状物时自然而然地附着以"天怒人怨"的色彩。这种艺术表现的潜意识，甚至不妨说，是并不完全听命于作者的主观意识的。

如果不是饱含了悲天悯人的思虑，如果不是感受了天怒人怨的民情，那末，作者也就不会在对山河做了如此拟人化的描画之后，笔锋一转，去"望西都"、去"意踌躇"，并进而推出"宫阙万间都做了土"的艺术形象。换句话说，是在望了"西都"，看到昔日的万间宫阙"都做了土"之后，他踌躇了，陷入了深沉的思考，随之而感受到山之"聚"、河之"怒"的。潼关乃长安（即西都）的门户，从潼关到长安历来是兵家必争之地。在这条浸透了将士和百姓鲜血的路上，历代的胜利者们又大兴土木，竞相修筑起自己的安乐窝，从阿房宫到华清宫，挥霍了多少民脂民膏！同样在这条路上，如今，残酷的征战行列不见了（那是因为元朝实现了版图的统一），大兴土木的行列不见了（那是因为京城的转移），只剩下那光秃秃的变作了废墟的宫殿遗址，以及那连绵不断的向关内逃荒的流民的行列。或战时或平时，或天灾或人祸，百姓几曾有过片时的安宁？因而作者情动乎内，发乎外，呼出不平之声："兴，百姓苦；亡，百姓苦！"

明明是在潼关怀古，却把视野扩展到潼关通往西都的路上，这固然是因为受了难民走向的吸引，他们从关中地区逃荒，经长安，向潼关方向滚滚而来。由关上看着络绎不绝的难民群，因一眼望不到头而"望西都"，是很自然的视点转移。不过，作者并没有正面去写难民，而是写所见的"都做了土"的"宫阙万间"；意即不去写在死亡线上挣扎的百姓，而是写建筑在百姓苦难基础上的统治者的奢侈。这其中是饱含了作者对现实的针砭的。

元代皇室的滥施赏赐，挥霍无度，置国库空虚而不顾，这在历代王朝中是出了名的。对此，张养浩心怀不满。《元史》本传就记载了这样一段公案。英宗即位时（1321），曾想于上元节在宫内张灯制鳌山。养浩此时已受命参议中书省事，遂上疏左丞相，请其代为廷谏，而左丞相也就照奏了："今灯山之构。臣以为所玩者少，所系者大；所乐者浅，所患者深。伏愿以重俭虑远为法，以喜奢乐近为戒。"这就是一代名文《谏灯山疏》。后来因为苏天爵所辑《元文类》未收此文，叶盛在《水东日记》里还大加讽刺呢。但在当时，却招来英宗的勃然大怒，只是为了表示他的大度才转怒为喜，并悻悻地说："非张希孟不敢言！"从中不难看出，张养浩在疏中对皇室豪奢危害的揭露是有着远见卓识的，而以此直言进谏在群臣中也是名闻于上的。不过，经此一事，张养浩也深知伴君如伴虎之危，因而不再唯喏称臣。如今，当着八年后重理政事时，面对的依然是这一情况，他的老认识、新感触也就油然而生了。

据《元史·文宗本纪》载："陕西自泰定二年（1325）至是岁（即天历二年，1329）不雨，大饥，民相食。"干旱竟长达五年之久，这是多么严重的灾情！随即记载了"陕西告饥，赈以钞五万锭"的"龙恩"。但是，与此同时，皇室的挥霍又是多少呢？请看同一月中本纪所记："赐鲁国大长公主钞二万锭营第宅。"这是一月的事，五月，"复赐鲁国大长公主钞二万锭以构居第"。据中书省臣报告，仅皇室豢养的鹰、鹘、狮、豹之食即一万三千八百锭。又据中政院臣报告：仅皇后一人日用所需即钞十万锭。统治者的挥霍无度，由此可见一斑；置黎民百姓死活于不顾，由此亦可见一斑。这些，曾身居要路津的张养浩是不会不知道的。值得注意的是史中随后这样一条记载："陕西大饥，行省乞粮三十万石，钞三十万锭。"可以认定，这个告急的奏折即出自身任赈济灾民的陕西行台中丞要职的张养浩之手。然而得到的答复又是什么呢？"诏赐钞十四万锭"而已，对于更为急需的粮食一项则理也不理。朝廷如此不体恤灾情的严重、灾民的死活，张养浩的愤懑该是意料之中的，可是作为封建官吏又无可奈何。于是愤懑化作对百姓遭际的更深厚的同情，恪尽职守，全身心地投入赈济灾民的公务中，以致忧劳成疾，瘁然而逝。

他的去世，是由于朝廷的苛刻，使他无力完成赈灾的使命。从这一意义上说来，他受到了朝廷的迫压，从而反映了朝廷的腐败。他的去世，也是由于灾情的严重，由于朝廷的不体恤民情，使他只能独力支撑救黎民于水火的局面。从这一意义上说来，他又是为百姓鞠躬尽瘁，反映了他爱民如子的情怀。

文如其人，《山坡羊·潼关怀古》一曲所包含的丰富内涵，正是张养浩作为一代名臣的心迹的艺术再现。

（原载《光明日报·文学遗产》，后收入袁行霈主编《历代名篇赏析集成》，中国文联出版公司，1988）

元人散曲的神韵

唐代的诗发展到宋代的词，又发展到元代的曲，虽然反映了诗体嬗变的历程，甚至有视之为诗体递次解放者，但是，不论词抑或曲，都不曾得到有如诗那样的充分发展，这一文学史上的遗憾早已为前贤所道破。俞平伯先生在《唐宋词选释·前言》中便指出："词出诗外，源头虽若'滥觞'，本亦有发展为长江大河的可能，像诗一样的浩瀚，而自《花间》以后，大都类似清溪曲涧，虽未尝没有曲折幽雅的小景动人流连，而壮阔的波涛终感其不足。"词的发展中间，尽管也曾出现过苏、辛那样的大家翘楚，振起雄风，但作为词坛总的气脉，囿于花前月下，总是太多的阴柔之美，而太少的阳刚之气。这固然反映了偏安一隅的南宋小朝廷卵翼下的文人难以做出大文章的普遍心态，但由此导致内容得不到更广阔的开拓、形式得不到更充分的利用，也就成了宋词在文学史上的"定格"。所谓"诗庄词媚"的说法，也就这样形成并延续了下来。

元代的曲，又被称作"乐府"，或"北乐府"，本包括剧曲和散曲。不过，剧曲并不具有独立性，它需与宾白、舞台表演以及用代言体扮演人物故事，才能构成完整的艺术表现形式，那已经完全是一种新的文学体裁，且已有了"元杂剧"的专称，自然不在本文谈论之内。何况，世称唐诗、宋词、元曲，词为"诗余"，曲为"词余"，作为抒情言志的文学手段，只有散曲才与诗、词一脉相承。这是先要说明的。

散曲兴起于金末。金亡之后，蒙古大军统治了北中国，散曲以其语体化的通俗直白的鲜明特色，更深得落魄文人的青睐，一时间名家辈出，佳什纷呈，显示了这一诗坛奇葩的勃勃生机。它犹如一支彩笔，或大写意或小工笔，多角度、多层次地勾勒描摹出一代读书人沉抑下僚、志不获展的愤懑心态。今天看来，它尚缺少正面反映社会现实的作品，但是，它表现形式的解放和抒发情绪的强烈，达到了韵文发展史上的新高峰，又是毋容置疑的。而这又几乎形成了散曲成就的"定格"。灭宋之后，随着散曲作家活动中心的南移，接受南宋词风的影响，曲而趋于词，俗而趋于雅，复成倾向。试读晚期一些名家的散曲之作，不用衬字，依谱填曲，已经与词难于分辨了。于是，对散曲这一新诗体来说，解放变成了束缚，发展变成了回归，重新钻入艺术的死胡同，以至出现今日度曲更难于填词这样在韵文发展史上极不正常的现象。

当然，散曲在后期的一定程度上的停滞丝毫不影响其前期所取得的成就的光辉。元人散曲的成就不在后期向词的回归，而恰恰在于前期从词的格律束缚中挣脱出来、最终形成与词全然不同的新诗体。

相对诗来说，"词别是一家，知之者少"，这是李清照的话，指的是在取材、情致、出语、铺叙等方面，词都不同于诗，且为人所未道。同样，相对词来说，曲也"别是一家"，举凡上述一些方面也都应与词有所区别。钟嗣成在《录鬼簿序》中也说过这样的话："若夫高尚之士、性理之学，以为得罪于圣门者，吾党且啖蛤蜊，别与知味者道。"话中虽另有寄托，然而他所强调的，那些"门第卑微，职位不振，高才博气"的元代曲家的作品，有着与传统诗词完全不同的品位，则又是明白无误的。

仅从格律上看，曲虽与词均为长短句，但于格式之外可以加衬字，韵脚可以平仄通押，又不避重字重韵，更近于宽泛灵活的口语，与词的区别是明显的。不过，仅此尚不能把曲与词完全分开，而曲的特点似也不止于此。读者之所以读曲与读词有全然不同的感受，总应还有更为潜在、更具决定作用的因素在，那就是曲所独具之妙，或者说曲所特有的倾向和神韵。探索这一奥秘者，代不乏人。

"论曲之妙无它，不过二字足以尽之，曰能'感人'而已。"这是明末清初曲家黄周星在《制曲枝语》中的说法。

"元曲之佳处何在？一言以蔽之，曰'自然'而已矣。"这是清末民初学者王国维在《宋元戏曲考》中的观点。

他们对元曲奥妙的揭示无疑都是对的，但也都如隔靴搔痒，不得其要。"感人"，那是文学创作的功效；"自然"，那是文学创作的追求，元曲虽然可以达到这样的境界、取得这样的效果，而达到这样境界、取得这样效果的，却非元曲所独具。

倒是第一个把元曲用韵的实际情况做了科学归纳的元代著名曲家周德清在《中原音韵》的自序中的一段话较为中肯。他在概述"元曲四大家"关（汉卿）、郑（光祖）、白（仁甫）、马（致远）所作曲的共同特色时指出："韵共守自然之音，字能通天下之语，字畅语俊，韵促音调。"其中值得注意的，一是"守自然""通天下"，肯定了元曲用语的通俗直白；一是"字畅语俊"，肯定了元曲用情的俊俏畅快。前者——通俗直白，是就表现手段而言；后者——俊俏畅快，则是就表现神韵而言，可谓别具只眼，一语中的。

前文提到"诗庄词媚"之说，意思是诗用以庄重言志，其韵致较为郑重严肃；词用以妩媚抒情，其韵致较为细密缠绵。那么曲呢？倘或也用一个字来表示，该用什么字更合适呢？我想选用"俏"字。俏皮、俊俏、幽默、诙谐、玩世不恭、正话反说，乃至寓庄于谐，都是"俏"字的应有之义。如此"一言以蔽之"，自不免以偏概全，失之片面；我也不会认为元人散曲的每一首都能在"俏"字上对号入座，不过是想把元曲那种在尽情尽致、通俗直白的宣泄之中，或多或少总要拐弯抹角地表现出"俏"的灵气这一点加以强调罢了。极而言之，有元一代之散曲创作，竟形成"无俏不成曲"的局面，并被奉为曲之正宗。散曲在明清两代虽未在诗坛成大气候，但从散曲大家明代陈铎、清代孔广林将自己的散曲集各自命名为《滑稽余韵》《温经堂游戏翰墨》的取意看，也是视幽默滑稽、游戏笔墨为散曲传统的。至于六十年代初，当代散曲大家赵朴初先生所著之《某公三哭》，嬉笑怒骂，把曲之"俏"发挥到了极致，因之名噪一时，更是深谙元人散曲三昧的明证。

形成元曲的"俏"的这一独特神韵绝非偶然，它是由其作者群——元代知识分子的独特境遇所决定的，带有鲜明的时代烙印。

蒙古大军于公元1234年灭了金王朝，统一了北中国。一个游牧民族入主中原，破坏了原来的生产方式和经济文化，加以实行民族歧视政策，造成社会秩序异常混乱，人民，特别是汉族人民陷于水火之中，而其中的知识分子更几乎招致灭顶之灾。在中国，知识分子被称作"士"，向居"四民之首"，他们自己也有着超人一等的优越感。自隋唐兴科举取士，即使庶族百姓中的读书人，也有跻身统治阶层的机会，所谓的"十年寒窗无人问，一举成名天下知"，俨然成了时代的宠儿。到了蒙元时代，这一切竟成了难圆的旧梦。窝阔台太宗九年（1237），沿袭金朝旧制，曾举行过一次科举，随后即行废止，直到仁宗延祐二年（1315）方始恢复。七十七年间科举不兴，这几乎断送了几代读书人的谋生之路、进身之阶！所谓的"冻杀我也《论语》篇、《孟子》解、《毛诗》注，饿杀我也《尚书》

云、《周易》传、《春秋》疏"（马致远《荐福碑》杂剧一折），所谓的"天丧斯文也，今日个秀才每逢着末劫"（宫大用《范张鸡黍》杂剧二折），所谓的"嗟乎，卑哉！介乎媚之下丐之上者，今之儒也"（谢枋得《送方伯载归三山序》），虽是愤激之词，却也真实地反映了当时读书人的切身遭际。

大凡物不得其平则鸣。就在读书人那种生不逢时、愤世嫉俗的情绪亟待抒发之时，恰有一种新兴的诗体引起了他们的兴趣，那就是在宋、金时代已经流行于民间的俗谣俚曲的基础上，复融入"胡乐"，"嘈杂凄紧，缓急之间，词不能按，乃更为新声以媚之"（王世贞《艺苑卮言·附录》），终而形成的散曲。这种"新声"较之诗词更便于淋漓尽致地抒发自己的情绪，"于是，以其有用之才，而一寓之乎声歌之末，以纾其怫郁感慨之怀，所谓不得其平而鸣焉者也"（胡侍《真珠船·元曲》）。由此可见，散曲之所以能够在蒙元统治时代的前期迅速形成规模，读书人借其鸣不平是一个很重要的原因。

不过，虽说重要，也只是元人散曲兴盛的一般性原因，需要进一步探讨的是元代读书人又给散曲这一新兴诗体注入了些什么样的新因素？这一新兴诗体又展现了元代读书人的怎样心态？

特殊的时代酝酿着特殊的情绪，特殊的处境也决定着特殊的处世态度。历代知识分子都将孔老夫子的教诲"邦有道则仕，邦无道则可卷而怀之"（《论语·卫灵公》）奉为立身之本，其中也还保留点洁身自好、自视清高的姿态。然而在蒙元时代，因着读书人遭到彻底的遗弃，这一套就行不通了。"仕"既无路，"卷而怀之"也不得自专，对此，就连当时的大儒元遗山也不禁发出"穷通前定，何必苦张罗"（小令〔双调·骤雨打新荷〕）的哀叹。现实的严酷、命运的失落，逼迫得广大读书人的人生取向发生了严重的扭曲。这种扭曲活灵活现于散曲的名篇佳什之中。既然入世不成，索性避世隐居，"官品极，到底成何济？归，学取他渊明醉"（关汉卿〔双调·碧玉萧〕）；既然用世不成，索性自暴自弃，"天公放我平生假，剪裁冰雪，追陪风月，管领莺花"（马致远〔大石调·青杏子〕《悟迷》）；既然仕途艰险，索性全身远祸，"昨日玉堂臣，今日遭残祸，争如我避风波走在安乐窝"（贯云石〔双调·清江引〕）；既然世情浇薄，索性与世无争，"指鹿做马，唤凤做鸡，葫芦今后大家提，谁想别辨个是和非"（周文质〔越调·斗鹌鹑〕《自悟》）；既然不容于世，索性我行我素，"闲讴乐道歌，打会清闲坐，放浪形骸卧。人多笑我，我笑人多"（乔吉〔双调·殿前欢〕）。不仅于此，他们甚至变得玩世不恭起来，公然发出"许大乾坤，由我诙谐"（孙周卿〔双调·蟾宫曲〕《自乐》）这样调侃人生的宣言。凡此，无不反映出当时读书人的特殊情绪和特殊处世态度。总之，从元人散曲的创作实际看，少的是为国为民的忧患意识，多的是怀才不遇的满腹牢骚；于蝇营狗苟之中追求"闲适"，于浑浑噩噩之中标榜"悟迷"，从而最终形成了元曲的寓庄于谐，在俏皮里透着几分凄苦、在悲愤里含着几分自嘲这样一种迥别于诗词的独特的倾向和神韵。

本文把散曲的这种倾向和神韵以"俏"名之，也正从此中得来。俏，固然有俏皮、滑稽、幽默、诙谐的表面，更有愤世嫉俗、玩世不恭的内涵，俏皮的笑脸实际上掩饰着的是心底的悲哀。

不过，也应当指出，虽说幽默需要高一筹的睿智，俏皮也不乏深一层的谲诡，但透过俏皮、幽默的神韵反映出来的，毕竟是当时读书人在强权迫压下的心理变态。它不是勇者直面惨淡人生的嬉笑怒骂，倒像弱者在做阿Q式的自我开慰，这正是元人散曲留下的时代胎记。

（原载《文史知识》1995年第12期）

伤心人语
——晏几道《临江仙》词

宋初词坛，承继南唐的衣钵，风格清婉，题材却较为狭窄且失于单调。这是因为拘泥于"诗余""艳科"的成见，把庄严的大题目都让给诗与文，自己则安于表现旖旎恋情的世袭封地的缘故。而在这小天地里能够恣意游衍，甚至词风也能逼似南唐后主李煜的，当推人称"小晏"的晏几道了。

晏几道是晏殊的幼子。晏殊为仁宗时的宰辅，台阁燕饮，一生富贵，词风追随五代那位三朝元老冯延巳，雍容华贵而又清新婉丽，实为宋初词坛的领袖人物。晏几道作为官宦子弟，生长在富贵圈里，从小受到良好的艺术熏陶，因而具有很深的艺术素养。不过，其人不善处世，几近天真幼稚。时人黄庭坚为他的《小山词》作序，竟以"痴"字描述其为人，说他既"不能一傍贵人之门"——

投靠权势，又"不肯作新进士语"——撰写时髦文字，甚至"人百负之而不恨，已信人终不疑其欺己"，说明他于人情世故的一窍不通。这样的迂夫子一旦步入那尔虞我诈的社会，犹如龙睛鱼放诸江河，难以自保；临西麀游戏群犬，必遭吞噬。所以，终其一生，晏几道只做到颍昌府（治所在今河南许昌）许田镇上的一名小监官，一家人也不得温饱。和南唐后主李煜相较，虽然没有李后主的国破家亡之恨，但是荣华富贵已成过眼云烟，饥寒交迫又无能摆脱，抚今追昔，自不乏"天上人间"之叹。就这一意义上说来，他和李后主的感情相通。清人冯梦华把他说成是"古之伤心人也"，无疑也是因此而发。

这里又引出一段公案，那是近人王国维在《人间词话》中挑起的：

> 冯梦华《宋六十一家词选·序例》谓："淮海（秦观）、小山（晏几道），古之伤心人也，其淡语皆有味，浅语皆有致。"余谓此唯淮海足以当之。小山矜贵（自视尊贵）有余，但可方驾子野（张先）、方回（贺铸），未足抗衡淮海也。

由于情趣相异、倾向不同，甚至欣赏角度的差别，对同一诗人褒贬不一，本属正常，毫不足怪，即所谓仁智各见，难以定于一尊。小晏词纵有"矜贵"之处，但大多也是对良辰美景的追忆；即便所"矜"的"贵"，也都不过是水中之月、镜中之花，如他在《蝶恋花》词所感叹的那样："聚散真容易"，"总是凄凉意"。没有富贵与贫贱、热闹与孤独的亲身经历，很难有这种切实感受，而这也正是他的最大的伤心之处。或许，王氏于"古之伤心人也"的评语并不持异议，但是，难道"淡语"中寄寓深意、"浅语"中洋溢情致，就和小晏无缘了吗? 恐亦不尽然。今即拈其《临江仙》一词以证之:

> 梦后楼台高锁，酒醒帘幕低垂。去年春恨却来时，落花人独立，微雨燕双飞。　　记得小蘋初见，两重心字罗衣。琵琶弦上说相思。当时明月在，曾照彩云归。

此词是追忆歌女小蘋的。关于小蘋，作者在《小山词》的跋语中有这样一段记述:曾与沈廉叔、陈君宠相过从，沈、陈两家有歌女莲、鸿、蘋、云四人，每次聚会，得一佳什便交付她们演唱，三人遂以饮酒听歌为赏心乐事。后来沈、陈二人一病一亡,当时的词作也随四歌女之离散而流转于外。《小山词》就是将自己已经流散的词作重新收集起来并加订正而成的,故初名《乐府补亡》。写到这里,作者感慨道:"考其篇中所记悲欢离合之事,如幻如电,如昨梦前尘,但能掩卷怃然,感光阴之易逝,叹境缘之无实也。"其中虽不无好景不长、欢娱难再的悲哀,然而,这也恰恰是作者本人提供给本词的切切实实的注脚。

借酒浇愁的人最怕酒醒,郁闷满怀的人最怕梦去,因为这意味着失去了暂时的摆脱,又回到了必须面对的冷酷的现实,继续经受那痛苦的熬煎。起首两句就是从这"两怕"入手,展示酒醒、梦后的景况:酬宾宴饮的高阁关上了——人去楼空,轻歌曼舞的帘幕降下了,万籁无声,主人公重又沉浸在孤独、寂寞之中。这高阁上酬宾宴饮和帘幕下轻歌曼舞,固然可以认作是醉卧前的场面,不过,联系下文,似乎理解为醉梦之中的享受更为妥贴,意即这一切只是醉卧中的"一晌贪欢",并没有现实的属性。

在孤独与寂寞的笼罩下,一种无名的惆怅——"春恨"又涌上了心头。"春恨",即恨春之去,一般用作暮春的同义语,此外因加上了"去年"的特定时间状语,所以也应有特定的含意，只是主人公未道出，读者不得而知罢了。但在歇拍一联却透露了消息——"落花人独立，微雨燕双飞"。主人公于百无聊赖之际，步出室外，伫立院中，凋谢了的花瓣随着绵绵细雨飘落在身上而不自知，成双的飞燕划破细雨织成的帷帘翩翩而去，又勾起他的无限向往。一个"独立"，一个"双飞"，两相对照，撩拨起主人公的感伤情绪。自然地过渡到下片，呼唤出美丽的倩影。

都说"落花"一联对仗工巧而意境深远，清人谭献在《谭评词辨》中甚至称之为"千古不能有二"之绝句。其实，这两句完全是从五代翁宏《春残》诗中移植过来的。只是因为情景交融，化用得成功，倒反而成了小晏的专利。《人间词话》曾将陶潜"采菊东篱下，悠然见南山"引作"无我之境"的例子，并解释说："无我之境，以物观物，故不知何者为我，何者为物。"小晏此词之歇拍二句可谓得此境界。词中的主人公独立庭中，寒雨、香瓣拂面而不觉；双燕飞过，凄然有感，以至魂不守舍，几欲随之去追逐那消失的年华、久恋的情侣，完全忘怀了自己那孤独、寂寞的现实景况。

"记得小蘋初见"，下片终于推出了萦系主人公心头的"去年春恨"的核心人物。小蘋，一作小蘋，乃前面所提到的沈、陈两家的四歌女之一，向为词人属意，所以《小山词》中也多处留下她的踪迹。即如《玉楼春》（琼酥酒面风吹醒）词："小蘋微笑尽妖娆，浅注轻匀长淡净。"同调词："小蘋若解愁春暮，一笑留春春也住。"足见是个天真无邪、秀色天成、笑语盈盈、风度翩翩的少女。相处日久，情深意长，反倒更加深了初次见面时的第一印象，这是因为在日后的交往中，第一印象常是一段风流韵事的开端，具有"划时代"的纪念意义，所以要经常地提到它、回味它，因而不但不会随时间的流逝而淡漠，反而会更加强烈；甚至在离散之后，一旦想起这段往事，首先浮现心头的依旧是这不寻常相会的第一印象。词人得到欢娱自此始，为失去它而伤心也从这里来，故此才记"初见"以志永怀。表面上看来，词人是按部就班地历述了自己一见一听一送的"初见"的经过，实际上借此形、情、神三个侧面烘托出了所恋之人的光彩，从而展现了自己感情升华的过程。

所见的是"罗衣"，是罗衣上的"两重心字"。这很可能是种时髦的服饰，但不俗，不仅不俗，还透露出点高雅的文气。在把双重的"心"字的文绣作为自己服饰这一点上，标志着服饰主人的别出心裁——情窦初开，憧憬同心;而在文气这一点上又会引起文人的注目,势必与词人相通,从而预示了日后的心心相印。这在外形的勾勒上已经是先入为主,表明二者的一见钟情了。

所听的是"琵琶",是琵琶弦上的"说相思"。能够借助琵琶上的弦索把相思之情说出来,可见小蘋拨弹技艺之高;而能够把琵琶弦上说出来的相思之情听进去,心领之,神会之,又可见听者已成为弹者的知音。弹者脉脉含情之状,闻者楚楚动情之态,一往情深,全在这"说相思"三字中体现出来。意味着二者之间的感情交流已深化了一大步。

以下,词中并不正面描写小蘋与词人的眉目传情,或是喁喁私语,只是写了词人的痴情相送:"当时明月在,曾照彩云归。"在皎洁月光的辉映下,小蘋宛若一朵艳丽的彩云冉冉离去。请看,同样是这一个小蘋,在词人的心目中,从衣着入时的少女,一跃而为琵琶传情的情侣,再跃而为飘然而逝的仙女;从写形到写情,到写神韵光辉,意味着词人与小蘋之间的感情在逐步地深化、净化以至升华。小蘋全然成为美的化身,而词人也似乎置身仙境,宛如刘晨、阮肇之误入桃园,与仙女相会。这种高格的境界,对词人、对读者,无疑都是一种美的召唤,美的享受。

然而，这美好的一切都已成为不能再现的过去。偏偏愈是失去的美好，其美好愈是萦绕心头，真个是"剪不断，理还乱"，简直无法排遣。索性把已经失去的美好再做回味吧，结果等于是冰上加霜、痛上加痛，反更为其永不复返而柔肠寸断。这种痛苦思绪是借助"当时明月在"一语相当含蓄地反映出来的。句中包含了这样两层意思，一则是送别的当时正值明月当空，辉映得小蘋的形象愈加光彩夺目；另一则是曾照小蘋归去的明月今日仍在，可是当时的小蘋今日又到何处寻觅呢？当年与小蘋联翩而行，今日却只剩自己茕然独立，词人的痛心疾首自是不可名状。至此，方将无名"春恨"的具体内容和盘托出：词人正是为美好的时刻不得再现，美好的人儿不能再来，而惆怅，而苦闷，而感伤。词人也正是以这种"感光阴之易逝，叹境缘之无实"的切实感受，最终完成了这篇抚今追昔的伤心文字。

（原载《文史知识》1986年第4期）

"吾师肺肝铁石铸"

——读方苞《左忠毅公逸事》

　　方苞是清代散文家，作为在清代散文中居主宰地位的桐城派的先驱，当时的名气很大；后人为他编成《方望溪先生全集》三十卷，收文也很多，遗憾的是，足以传世之作却很少。这是因为他的文章全以程朱理学为宗，等同封建礼教的宣传品，内容既贫乏，艺术形式也陈腐的缘故。具有讽刺意味的是，恰恰是他的那些在一定程度有悖于自己所宣扬的主旨的作品，成为传世的名篇，为人们所喜爱。我们下面要介绍的《左忠毅公逸事》，便是其中之一。

　　左忠毅者，即明季名臣左光斗，官至左佥都御史。有明统治以"梃击""红丸""移宫"三大案为其结束曲，而左光斗就是"移宫"之议的首倡人。此举粉碎了已故明光宗的宠妃李选侍篡位专权的野心，使年幼的熹宗得以即位。史称："光斗与杨涟协心建议，排阉奴，扶冲主，宸极获正，两人力为多。由是朝野并称为'杨、左'。"（《明史》卷二四四本传）兹后，继杨涟劾魏忠贤二十四大罪，左光斗复草奏劾魏忠贤党三十二斩罪，不及上奏，便被阉党提前下手，诬陷下狱，横遭惨死。对于岌岌可危的明王朝来说，左光斗的作为虽不能挽狂澜于既倒，但仍不失为敢于死谏之诤臣。

方苞是左光斗的同乡，也是桐城人。虽说光斗死（明天启五年，1625）后四十三年（清康熙七年，1668）他才出生，但同乡先辈的业绩，经过父老口耳相传，不能不给他以深刻的印象，何况他的族祖父就是左光斗的外甥，且与他的父亲（方仲舒）又有深交呢！文章起首冠之以"先君子（即先父）尝言"，便以这样的关系肯定了他所记述的"左忠毅公逸事"之凿凿可据。

文章的第一段写了左光斗识拔史可法的故事。史可法乃抗清名将，1645年（时距李自成灭明一年），为了维持苟安于南京的南明小朝廷，他身赴抗清前线，孤守扬州，抵御清豫亲王多铎的重兵围困，坚持十日，城破殉难，全军将士无一降者。多铎气急，下令屠城十日。这就是使青史为之动容的"扬州十日"。而史可法的名字，在相当长的一个历史时期内，也就成了抗清的旗帜。清统治者害怕他的影响，一心想要为己所用，乾隆年间敕赠"忠正"的谥号，就反证了史可法身后数十年、方苞作此文之际，人们还是把他当作盖世英雄崇敬的。识此英雄于布衣之中，这就更突出了左光斗那超人的选拔人才的胆识。水涨而船高，利用在当时仍拥有偌大声望的史可法，映衬出具有知人卓识的左光斗的形象愈加光彩动人。

文章的动人之处表现在作者维妙维肖地记述了左光斗识拔史可法的进程。风雪严冬，左公于京城私访，在一座古寺中见一书生倦卧案头，身旁展开着刚刚拟就的文稿。文稿写的是什么，没有介绍，但是，从"公阅毕，即解貂伏生，为掩户"的细节描写中，分明可以看到，正是这一纸文稿，将高官与寒士这两代人的忠心连通了起来。脱下自己的貂裘披在这无名寒士的身上，又代之关上门窗，爱惜体贴之情溢于言表。至此，除去侧面打听到这寒士的姓名，二人之间不及一面，更不及一言。直到应试，闻史呼其名，始"瞿然注视"——瞪大眼睛盯住其人。这不是一般地观察外貌看他是否仪表堂堂——事实上，史可法身材"短小精悍，面黑"（《明史》卷二七〇本传），似乎并无警人之处，左光斗之"瞿然注视"是在掂量眼前这位年轻人于国家艰危之际，能否担得起历史使命。看来他是放心了，因为卷纸一呈上，便当面批为第一名，并随即召至后堂，当着夫人面宣称："他日继吾志事，唯此生耳。"唯因后来史可法成就了一番惊天动地的壮烈事业，所以这几句话更具有一字千钧的分量，反映出左光斗过人的识拔人才的能力和气魄。这一段仅用短短105字，通过详略相间、浓淡相映的笔墨，就跌宕有致地把左光斗这样一位相得千里马的伯乐形象栩栩如生地勾勒了出来。

大约就在这桩"逸事"发生不久，左光斗遭魏忠贤党的诬陷，锒铛入狱。接着，作者便引出了左光斗的第二桩"逸事"。

前半，极力渲染狱中禁锢之严，说明左公是必死的"钦犯"，连探望一下也会遭到不测。史可法却不惜重金贿赂禁卒，乔装改扮，冒生命之险，入监求见；当见到自己的恩师被酷刑折磨得血肉模糊、面目全非时，不禁肝胆俱裂，悲恸欲绝，直至"抱公膝而呜咽"。表现了师生情谊，以及弟子感念老师知遇之恩，赴汤蹈火在所不辞的精神，无疑都是细致入微而又深切感人的。

但这一切只是铺垫，因为作为"逸事"的传主，左忠毅公尚未有所动作。他对弟子表现出来的深厚情谊又是如何反映呢？只见：他吃力地抬起手来，用力拨开糊满双眼的浓血，霎时，"目光如炬"，铄铄有神，以这足以照亮阴暗囚室的目光逼视着匍匐在自己面前的弟子，令史可法不敢正视。一句"庸奴"的怒斥，把这次不寻常的会见推向悲壮的高峰。庸奴者，无能鼠辈是也。曾几何时，史可法还是他亲自识拔出来的可以委以大任的志士，何以一降而为"庸奴"呢？史可法为了探望自己的恩师不惜一死，何以遭此恶谥？岂不太不近人情了吗？直待读罢左公的申斥，责难始得释然。其意为：这是什么地方，你难道不知道吗？这是必死之地，即或侥幸出去，日后也会成为阉党构陷的口实，可是你竟然来了，无异自投罗网，这是第一层意思——责其轻生。如今，朝政腐败到了这种地步，而我行将就义，已无可作为，本指望你能肩负重任，支撑这颓败的江山，不料你却为了安慰我而轻生命、昧大义，真使我绝望。将人之生死与兴亡之大义联系了起来，这是第二层意思——责其不明大义。这不只是对史可法的当头棒喝，也是师长给弟子上的最后一课：人固有一死，而死只有和正义的事业结合起来才有意义。史可法为探望恩师，不辞一死，情节虽也动人，但是跟左公于临危之际，将生死置之度外，仍耿耿于国势之艰危相比，便觉无足轻重了。左公的高风亮节,浩然正气,在这样的对比之中,愈显得大义凛然,光彩夺目。

当然,左公是清醒的,他既知史可法并非"庸奴",对这一心爱的门生也并未绝望,因而才采取了激烈的"扑杀"的动作。这一动作表明他不愿意史可法沉浸在对自己的哀痛之中,更担心他由此而遭到阉党的陷害,步自己之后尘,所以才要他尽快离开这是非之地,锄奸救国,完成自己未竟之业。拳拳厚望,尽在这一"扑杀"的动作中表现出来,也给可法留下了铭心镂骨的印象:"吾师肺肝,皆铁石所铸造也!"这一结语也正标志了作者倾心刻画的这样一位名留青史、光照千秋的英雄形象的最终完成。

下文还有两小段,都是写史可法如何不忘先师知遇之恩的,虽然也可以视作对前事的呼应,但文章毕竟是记左公之逸事,过多涉及史可法,总使人有尾大不掉之憾。

更令人遗憾的是,在展观史可法的业绩时,有意把这位抗清英雄改装成抗御农民起义军的先锋。写史可法治军谨严,身先士卒,枕戈达旦,不肯稍息,常曰:"吾上恐负朝廷,下恐愧吾师也。"这样的情节更像史可法孤守扬州时的故事,却偏偏安排在防御张献忠义军的前线,作者为他所效忠的清统治者讳,用心可谓良苦。

尽管如此，《左忠毅公逸事》仍不失为散文中之上品。作者方苞刻意仿效韩愈、欧阳修，《逸事》纵与唐宋大家作品相较，也毫不逊色。

所谓"逸事"，或曰"轶事"，亦为史之一体，一般是指正史失载的故事；因其"求诸异说，为益实多"（刘知几《史通·内篇第三十四·杂述》），故常可收到胜于正史的奇效。这篇《逸事》虽只叙左公两件事，行文不过三百言，却因为择取了典型的情节，运用了精练的语言，塑造了有血有肉的形象，较之洋洋两千言的《明史》本传要生动得多，形象也丰满得多。尤其值得称道的是，名为一人之逸事实际写了两人，但又不是两人的合传，而是处处以史可法陪衬左光斗。

《逸事》中表述史可法的文字不少，何以并不给人以喧宾夺主或平分秋色之感？就是因为选材的角度，不论是两者之间的师生关系，抑或见识高下，都把他置于从属和接受教育的地位，而让左公的形象始终居于高屋建瓴的优势。当然，史可法的形象也绝非可有可无。没有史可法的古寺苦读，就不能如此细腻生动地反映左公的知人卓识；同样，没有史可法的冒死探监，又怎能如此动人心弦地表现左公的铮铮硬骨？作者借助对史可法的识拔和无微不至的体贴，突出了左公性格中温厚的一面；借助狱中教训史可法不可轻生死而昧大义，又突出了左公性格中刚毅的一面。而性格的这两方面，又在眼神的描绘当中着意加以点染：前者，用"瞿然注视"，细致地展现其殷殷眷顾之情；后者，用"目光如炬"，强烈地展现其凛然不可侵犯之威。这种传神之笔正所谓"画龙点睛"者也。而一代名臣的形象，也就借助这有柔有刚、有声有色、有血有肉的细节描写，生动地展现在了读者面前。

（原载《文史知识》1983年第3期）

李白世界观矛盾初探

　　江青在借"评法批儒"大造反革命舆论时，曾将李白诰封为"法家"，那些仰承女皇鼻息的墨客为此颇费了一番求证的工夫。然而，在这位"安能摧眉折腰事权贵"的李白的诗作中，却很难找到他们所需要的东西。于是，他们只好乞灵于早遭鲁迅先生痛斥的以偏概全的"摘句"法。《古风》第二首的首句"秦王扫六合，虎视何雄哉"被摘出来了，说是尊法；《庐山谣·寄卢侍御虚舟》的首句"我本楚狂人，凤歌笑孔丘"被摘出来了，说是反儒。柏青（即梁效）在《坚持古为今用，研究儒法斗争》的黑文中，就是根据这么两句便把李白的政治态度概括为："赞扬秦始皇，藐视孔老二。"有论又有据，"李白是法家"的金口玉言也就有如天经地义，毋庸置疑了。

　　无须乎为批驳这种论点的荒谬去旁征博引，只要沿着他们摘取的首句把全诗读完，便不难发现原作的主旨与他们的武断大相径庭：前一首并不在于赞扬秦始皇，而是讽刺秦始皇热衷求仙采药的荒唐行径；而后一首与其说是藐视孔老二，实不乏孔老二"道不行，乘桴浮于海"的味道，流露着诗人对寻仙炼丹生涯的向往，从中无论如何也勾勒不出"李白是法家"的形象来。

不过，如果我们不理会他们那别有用心的歪曲，实事求是地分析这两首诗，就会发现另外一个问题：对待寻仙采药这一道教的迷信活动，同一作者竟然采取了截然不同的两种态度。这样一来，被用来论证"李白是法家"的两首诗，倒为我们探讨李白世界观的矛盾提供了可寻的线索，而对这一问题的探讨自然会使涂在李白脸上的"法家"的油彩不剥自落。这恐怕又成了始作俑者江青及其御用文人们哭笑不得的辛酸事吧。

一

列宁在《列·尼·托尔斯泰》一文中指出："托尔斯泰的观点中的矛盾，不仅是他个人思想的矛盾，而且是一些极其复杂的矛盾条件、社会影响和历史传统的反映。"

（《列宁全集》第16卷324页）对于李白在道教迷信上反映出来的观点中的矛盾，我们也必须遵循这一原理，从复杂的社会画面中去寻找答案。

在我国封建社会的漫长岁月里，政权、神权、族权、夫权，代表了全部封建宗法的思想和制度。宗教是神权的体现，隋唐以还，它便以佛、道两教的形式固定了下来。两教之间虽然互相排斥，恨不得一口吞掉对方，但因同为统治阶级效劳，同是钳制被统治阶级反抗意志的精神桎梏，故此统治者对他们尽管有着不同的偏爱，大致还是采取调和的态度。在李唐王朝引人注意的是道教，尽管其势力（包括道士和观宇）不及佛教的二十分之一，但由于统治者的有意扶植，比之前朝确实出现了大的兴盛，几乎攀上了国教的宝座。

道教把《老子道德经》的作者李耳尊为自己的教主，投合了李唐王朝在政治斗争中抬高李姓皇族门第地位的需要，所以太宗李世民公开宣称"朕本系出于柱史"（《混元圣纪》卷八。柱史，又称柱下史，即御史，据说老聃曾在东周担任此职），算是跟道教教主续上了家谱。到了玄宗李隆基，为了遏制在武则天时代得势的佛教，大力提倡道教，他下诏把道士、女冠称作自己本家，让在宗正寺立上户头，又敕令全国编修《一切道经音义》，遣使四处搜访道经，汇纂成五千多卷的《三洞琼纲》，并"制令士庶家藏《老子》一本"，直至安史叛乱前一个月，他还忙着"颁《御制老子》并《义疏》于天下"（俱见《旧唐书·玄宗纪》），道教便这样在全国风靡开来。李隆基陶醉于所谓"开元盛世"的表面繁荣，一心要做"高居无为"的风流皇帝，怠于政事，贪于奢欲，以致重蹈秦皇、汉武妄求长生的覆辙，这就更为道教徒提供了取媚之机。翻开开元、天宝年间的记载，"君妄诞而臣佞谀"的丑闻比比皆是。开元九年，他请道教大师司马承祯进宫亲受法箓，并求之以延年度世之术。二十二年，又请一个自称尧时已为官的道士张果"肩舆入宫，恩礼甚厚"，授以银青光禄大夫（《旧唐书·玄宗纪》）。天宝元年，有人上言见老子显圣，告以灵符藏于尹喜故宅，对于如此明显的事先安排的骗局，李隆基竟深信不疑，即使后来有的被揭穿，也不深罪。迟至天宝九载，已经闹到这步田地："时上尊道教，慕长生，故所在争言符瑞，群臣表贺无虚月。"（《资治通鉴》）君臣上下沉痼丁道教迷信之中。

李白的政治生涯几与李隆基统治年代相始终，这种迷信道教的社会风气不能不给他以深刻的影响。然而李白的可贵之处恰恰在于一方面接受了这种社会风气的影响，一方面又不断地挣脱着它对自己的束缚，从而构成了李白世界观中相当突出的矛盾。就某种意义讲来，李白创作的如此雄浑奇丽的闪烁着浪漫主义光辉的诗篇，正是由这种矛盾的彩线编织而成的。

李白自称是凉武昭王（李暠）的九世孙，可算是皇室的同宗。不过，"自国朝以来，漏于属籍"（范传正《唐左拾遗翰林学士李公新墓碑并序》），始终不曾得到官方认可。其实，从他父亲李客连个名号也没有来判断，这种说法很可能是为了抬高自己门第的附会之辞，所以李白更多地是以"布衣"自命。但这并不表明他安于"布衣"的地位，由"布衣"一跃而为卿相，则更足以显示其立志之不凡。要实现这一愿望，明摆着科举仕进的老路，李白又不齿于去步"白发死章句"的腐儒的后尘。赶着时髦，他习剑任侠，企图以此树立自己的声誉，结果是"一朝乌裘敝，百镒黄金空"（《赠从兄襄阳少府皓》），一无所获；他广事结交，希冀得到权贵的提拔汲引，最后也是"自言管葛竟谁许？长吁莫错还闭关"（《驾去温泉宫后赠杨山人》），没人赏识。在这种情势下，要达到平步青云、白衣卿相的目的，只有积蓄声望，以直达于天子。在李唐王朝特定历史环境中，这后一条路是确实存在的，那就是"终南捷径"。

《新唐书·卢藏用传》记载了这样一段故事："司马承祯尝（应）诏至阙下，将还山，藏用指终南山曰：'此中大有佳处。'承祯徐曰：'以仆视之，仕宦之捷径耳。'藏用惭。"其实，卢藏用也没有什么可羞惭的。由于上层统治者对道教的迷信和提倡，假借隐居学道以博得最高统治者的青睐，乃是当时的公开秘密。即便是道破西洋景的司马承祯本人，之所以先后得到则天皇帝、睿宗和玄宗的恩宠，走的不也是这条道路吗？有趣的是，李白最终选择"终南捷径"也正出自这位司马道人的指点。李白二十五岁那年，离开故乡四川踏上追求功业的征途，恰在这时碰到了司马承祯，"谓余有仙风道骨，可与神游八极之表，因著大鹏遇希有鸟赋以自广"（《大鹏赋序》）。于是这位自比大鹏的热血青年，决心"欣然相随"司马承祯这只"希有鸟"，"登于寥廓"了。

这是否意味着李白真的要飘然出世，陷入道教迷信呢？当然不是。鉴于司马承祯出入朝廷，得到天子的礼遇，李白对他十分仰慕，那是可以理解的，但李白却很难成为他的信徒，甚至在实际行动上，他与司马承祯所宣扬的道义是背道而驰的。比如司马承祯主张去动守静，认为"静则生慧，动则成昏"，所以要求学道者必须"收心离境"，把自己完全置于社会现实之外，在"静"中去修心合道（《坐忘论·收心》）。而李白怎能受得住这一套拘囿呢？在他看来，像他这样的"大丈夫"，生来就该"有四方之志"，"桑弧蓬矢，射乎四方。"（《上安州裴长史书》）"余亦草间人，颇怀拯物情。"（《读诸葛武侯传书怀，赠长安崔少府叔封昆季》）"苟无济代心，独善亦何益？"（《赠韦秘书子春》）从这些反复咏叹的诗句中反映出来的积极入世的态度，和司马道士所宣扬的"收心离境"的道教迷信，显然是格格不入的。

问题在于，李白既企羡司马承祯式的超然物外的生涯，又执着于建立匡世济民的功业；向往的和从事的，二者之间如此相悖，怎样统一起来呢？李白隐居安陆小寿山时写的《代寿山答孟少府移文书》，对此作了回答：

> 李公仰天长吁，谓其友曰："吾未可去也。吾与尔达则兼济天下，穷则独善一身；安能……一朝飞腾，为方丈蓬莱之人耳？此则未可也。"乃相与卷其丹书，匣其瑶瑟，申管晏之谈，谋帝王之术，奋其智能，愿为辅

弱，使寰区大定，海县清一。事君之道成，荣亲之义毕，然后与陶朱、留侯，浮五湖，戏沧洲，不足为难也。

很清楚，这一整套关于人生的设计，是全以《老子道德经》中所宣扬的"功成，名遂，身退，天之道也"为蓝本的。李白固然无限向往浮五湖、戏沧洲的"身退"生活，但只是把它当作最后的归宿，它的前提则是"功成，名遂"。由此可知，他的追随司马承祯并不真的要神游出世，而是借以作为功成的阶梯。功成而后身退，身退必先功成，这才是李白奋斗的目标。

"功成身退"是封建官场的口头禅，借以标榜清高。李白似乎有些不同，他把这条道路看得很正经，再三申明不愿滞身仕途，而要及时隐退。乍看起来，身为"布衣"竟将未来的"功成身退"筹划得如此煞有介事，有点近于虚妄，但是其中也委实包含了他严肃的考虑："功成身不退，自古多愆尤。"（《古风》第十八首）"我观自古贤达人，功成不退多殉身。"（《行路难》第三首）这一历史上以及本朝的教训，不能不使他对于一心向往的"功成"心存余悸。然而这也仅仅是问题的一个方面。另一方面，一当有了"身退"这样的"最坏的"的思想准备，他就可以赋予自己的行动以完全的主动,进而提高它在想象中的意义,使自己在"愿为辅弼"的同时,保持着清醒的政治头脑:进则可以"济代",退则可以"独善",浮沉进退,尽操己手。道教所宣扬的"身退",旨在以一种与世无争、知难而退、随遇而安的处世哲学麻痹人们的斗志,可是到了李白这里却生发出一种积极的精神境界,那就是不屈己、不干人,平交王侯,长揖天子,浮云富贵,傲岸不俗,桀骜不群的锋芒。"松柏本孤直,难为桃李颜。"(《古风》第十二首)这种不肯向权贵摧眉折腰,不肯与腐恶同流合污的骨鲠,使李白的诗歌中总是激荡着一种追求自由放达的豪情,它可以冲破一切,驾驭一切,没有任何绊羁,不受任何约束,从而鲜明地显示了李白诗歌所特有的积极浪漫主义的神采。这种超脱、飘逸的风度之中,不正是基于对蝇营狗苟现实的极端蔑视吗?

至于"功成",在自命不凡的李白看来,倒不是什么难事。他认为凭着自己"怀经济之才,抗巢由之节,文可以变风俗,学可以究天人"的本事,建立"济苍生"、"解世纷"、"安社稷"的大事业是毫无问题的。所以像范蠡、张良、诸葛亮、谢安等有作为的政治家都是他反复讴歌的对象;对于以一席话、一封书便能为国排患释难而又功不受赏的战国时代的鲁仲连更是崇拜不已。"齐有倜傥生，鲁连特高妙"，"我亦澹荡人，拂衣可同调"（《古风》第十首）。在《五月东鲁行，答汶上翁》一诗中，径直自比鲁仲连："我以一箭书，能取聊城功。终然不受赏，羞与时人同。"他把建功立业看得简直像探囊取物那样容易。唯因如此，他更急切地要一试锋芒，实践"功成身退"的理想，也必然要为不能及早获得这样的机会而耿耿于怀："谁识卧龙客，长吟愁鬓斑。"（《南都行》）"功业莫从就，岁光屡奔迫。"（《淮南卧病书怀，寄蜀中赵征君蕤》）因而对于"终南捷径"路上的隐居生活显得越来越不耐烦了。直到四十二岁那年，经道友吴筠的举荐，李白才得以进京面圣。当时，一闻李隆基下诏征请，他便立即抛开炼丹炉，甩掉方士巾，兴冲冲投入现实的怀抱。看他那首《南陵别儿童入京》："仰天大笑出门去，我辈岂是蓬蒿人！"再看那首《答友人赠乌纱帽》："领得乌纱帽，全胜白接䍦。"他是多么巴不得逃脱那虚无渺茫的隐居求仙的生活呵！在李白一生中，这一次的应诏，应该看作是他对主张"收心离境"的道教迷信的第一次否定。否定得之所以这样容易，那是因为他功成心切，本来就把隐居求仙当作是养望待时的手段，并没有真正陷进去。

二

"我本不弃世，世人自弃我。"（《送蔡山人》）入世的兴奋没有持续多久，李白却真的要出世超俗，皈依道教了。问题似乎来得唐突，其实又势在必然。我们试从客观、主观两个方面加以探讨。

一、李白抱有"奋其智能，愿为辅弼"的雄心，但所要效忠的君主却使他大失所望。听一听李隆基初见李白时的"金口玉言"吧："卿是布衣，名为朕知，非素蓄道义，何以及此？"（李阳冰《草堂集序》）请看，李白一直遗憾于"游说万乘苦不早"，所以才一闻征诏就"著鞭跨马涉远道"，匆匆而至；不料，李隆基欣赏于他的并不是用以"游说万乘"的"霸王略"、"拯物情"，偏偏是李白所不安心的蓬蒿人的生活、所不肯遵循的"教义"，那末，征诏本身岂不成了对李白的莫大讽刺！当然，李隆基征诏李白，除去他的"素蓄道义"，还因为他的偌大的诗名；召之禁中，既可显示"野无遗贤"、"天下归心"的"德政"，以点缀升平，也可以在他那骄奢淫逸的生活中掺点"诗意"，所以对李白也曾宠幸有加。所谓的"降辇步迎，如见绮皓，以七宝床赐食，御手调羹以饭之"（《草堂集序》），都是特殊的礼遇。而李白，"晨趋紫禁中，夕待金门诏"（《翰林读书言怀，呈集贤诸学士》）；"幸陪鸾辇出鸿都，身骑飞龙天马驹。王公大人借颜色，金章紫绶来相趋"（《驾去温泉宫后，赠杨山人》），也确实是神气活现。或于沉香亭作《清平调》，或泛白莲池作《宫中行乐词》，完全是帮闲文人的做派。而这种"君臣知遇之恩"的基础，就决定了它的不能长久，李白幻想的是建立一番"济苍生""定寰区"的大事业，怎会甘心充当这种粉饰升平的摆设、阿谀逢迎的帮闲呢？

二、从主观方面来看，李白长期过着隐居生活，虽以管、葛自许，但对政局民生并不曾做过深入的体察；虽嘲笑腐儒不懂经世济民之策，但自己也提不出什么高明的见地；虽自称不屈己、不干人，但本身就太乏处世的经验，更重要的，虽怀有"尽节报明主"的决心，但对这位"明主"晚年的昏聩却毫无察觉。这一切说明李白对当时的阶级斗争的势态发展变化非常隔膜，完全缺乏认识。光辉的理想和黑暗的现实是如此牴牾，一经碰撞，必然会迸发出炽烈的思想火花。表现在诗歌创作上，李白虽然早已获得赫赫诗名，但只有在经历了长安生活之后，内容才真正充实，感情才更为深沉起来。他目睹"鼻息干虹霓，行人皆怵惕"那样的权贵飞扬跋扈，"白日掩徂辉，浮云无定端"那样的朝政昏庸腐败，"珠玉买歌笑，糟糠养贤才"那样的贤士进身无门反遭摧残，无一不激起他的强烈愤慨。何况这种愤慨还饱含着控诉的成分，因为他本身就是这种现状的直接受害者。在《送裴十八图南归嵩山》一诗中，通过"风吹芳兰折，日没鸟雀喧"这样一段"我独与君言"的私房话，把自己怀才不遇的遭际和昏暗的政局直接联系起来，正标志着他在思想认识上发生的巨大变化。

这种认识上的巨大变化，既然来自对生活的深切的感知，那末，一旦形成，必然又会反过来对他的生活实践产生巨大的影响。与之初到长安时"待吾尽节报明主"的激情相较，这时候的李白简直是来了个一百八十度的大转弯。对从政的无限向往变成了视之为畏途，对君主的奋力效忠变成了认为其不足辅佐，对权贵的过从交欢变成了横眉冷对，凡此种种，不都是在幻想碰在现实上，遭到破灭以后得来的吗？发生在李自身上的这种转变，对于封建传统观念的禁锢算是一种异端，对于上层社会的昏暗算是投一毫光，因此，在它刚一露头的时候，势必就会招来腐朽势力倾巢出动般的围剿：近宦的谗言，权贵的诽谤，以及李隆基的"亦以非廊庙器"而疏之，果然接踵而至。这使已经开始转变的李白再难以混迹于这尔虞吾诈的势力场。"白玉栖青蝇，君臣忽行路。"（《赠溧阳宋少府陟》）对此，李白是料到了，而且也准备接受这一后果。

但是，李白对自己亲身体会到并加以抨击的事物腐朽没落的本质是不理解的，对自己创作中体现出来的新觉悟也是不自觉的，因此他不仅不能去深化它，进一步勇敢投入战斗，反而自暴自弃，轻易败下阵来。这是由于诗人受着阶级地位和历史条件的制约，加以长期徘徊于"终南捷径"，脱离现实，脱离人民，心目中只有皇帝，一旦得不到皇帝的赏识，不免心灰意冷，悲观失望起来。李阳冰说他"乃浪迹纵酒，以自昏秽"，他自己也哀叹："空怀钓鳌心，从此别宫阙。"（《同友人舟行》）最后无可奈何地向李隆基"恳请还山"，实际是逃离了斗争的漩涡，暴露了李白在为自己理想而斗争的过程中，一遇挫折便产生动摇的先天软弱性。他曾是那样强烈地追求功成而后身退，如今，功成的希望全成泡影，只落得借身退聊以自慰了。"举手谢东海，虚行归故林。"（《赠薛校书》）一度已经抛掉的消极遁世的思想又冒了出来。李白在被迫离开长安之后不久，径直跑到齐州（今山东历城）紫极宫，请北海高天师如贵道士传授道箓。"抑予是何者？身在方士格。""不向金阙游，思为玉皇客。"(《草创大还，赠柳官迪》)俨然以一个道教的方士自命了。

道教迷信的麻醉剂虽然可以使李白暂时地忘掉所遭遇的痛苦，却不能使他长久地摆脱对国事的忧虑。就在他刚刚隶入道士籍，与杜甫、高适同游梁园（今河南开封）的时候，已经自比东晋谢安，高唱起"东山高卧时起来，欲济苍生未为晚"(《梁园吟》)，表明自己并不甘心藏身世外。每逢送人去长安，更象针刺似地牵动着他的神经："霜雕逐臣发，日忆明光宫。"(《鲁中送二从弟赴举之西京》)"狂风吹我心，西挂咸阳树。"(《金乡送韦八之西京》)"遥望长安日，不见长安人。长安宫阙九天上，此地曾经为近臣。一朝复一朝，发白心不改。"(《单父东楼秋夜，送族弟沈之秦》)足见李白虽身在道教却并没有冷却入世之心，还是把自己的听诊器紧紧扣在现实的胸口上。这样一来，自然而然地又产生了出世与入世的矛盾。但是因为客观形势和主观意识都有了新的发展，所以这种矛盾不可能是过去的矛盾在同一水平面上的循环往复。李隆基的统治到了天宝年间，其骄奢昏庸所造成的千疮百孔已完全暴露，阶级斗争正以奸相弄权、藩镇割据的形式迅速激化；而经历过长安生活的李白，对危机四伏的政局的感受也切实多了。因而他的入世便不再是一味地恋恋于"奋其智能，愿为辅弼"，建立"事君荣亲"的功业，而变为对时局动向的冷静缜密的观察和对朝政弊害的大胆泼辣的攻讦。就李白这一时期诗歌创作来说，思想性确实又有所深化。比如在《远别离》中，他以"君失臣兮龙为鱼，权归臣兮鼠变虎"，痛斥了君主失势，官宦横行；在《古风》第五十一首中，又以贤臣的惨遭杀戮，表示了对奸相排斥异己、混乱朝纲的愤怒；而在《雪谗诗赠友人》中，不仅不为自己直言谏诤反遭谗逐而懊悔，进而以秦皇太后、汉祖吕后比杨贵妃，揭露宫廷生活淫乱造成"蟏蛛作昏，遂掩太阳"的局面。这些明确针砭时政的作品，在唐代诗坛上异彩独具，标志着李白诗歌战斗风格的新阶段。

不仅于此，作为这种批判的极致，连他曾热衷的道教迷信也不惜加以否定。前面提到的约略作于此时的《古风》第三首"秦王扫六合"，也只有在这意义上才能发掘它的深刻的现实批判的价值。诗人通过修骊山墓、求不死药两件事，讽刺秦始皇采药无所得，长生成虚幻的愚蠢可笑。"但见三泉下，金棺葬寒灰。"如此朴素的揭露，非只没有迷信的影子，倒是闪烁着唯物主义的光辉。联系天宝年间李隆基掀起的"尊道教，慕长生"的恶浪，不难看出其批判矛头之所向。在《登高邱而望远海》一诗中，诗人竟连借古讽今的外衣也不要了，不加隐晦地指出："穷兵黩武今如此，鼎湖飞龙安可乘？"所谓"穷兵黩武今如此"者，指的就是李隆基连年发动的对少数民族的"开边"战争。天宝六载、八载攻吐蕃，十载讨南诏、击大食，唐兵都遭到了数以万计的伤亡，而安禄山的征契丹则败得更惨，三道兵六万众，仅以二十骑逃归。这类频繁进行的不义战争给人民造成了深重的灾难，李白也做过沉痛的揭露："烽火燃不息，征战无已时；野战格斗死，败马号鸣向天悲。"（《战城南》）如今，一手造成这一幕幕悲剧的李隆基却异想天开地要得长生、成神仙，岂不是对道教的亵渎吗？所以李白要用"鼎湖飞龙安可乘"予以辛辣的讽刺。

李白既曾以道教的方士自居，为什么要非议李隆基的道教迷信活动，并提出如此尖锐的批判呢？究其原因，不外如下三个方面。

一是与他所能够接受的道教教义的影响有关。道教是中国的土产，虽把《老子道德经》奉为经典，其实除去编造出来的一套骗术，本无一定道义可言。不过，道徒中也有这样一类，他们在玩弄骗人的道术上不愧为行家里手，却不愿最高统治者染指，这固然是担心骗术败露，但也更怕皇帝沉浸其中而荒于政事，那就不只是皇族的倾覆，他们的既得利益也会失去保障。《唐书·隐逸传》便记载了这样两件事。司马承祯在回答睿宗李旦关于阴阳术数的询问时说："道经之旨：'为道日损，损之又损，以至于无为。'且心目所知见者，每损之尚未能已，岂复攻乎异端，而增其智虑哉！"尽管宣扬的依旧是"收心离境"的老调，但是在兜售去知擿见的同时，不是把道教的骗术也当作"异端"摒弃掉了吗？而吴筠在回答玄宗关于神仙冶炼的询问时，说得更直接了当："此野人事，积岁月求之，非人主宜留意。"这无异于给李隆基个软钉子：当皇帝的不该在这些事上白费精力。李白和道教骗子虽不可同日而语，但他与上述二人都有过交游，特别是吴筠，曾一道隐居剡中（今浙江嵊县），李白得到李隆基的征诏，就是他的举荐，因此他们的上述观点不能不影响到李白。

与此相联系的第二个原因是，李隆基晚年口头上要"高居无为"，其实只在政事上如此，在求仙炼药等道教迷信上却在胡作非为，"但求蓬岛药，岂思农扈春？"

（《古风》第四十八首）确实到了祸国殃民的地步，这就不能不引起李白的忧虑，因此他要以道教迷信的虚妄向上讽谏。

三、还应注意到李白对道教迷信的批判亦有其思想基础。从其经历也不难发现；当其为布衣时，将学道当作进身之阶有之；当其失意时，将学道当作思想寄托亦有之，但始终没有迷信到不可自拔的程度。相反，在神仙百寻无着、丹药百炼无获的情况下，还敢于拿神仙来戏弄："仙人有待乘黄鹤，海客无心随白鸥"，"兴酣落笔摇五岳，诗成笑傲凌沧洲"（《江上吟》）；甚至说出："仙人殊恍惚，未若醉中真。"（《拟古》第三首）这简直是对神仙的大不敬了。

由此看来，李白对于道教迷信活动并非笃信不疑，而是多少抱着实用主义态度的。所以在他看到迷信活动已经危害到国计民生时，才能提出大胆的否定。

这一切（包括对道教迷信活动的否定），都是伴随着对时局的关注而逐渐复苏的积极用世精神的派生物。何况时局又正酝酿着一场具有转折意义的危机，李白也就越难安于超然世外的隐居生活了。当时，李隆基一手扶植起来的安禄山藩镇割据势力，已构成对中央政权的严重威胁。全国兵力四十九万，他就独掌了三分之一。《资治通鉴》载："精兵咸戍北边，天下之势偏重，使禄山倾覆天下"，"有轻中国之心"。大将王忠嗣早在天宝六载便提出了安禄山必反的警告，可见安禄山的反叛已是"司马昭之心，路人皆知"了。在这种形势下，李白决心结束隐居生活，再一次施展他那"使寰区大定，海县清一"的抱负，写于天宝十一载的《自广平乘醉走马六十里到邯郸，登城览古书怀》便透露了这样的打算："日落把烛归，凌晨向燕京；方陈五饵策，一使胡尘清。""五饵策"是贾谊向汉文帝刘恒提出的对付匈奴奴隶主统治者的怀柔策略，本是想当然的疏阔之论，李白借来表明自己北上幽燕深入安禄山腹地考察，也是要提出清"胡尘"的办法的。这一点，从"安史之乱"发生后，他在南奔路上写的"有策不敢犯龙鳞"（《猛虎行》）的诗句中也可以得到反证。但是，对于陶醉在"朝事付之宰相，边事付之诸将，夫复何忧"的李隆基来说，李白的"策"也是"万言不值一杯水"，"犹如东风射马耳"（《答王十二寒夜独酌有怀》）。史载：迟至天宝十三载，凡是说安禄山要反的，李隆基还要绑交安禄山去处置，乱势已难以挽回了。李白后来也觉悟到了这一点："君王弃北海，扫地借长鲸。"养痈成患，放任藩镇割据的，正是李隆基本人。因此，李白的"策"不只无助于"使寰区大定，海县清一"，反倒成了惹祸的根苗。他在《赠宣城宇文太守兼呈崔侍御》一诗中对自己的遭遇作了如下概述："怀恩欲报主，投佩向北燕"，结果一事无成，"据鞍空矍铄，壮志竟谁宣？蹉跎复来归，忧恨坐相煎"，最后以"无风难破浪"，隐喻了由于李隆基姑息养奸，自己"策"的难以实现。这一打击使他终生难忘，以至晚年在给江夏韦良宰太守的赠诗中还耿耿于怀："弯弧惧天狼，挟矢不敢张。揽涕黄金台，呼天哭昭王。无人贵骏骨，绿耳空腾骧。乐毅倘再生，于今亦奔亡。"表明积极用世理想的再次幻灭，"心知不得语，却欲栖蓬瀛"，出世的念头再次占有了他。曾几何时，他在借酒浇愁时还唱过"天生我材必有用"（《将进酒》），现在却故作旷达，叹息起"自古英达，未必尽用"（《金陵与诸贤达送权十一序》），"古来贤圣人，一一谁成功？"（《古风》其二十八）甚至自称"小儒"，与四处碰壁的孔子作比："君看我才能，何似鲁仲尼？大圣犹不遇，小儒安足悲！"（《书怀赠南陵常赞府》）用阿Q式的自我宽慰把内心的强烈愤懑遮盖了起来。曾几何时，他还憧憬着功成而后身退，现在却要自我调侃："若待功成拂衣去，武陵桃花笑杀人。"（《当涂赵炎少府粉图山水歌》）似乎根本不必绕"功成"的弯子，应该径直去做桃花源中人。这种用世无成的绝望情绪，驾轻就熟地把他又载回到超世的道教迷信之中了。

三

尽管如此，李白毕竟没有修炼成为"诗仙"。就在他一个斤斗翻进出世的迷雾中后不久，"安史之乱"的爆发，又使他一个斤斗翻回到入世的激流中来了。《古风》第十九首"西上莲花山"一诗最为形象地揭示了这种求仙与济世的矛盾的转化。诗人以浪漫主义的笔触虚构了一个迷朔飘忽的神仙世界，随着仙人"驾鸿凌紫溟"，但就在抵达仙境大门口时，诗人犹豫了，禁不住向即将别去的人间投下最后的一瞥，见到的竟是昔日的京都沦为生灵涂炭、豺狼当道的苦难深渊!通过这一强烈的对比，一种投身现实斗争的激情又燃烧起来。很明显，这种转化不是来自什么神仙的启示，而是残酷现实的激发。翻丌李白这一时期的诗作，充满对安史叛军的愤恨和对沦陷区人民的同情。"洛阳三月飞胡沙，洛阳城中人怨嗟。天津流水波赤血，白骨相撑如乱麻。"（《扶风豪士歌》）正是在这累累白骨之上，"流血涂野草，豺狼尽冠缨"，筑起了叛官叛将的天堂。在《胡无人》一诗中，诗人把对安史叛军的切齿之恨一泻无遗："云龙风虎尽交回，太白入月敌可摧。敌可摧，旄头灭，履胡之肠涉胡血！悬胡青天上，埋胡紫塞旁！胡无人，汉道昌！"这战鼓一般的节奏，既是对前方抗敌战士的激励，也是自己斗志的抒发。"抚剑夜吟啸，雄心日千里。誓欲斩鲸鲵，澄清洛阳水！"（《赠张相镐》第二首）在这种拨乱反正的战斗激情的促使下，当着永王李璘打起抗击安史叛军的旗号、并三次派人敦请之后，李白便毅然参加了他的幕府。"但用东山谢安石，为君谈笑静胡沙。"（《永王东巡歌》第二首）"浮云在一决，誓欲清幽燕"，"齐心戴朝恩，不惜微躯捐"（《在水军宴，赠幕府诸侍御》）。为抗敌报国而展现出来的高昂豪迈的英雄气概，全然成这一时期李白诗歌创作的主旋律。

不料，这种战斗的豪情，不及化为行动便被无情地扑灭。李白在永王幕府中呆了不过一两个月，"清中原"的宏伟理想不曾实现，却在肃宗李亨和永王李璘之间展开的统治阶级内部的权力角斗中成了牺牲品，披上"附逆"

的不白之冤，沦为长流夜郎的囚徒。"万愤结缉，忧从中催!"（《上崔相百忧章》）"拔剑击前柱，悲歌难重论!"（《南奔书怀》）一片平乱报国的赤忱，翻作叛国附逆的罪愆，诗人的悲愤真真是无以复加了。

按照李白那一贯的思想矛盾转化的规律，入世的幻灭又该使他退回到避世的岩穴，在道教迷信中去寻求解脱。但是，这一次他并没有这样做。因为他的处境已不允许：为了"附逆"之冤得到昭雪而四处奔波求告，使他无暇顾及于此；流放遇赦之后，已是五十九岁的老人，纵有此心，穷困年迈，也无力顾及于此了。更重要的，如果对李白此后的实践活动进行一番考察，就不难发现在遭到这一次残酷打击之后，不是降低了入世的热忱，而是更执著于"使寰区大定，海县清一"的理想的实现。

李白的获释，是因为乾元二年三月关中大旱，肃宗下了大赦令，显然并不意味着他的冤狱得到真正的平反，所以，流放归来，李白沉痛地感到"报国有雄心，龙颜不回顾"（《江夏寄汉阳辅录》），再难得到最高统治者的信任；曾是梦寐以求的建立"事君荣亲"的功业，犹如水中之月、镜中之花，也真个是"烟涛微茫信难求"了。既知如此，仍坚持入世，那又为什么呢？长诗《经乱离后，天恩流夜郎，忆旧游书怀，赠江夏书太守良宰》深沉地展示了诗人的考虑："中夜四五叹，常为大国忧。"李白"忧"的是有道理的。当时，"安史之乱"已延续了四、五年，叛军由于内部争权厮杀而锐气大减，唐军又取得了若干战役的胜利，本来已具备平定战乱的条件，但是因为统治阶层的腐朽无能，指挥失当，加以各路节度使乘机扩充势力，各行其事，致使"安史之乱"的余波彼伏此起，久久不得平息。"连鸡不得进，饮马空夷犹"，就是诗人对这种混乱局势的症结所在提出的十分形象的指斥。诗中最后呼吁："安得羿善射，一箭落旄头！"希望将帅以大局为重，协同作战，一举扫平叛军。一个属于封建士大夫阶层的人物，虽"经乱离""流夜郎"，罹难重重，依自在为祖国的安定统一而呼号，这又是多么难能可贵的思想情操呵！李白在遇赦归来，途经荆州时候，正遇守将康楚元、张嘉延据州作乱。他在观看讨伐叛军的水军演习时写了《九日登巴陵置酒，望洞庭水军》一诗。诗人是那样的兴奋，要以自己的战斗歌声激励战士："酣歌激壮士，可以摧妖氛！"活现了老战士抖擞精神的战斗姿态。尤其值得重视的是诗的最后一联："握觚东篱下，渊明不足群。"李白不是一向把陶渊明奉为楷模吗？即或在"安史之乱"之初，南逃的路上，还以"寻仙下西岳，陶令忽相逢"（《江上答崔宣城》），把这位退隐归去的"田园诗人"视为同道，而在经历了"附逆"的波折之后，却认为"渊明不足群"，不屑跟他为伍了。这是李白思想的又一次飞跃，也是他对曾经热衷的隐居求仙的道教迷信的又一次批判。正是在这种批判力量的支撑下，上元二年，也就是病魔夺去诗人生命的前一年，听说李光弼率军进剿安史叛军的残部，李白仍请缨参军。表现在《闻李太尉大举秦兵百万出征东南，懦夫请缨，冀申一割之用，半道病还，留别金陵崔侍御十九韵》中的那种"意在斩巨鳌，何论脍长鲸"，"愿雪会稽耻，将其报恩荣"的雄心壮志，实不乏"老骥伏枥，志在千里；烈士暮年，壮心不已"之概。

诗人是抱着壮志未酬的遗恨去世的，这也充分说明：个人的不幸遭遇并没有使他再次消极遁世，到道教迷信中去寻求解脱，而是始终在国运安危上系以自己的无穷忧虑。那末，对道教迷信又采取了什么态度呢？诗人写过一篇《暮春江夏送张祖监丞之东都序》，其中一段文字颇耐人寻味；

　　吁咄哉！仆书室坐愁亦已久矣。每思欲遐登蓬莱，极目四海，手弄白日，顶摩青穹，挥斥幽愤，不可得也。

这篇文章，是作于何年，虽存异说，但反映出来的思想作为观念的实体却是客观存在的，为我们窥探李白世界观的矛盾又提供了一个窗口。它清楚地道明，李白对神仙世界的追求，仅是为了摆脱现实打击给他带来的烦恼，即是把道教迷信当作"挥斥幽愤"的手段；但是在经历了几度入隐求仙之后，才悟出了这是"不可得也"的真蒂。所以在国难临头之际，最终还是"济苍生"、"安黎民"。"使寰区大定，海县清一"的用世思想占了上风。这"不可得也"，正说明道教迷信的精神鸦片，在李白身上并没有奏出"挥斥幽愤"、麻痹斗志的奇效，也说明积极用世的思想在李白世界观中始终居于主导地位，是决定矛盾性质的主要方面。

那末，是不是可以说，消极避世的次要方面就不起作用了呢？当然不是。在李白的作品中，积极用世与消极退隐、追求功成与向往身退，宛如身儿离不得影那样，常常是紧紧纠缠在一起，即使在上面肯定的一些以积极用世为基调的诗篇中，也常常拖上"功成身退"的尾巴。前面提到的那首作于暮年的《庐山谣·寄卢侍御虚舟》，在出色地描绘了庐山雄伟隽秀的形胜之后，不是兴致勃勃地唱起求仙歌了吗？"早服还丹无世情，琴心三叠道初成。"流露了浓厚的道教迷信的情趣，连沈德潜也评他"笔下殊有仙气"（见《唐诗别裁》）。但是如果联系此前的中夜忧国，此后的抱病请缨，便只能把这种流露看作是他一度热衷的道教迷信的回光返照了。因为这次的登庐山不过是旧地重游，既没有长时间留盼的心思，也没有重拾旧业的条件。尽管如此，这类诗仍反映了隐居求仙生活对他仍具有强烈的吸引力。这里倒用得着他那著名的诗句："抽刀断水水更流，举杯浇愁愁更愁。"（《宣城谢朓楼饯别校书叔云》）对于李白这样一个封建时代的文人来说，旧的传统观念犹如"抽刀断水"，想断也断不了，只能陷入"举杯浇愁"的无法排遣的苦闷之中。这种既缺乏投入现实斗争的坚定性、又缺乏挣脱道教迷信的彻底性，使李白的思想转变不断出现反复。当然，这绝不是李白的罪过，而是"一些极其复杂的矛盾条件、社会影响和历史传统的反映"。

用世无成，但仍锲而不舍；入隐不甘，但又无限神往，构成李白世界观的突出的矛盾。在动摇反复之中可以发现这对矛盾不是并驾齐驱，积极入世始终是起着主导作用的矛盾的主要方面，非此也就不能理解李白。

如上所述，并不是我的什么新发现，从前人的研究成果中，不难理出这样一条头绪。但是，"四人帮"刮起"评法批儒"的妖风却把前人研究成果一股脑吹掉，用"法家"的油彩把李白涂抹得面目全非。"法家"本是战国时期的学术流派，跟一千多年后的李白能有什么直接联系呢？不错，在李白推崇的一些历史人物中，颇有被"四人帮"钦定为"法家"的，但李白只是择其某一侧面，或一举成名，或功成身退，借以寄托自己的理想，又几曾把他们的学说拿来搬弄过？果真如此，在古人中李白最推崇的莫过于鲁仲连，而《史记》把他归为纵横家之类，试问，在李唐王朝的具体环境中，李白又打算把谁当作"合纵"或"连衡"的对象呢？这岂非过于荒唐吗？

李白的世界观是复杂的，如上也只接触到一个侧面，目的在于澄清"四人帮"搅乱了的是是非非。关于李白的研究仍有待深入，但决不能像"四人帮"那样先入为主地把他定为某一家，也不能为了和"四人帮"针锋相对，把它归为另一家。历史唯物主义要求我们"把历史的内容还给历史"（《马克思恩格斯全集》第1卷，650页），必须按照事物的本来面目开展我们的工作。

（原载《文学评论丛刊》第二辑，1979年《文学评论》编辑部编，中国社会科学出版社版）

按语：1973年，时在中华书局，分配标点清王琦注《李太白全集》，后来在"评法批儒"运动中又受命与工农兵相结合搞李白诗选注，得以了解李白诗创作的心路历程。经拨乱反正，把一些认识整理成此文，承蒙当时主持《文学评论》工作的邓绍基同志不弃，编进"丛刊"。今收录于此，既是这一段工作的总结，也是对邓先生的怀念。

传记文学的新镜鉴
——《梅尧臣传》读后

朱东润先生以八旬高龄完成的《梅尧臣诗编年笺证》《梅尧臣诗选》《梅尧臣传》三部著作，最近分别由上海古籍出版社、人民文学出版社、中华书局出版。这不只为梅尧臣这一宋代诗人增添了光彩，也可说是古籍整理研究领域的一桩盛事。

在我国现代传记文学的创作活动中，朱先生是开拓者之一。早在一九四三年便出版了《张居正大传》，以后又出版了《王守仁大传》，新中国成立后还出版了《陆游传》（《陆游选集》亦随之问世）。《梅尧臣传》（以下简称《梅传》）则又是一部新的力作。在传记文学得到重视和提倡的今天，朱先生辛勤劳动的这一成果，足资我们镜鉴。

应该说，为梅尧臣作传并不是一件很容易的事。他官不过五品，大半辈子游宦于下层府衙。他先后受到叔父梅询的照料、挚友欧阳修的提携，虽然见过数次上层政治权力的角逐，但因没有亲身参与，所以宦途生涯也不曾有过什么大的沉浮蹭蹬。即便在诗歌创作上，虽然于当时已经享有"欧梅体"的美誉，但在文学史上依旧是个二流作家，影响远不及欧阳修。总之，作为传主，总感到形象似乎并不怎样突出。

然而，就是这样一位连他自己也叹为"沉泥玉"的缺乏光彩的梅老夫子，竟以一个愤世嫉俗、耿介亮节、有血有肉、触摸可得的形象出现在《梅传》之中。毫无疑问，在梅尧臣的形象塑造上必然要有匠心独具的工夫，否则是难以达到这一境地的。笔者拜读之时，也曾对此加以揣摩，并随手记下点滴学习心得。尽管是瞎子摸象，却愿意提出来求教于朱先生和读者。

《梅传》序文中提出了这样一个问题："诗人不是政治家，在历史记载里不会留下沉重的踪迹；他又不是哲学家，没有长篇发挥他的惊人的宏论。因此我们对于诗人的理解常常不够。"一方面存在着诗人不易理解的客观困难，一方面读者又要求通过传记得到对诗人的更为全面切实的理解，这确乎是一个很大的矛盾。对于解决这一矛盾，朱先生做过多方尝试，也总结了许多宝贵的经验，其中最重要的，几乎可以视作解决这一矛盾的关键的一点，是在指出历代"年谱"编著工作的不足时提出的："他们只注意到诗人的升沉否泰，而没有把他放到时代里去。脱离了时代，我们怎样能理解诗人的生活呢？"这里，一句"把他放到时代里去"，已把传记文学作为文学的艺术特征鲜明地揭示了出来，即同样离不开塑造典型环境中的典型性格。当然，传记文学的传主是历史上的真实人物，不管从文学角度看它够不够典型，作为客观存在，其自身就是如黑格尔所说的"这一个"。唯因如此，如实地展示这一特定的"典型性格"形成、发展的时代，即"典型环境"，对于传记文学就具有更加重要的意义，为理解传主提供了可能。"把他放到时代里去"，无疑是符合这一艺术创作规律的。《梅传》的创作也正是遵循着这一原则进行的。

循着梅尧臣的诗歌创作道路，《梅传》展示了从真宗到仁宗几近半个世纪的时代风貌，这就为梅诗做了最为充分的注脚。比如，景祐三年（1036），朝廷上发生了宰相吕夷简和天章阁待制范仲淹的斗争，并以范被贬谪饶州告终。年仅三十五岁的梅尧臣当时是偏僻小县建德的县官，自然无从侧身其间，但是地位的低微却没能阻止他把自己的爱憎倾向诉诸于笔端,写下了《彼鸳吟》《灵乌赋》《猛虎行》等诗篇,其中用为树除害的鸳(啄木鸟)和告人吉凶的灵乌隐喻范仲淹,用嗜血成性的猛虎隐喻吕夷简,这样就揭开了谜底,使读者明了诗中反映的诗人对这场政治斗争的鲜明立场。试想如果在此前没有对范、吕斗争起因、演变、爆发的始末所做的有声有色的铺叙,上述三首诗完全可能被看作动物寓言,是无从理解它所寄寓的针砭现实的深意的。在这场斗争的舞台上,梅尧臣虽然没能出场,可是他却以诗作参加了这场斗争并对这场斗争做了形象的总结。正如《梅传》所指出的:"尧臣是一位敢于斗争的人物,但是他没有进行政治斗争的地位,这就迫得他运用诗歌作为进行斗争的武器。"诗成为时代的折射,在它的光亮的辉映下,显现出来的则是诗人的形象。一个低微的外官,竟然不避利害,对朝政得失表示了如此强烈的义愤,他那刚正不阿、敢怒敢言而又不以成败论人的诗人的"典型性格",也就开始清晰了起来。其后如庆历四年(1044)暴露的御史中承王拱辰和集贤校理苏舜钦之间的斗争、皇祐三年(1051)暴露的宰相文彦博和御史唐介之间的斗争,梅尧臣都因官职卑小没有被直接牵扯进去,但同样都以慷慨激昂的诗作表明了自己立场的明确抉择。了解了时代才能了解诗，了解了诗才能了解诗人；而诗人的形象只有通过反映时代脉搏跳动的诗篇才能塑造得丰满。《梅传》中传主的形象也正是在这一时代背景上，玲珑剔透地出落出来的。

与此相呼应，以传主梅尧臣为中心，《梅传》用了更多的笔墨来刻画一代诗坛风貌。一般认为，宋诗真正形成自己的有别于唐诗的独特风格，是在王安石、苏轼一代，但那已是有宋建国百年左右的事了，而宋初以还几近半个世纪却是被以杨亿、刘筠、钱惟演为首的西昆势力所垄断。这股以"缀风月，弄花草，淫巧侈丽，浮华篡组"为能的形式主义逆流，因其倡导者都是显赫的大官僚，一时间上行下效，竟闹到"倾动天下"的地步。既然如此，把诗歌创作从这种腐朽势力的禁锢中解放出来，开创自己的道路，当非一人一时可以成功。适应时代的需要，新的一代诗人涌现了。他们虽在西昆体的襁褓中诞生，却一意为新一代诗风鼓噪，是一批继往开来、有破有立的人物，梅尧臣就是其中的佼佼者。《梅传》在如实地反映了梅尧臣这一过渡时期诗人的成长历程中，承上启下，实际涉及了从钱惟演到苏东坡这三代人的师承关系。刚刚步入仕途的梅尧臣，三十岁那年调任河南县主簿。妻兄谢绛是河南府通判，又是诗人，通过他结识了诗坛新秀欧阳修、尹洙等人。这群自称"洛下才子"的青年人，就是日后诗文革新运动的班底，而这个时候却是在西昆派的卵翼下从事诗歌创作的。其中居于领导地位的谢绛，颇得杨亿的推崇，而欧、尹、梅诸人更深受时任洛阳留守（当地最高行政长官）的器重和关怀，他们之间的交游唱和，自然仍脱不掉西昆体的巢臼。《梅传》也不回避梅尧臣早期诗作的西昆体痕迹，甚至照录了《无题》那样的柔靡之作。然而，一反西昆体的诗文革新也正是在这西昆体的巢臼中开始孕育的。梅尧臣基于他青少年时期颠沛流离的坎坷遭遇，首先把农民的劳动生活引入诗中，以《田家》《观理稼》等诗篇，大胆地突破了台阁体的狭小天地。这种对西昆体的明显背叛，也正发生在这个时期。此后，梅尧臣在与欧阳修、尹洙，还有苏舜钦的诗歌往还中，把这种离经叛道的行径更加发展、扩大，终而替代西昆体的盟主地位，把诗坛导向别开生面的新境地。

特别是梅尧臣与欧阳修之间，过从甚密，历三十年不衰。他们不仅丁诗歌创作上相互切磋、勉励，且于生活起居上也相互关怀、照料。《梅传》把这种友谊表现得那样诚挚、深切，一地则同游，异地则相思，真是情投意合，几乎可以视作欧梅二人的合传。梅尧臣在赴湖州酒税任上时，欧阳修为之饯行，席间欧作《圣俞会饮》诗，梅答《醉中留别永叔子履》诗。《梅传》在照录之后，做了如下的描写，那是在欧阳修拿起梅尧臣诗稿的时候：

> 欧阳修朗诵着"谈兵究弊又何益，万口不谓儒者知"，真感到有些唏嘘欲绝。他一边吟味自己（所作）"嗟余身贱不敢荐"一句，看看尧臣高高的个儿，满头白发，一领青衫，入宦十年多，到今只是一个不第的秀才，在封建社会里，这是一幅何等失意的图画。

既是文学，就不排斥虚构。欧阳修对梅尧臣的这一番端详和内心独白，自不必考其有无，不过他写过同情挚友"四十白发犹青衫"的诗句，这一虚构的真实性也便无可怀疑了。重要的是，借助欧阳修那一往情深的目光，勾勒出了梅尧臣那宦途失意、穷困潦倒的形象。此时的欧阳修也是在贬谪之后刚刚复任，同病而相怜，透过这一镜头，捕捉到的俨然是二人的合影。事实上，欧阳修一直为尧臣的怀才不遇而耿耿于怀，尧臣于五十五岁的暮年得以从监管仓库的小官升迁为国学直讲，继而汲引到唐书局，就多亏了欧氏的极力保荐。书中还记叙了这样一件轶事：嘉祐二年（1057）七月上旬，汴京的一场瓢泼大雨几乎把梅宅淹没，院墙倒塌，房屋倾斜，尧臣直令仆人顶住山墙才得喘息。忽闻欧宅所处城南雨水更深，忙派人寻问安危。这时欧阳修也正紧张地指挥家人把积水淘出门外，感激老友的关心，回信报以平安。"免为不吊鬼，世上一鸿毛"，这是尧臣为此写的纪事诗的尾联。虽系一场虚惊，却为他们之间情笃意深的交好涂抹了浓浓的生活情趣。

是诗史发展的必然，抑或生活际遇的巧合，苏轼这位新一代的才子的颖现，也正出自欧、梅二人的擢拔。嘉祐二年的科举考试，欧阳修任主试官，梅尧臣是参详官，共同参与评判试卷的工作，而苏轼的论文就是尧臣发现并极力举荐的。他对这位考生虽是素昧平生，但却被这篇雄浑有力而又跌宕有致的文章深深吸引住，恍惚从中看到自己毕生实践的诗文革新运动终于收获到丰硕的成果。他反复吟诵，万分激赏，以为有孟子之风，并执意取为榜首。最后虽名列第二，然而对二十二岁的苏轼来说已是不胜荣幸了，特别是从欧阳修那里听到当时已名满天下的梅尧臣曾那样赞誉他的文章，更是涕零感激，随即写了《上梅直讲书》："非左右为之先容，非亲旧为之请属，而向之十余年间闻其名而不能见者，一朝为知己。退而思之，人不可以苟富贵，亦不可以徒贫贱，有大贤焉而为其徒，则亦足恃矣。"显然苏轼对尧臣是非常崇敬的，且以师其门为荣，而尧臣勇于提拔后进，也确实选中了可靠的接班人。苏轼果然不负所望，继承前辈的功业，把有宋一代诗风波澜壮阔地开展起来，终而确立了宋诗在文学史上不可动摇的地位。

就这样，《梅传》以梅尧臣为中心，上串下联，展示了三代人的风貌，实际上揭示的是宋诗演变的流程，从而更突出了梅尧臣作为宋诗"开山祖师"的作用。单就本身行状资料单薄而言，梅尧臣的形象实难塑造得丰满，但是借助政治斗争的时代背景，诗人的唱和交往，以及上下师承关系，把传主置于广阔的社会画面之中，这就不仅为其诗歌创作做了最为形象的注释，也为传主形象增添了异彩。这是《梅传》的特色，也是值得我们借鉴的成功经验。

最后，想就梅尧臣诗的艺术特色问题和朱先生商榷。历来论诗，或宗唐、或宗宋，常走两个极端，对此，朱先生在《梅传》中提出了很好的见解："以唐诗的标准要求宋诗，那就只会看到宋诗和唐诗的距离，而不会看到宋诗的特点。我们必须认识唐诗的标准不是作诗的唯一的标准而后才能认识宋诗，尤其宋诗的开山祖师梅尧臣的诗。"这无疑是十分公允的。不同的时代会有不同的风格。唐代是我国诗歌发展的高峰，但它并不能成为后代诗歌创作的限制，因为后代自有后代的时代特点、社会风貌、创作甘苦。如果唐诗以外一无所见，那就否定了艺术的发展，也否定了自己；如果只是高山仰止，哀叹它的不可企及，一味在因循蹈袭中去钻营，就会走进艺术的死胡同，西昆体便是例证。艺术的发展规律表明，前代的高度艺术成就，势必迫使有为的后代另辟蹊径，奋力超越前人。诚然，超越与否，另当别论，但这种闯的精神总是可贵的，有别于唐诗的宋诗风格的形成不就是这样闯出来的吗？而梅尧臣作为宋诗开山祖师的贡献亦正在于斯。那末，他的诗的风格到底是什么呢？

"因吟适情性，稍欲到平淡。"（《和晏相公》）"作诗无古今，惟造平淡难。"（《读邵不疑进士诗卷》）这是梅尧臣的自白。

"覃思精微，以深远闲淡为意。"（《六一诗话》）这是欧阳修的认识。

"工于平淡，自成一家。"（《苕溪渔隐丛话》）这是南宋胡仔的评价。

当然，把梅诗的风格全归于"平淡"是有失全面的，但是"平淡"构成梅诗一大特色却也应是事实。对此，《梅传》提出了不同的看法，朱先生于最近发表的《梅尧臣诗的评价》一文（见《中华文史论丛》第七辑），更力辩其非，认为"把尧臣作品归结为平淡，不但不符合梅诗的实际情况，也是违反尧臣的主观要求的"。因而这一问题便有了进一步探讨的必要。

一提"平淡"，总要和"无奇"联系起来，其实并不尽然。"平淡"作为刻画形象的手法，犹如图画当中的"白描"，同样可以表现物象的千姿百态。这种表现手法的特点是平铺直演，不务奇嵬，不事雕砌，平平而入，淡淡而出，却也能收到有声有色、趣味盎然的艺术效果。我们读梅尧臣的诗也确实是这样的感受。即或是对皇祐三年文彦博和唐介之间斗争做出强烈反映的那篇《书窜》诗，朱先生认为它写得"太激动了"，可是观其比兴赋事，平入淡出，娓娓始末，不作烘染，全系白描，仍不出"平淡"之法。全诗平叙唐介从进谏到遭贬的过程，从中热情歌颂了不避斧锧、直言敢谏的忠良，又无情鞭笞了进谗的奸佞。如此鲜明的形象、强烈的爱憎，竟化出于"平淡"，

"平淡"之中显示出来的竟是诗人的耿耿风骨。

如果联系风靡于时的西昆体，甚至不妨说这种"平淡"具有划时代的意义。西昆体时称"艳体"，他们宗法李商隐，却挦撦其病态，刻意追求辞藻的华美艳丽，作诗几成雕镂堆砌的文字游戏。梅尧臣却反其道而行，把诗写得平淡流畅而又言之有物，朴实自然而又神态逼真，成为诗风的一大转机，一扫西昆体的靡靡之音。从当时他的盛大声名，可见这种诗风的巨大影响。后人常讥宋诗的"散文化"，也可说是从梅诗的平淡直朴中衍生出来的。"今年辄五十，所向惟直诚。"（《依韵和达观禅师赠别》）看来这种诗风与诗人的性格也是完全吻合的吧。

（原载《读书》1980年第4期）

重印《瑶华集》序

　　《瑶华集》是一部清初词的选本。

　　词在明代，一度衰微，到清初则出现了转机，词风昌盛，词家辈出，显示出一派复兴气象。梁启超在《清代学术概论》一书中，对于清代各种文体多有微词，唯独对词的评价特高："清代固有作者，驾元、明而上。"纵观有清一代二百六十多年词坛，由于文化政策的变迁，词派流尚的消长，各个时期的成就不尽相同，总的说来，顺治、康熙两朝较为可观。《瑶华集》成书于康熙二十五年（1686），正值清词蓬勃兴起的时代，又囊括了这个时期词作的精华，所以是颇值得重视的。

　　清初人编选清初人的词，顺、康年间，除《瑶华集》而外，还有邹祗谟、王士禛的《倚声初集》，纳兰成德、顾贞观的《今词初集》，佟世南的《东白堂词选》，卓回的《古今词汇》，聂先、曾王孙的《名家词钞》，稍后又有傅燮调的《词觏》、孙默的《四家诗余》、顾彩的《草堂嗣响》和留松阁刊本的《清初十七家词》等。选家既各具只眼，数量质量也参差有别。《倚声》《今词》已有"搜罗未富"之讥；《东白堂》采摭虽堪称繁富，亦有"甄录未精""良楛杂陈"之病（《四库全书总目提要》）。《古今词汇》和《词觏》各分三编，前二编皆为古词，至第三编始及清初，选词仅得数百，略备一格而已。《名家词钞》，其篇什固为浩瀚，但收词人仅一百一十家，且以词家专集为底本，类似汲古阁《六十家词》，不可以寻常选本视之。《四家诗余》《十七家词》，所选家数既少，又囿于一宗一派，亦不足以反映一代之词风。至于《草堂词选》四卷，收词不过七百，尤显单薄。因之，在清初人选清初人词的选本中，《瑶华集》才显出其出类拔萃。

是集以清初顺、康间词人为主，于明、清易代之际的词人，最早也不过选到钱谦益。鉴于"近来作者骎骎愈上"，所以选词以时人新作为主，又兼收遗老近作。《刻瑶华集述》自许"萃当代之美而兼有前人"，信矣。

是集收词丰富，博采众家。全集选人507家，选词

2467首，算得上清初人选清初人词之空前巨制。举凡清初名家，几尽行收录，不拘泥门户之见，在选词数量上都予以一定的比重。诸如纳兰成德、史惟圆、吴绮、沈谦、曹溶、钱芳标、陈枋、龚鼎孳、曹贞吉、邹祗谟等，尽管趣尚不同，均有词作三四十首入选。而选词最多的，还是执词坛牛耳的陈维崧和朱彝尊。陈是尊崇苏轼、辛弃疾的阳羡（今江苏宜兴）派的宗主，朱是尊崇姜夔、张炎的浙西派的领袖，两相对垒，各自拥有很大的势力。集中选他们的词都在百首以上，充分肯定了他们的词坛盟主的地位。

编选者蒋景祁，字京少（一字荆少），江苏宜兴人，和陈维崧同里，甚至际遇也同陈相似，以诸生终身，一生落魄。景祁工于词，今存《梧月词》两卷、《罨溪词》一卷，《瑶华集》中也自选了八十余首。他自称"阳羡后学"，词风亦追步陈维崧。其词多壮语，而又能于细腻处着笔。为该集作序的当时词家宋荦说他"笃学嗜书，不屑为章句之业，尤肆心风雅，于《花间》《草堂》盖兼综而条贯之"，评价殊为允当。

《瑶华集》共分二十二卷，依小令、中调、长调的顺序排列。举凡有调名而无词题之作，皆一一为之制立标题，故同调之词虽多，亦不难区别。后两卷是在前二十卷编定之后，又根据陆续得到的词家作品增补的，故既有前面未收之调名，亦多有相重复者。卷首冠以《刻瑶华集述》，详述编集之旨，复作《瑶华集词人》简表，开列所收词人的姓氏、籍贯、官爵和词集名称。集后并附《名家词话》《沈谦词韵略》。凡此，对于研究清初词和词人均有参考价值。词人简表一项，各栏多有缺漏，这固然是编者见闻所限；有些词集的编成或是在词人身后，则更难求其全备。近人叶恭绰编《全清词钞》，于每家词选前列有小传，可备参考订补。不过，尚有一百三十余家为《词钞》所不收，这只有待诸来日《全清词》的编纂了。

《瑶华集》仅有康熙年间天藜阁刻本传世，此次即据北京大学图书馆藏本缩印（该藏本的词人表上有墨笔校补，不知出于何人，亦予保留）。其中损漫之处则以中华书局藏本抽补。书末，我另编"词人姓氏词牌笔划索引"，以便读者翻检。

1982年9月11日

按语：《瑶华集》是李一氓先生推荐给中华书局出版的一部

清初词人的选集。当时程毅中先生嘱我写重印出版说明，不想草稿得到一氓先生的肯定，不仅写了修改意思，并欢迎我去他的藏书室看书参考。特别指示此文可署作者名。书局的出版说明一向只署编辑部，不署个人，由此破例，这篇小文也就保留了下来。

关羽形象在关汉卿笔下的升腾

　　好几年前，在一次研讨元曲的座谈会上，曲家颜长珂先生谈到关汉卿杂剧《单刀会》时提出了这样一个问题："'二十年流不尽的英雄血'，为什么说是二十年？发人深思。"一问惊四座。颜先生只是提出问题，会上也没有对此再做探讨。我既佩服颜先生读书之心细，也惭愧自己的不求甚解：对如此名句，如此明白的问题，注家虽不屑涉及，自己怎么也没问个为什么？最后还是从《三国志》中找到了答案。答案也很简单，因为关羽单刀赴会的故事就发生在建安二十年。事见《三国志·吴书·鲁肃传》："备既定益州，权求长沙、零、桂，备不承旨，权遣吕蒙进取。备闻，自还公安，遣羽争三郡。肃往益阳，与羽相拒。肃邀羽相见，各驻兵马百步，但请将军单刀俱会。"

　　此处虽未注明具体年份，但孙权"遣吕蒙进取"事却明载史册。《三国志·蜀书·先主（刘备）传》载："二十年，孙权以先主已得益州，使使报欲得荆州。先主言：'须得凉州，当以荆州相与。'权忿之，乃遣吕蒙袭夺长沙、零陵、桂阳三郡。先主引兵五万下公安，令关羽入益阳。"两处记载吻合，可见鲁肃与关羽对垒，在建安二十年无疑。

建安二十年（215）和建安二十年间（196—215）当然是两种不同的时间概念。而确立三国鼎立局面的，恰恰在建安以来的二十年间！

汉献帝刘协自从被董卓扶上帝位，就成了"专业"的傀儡，辗转于破黄巾的诸家之手。直至建安元年，曹操去雒阳（即洛阳）奉帝东迁许昌，从此政归曹氏，"挟天子以令诸侯"，献帝才为曹氏所专属，并开始了群雄争霸，最终合并为三的进程。

建安五年（200）在官渡（今河南中牟县），曹操以少胜多，战胜袁绍，自领冀州牧，治河东（山西省境内黄河以东地区）、征乌桓，奠定了统一北中国的曹魏基业。

建安十三年（208），在赤壁（今湖北嘉鱼县东北），孙权手下大将周瑜采用火攻之策，大溃曹舰，从此确立了孙吴割据江东的局面。刘备成就霸业最晚，他打着中山靖王刘胜后裔的旗号，人可敬之，亦可逐之。直到赤壁之战后，从孙权处借得荆州，才算有了安身之所，遂图西取益州牧刘璋。建安十六年（210），曹兵进军汉中，以图进而夺取蜀地。刘璋惧之，乃迎刘备入蜀。刘备一方面留关羽驻守荆州，一方面亲率数万人马乘机挺进益州（治所即今成都市）。一年后，自领益州牧，刘蜀地位始定。

正是在这二十年间逐步形成了三国鼎立的格局。这是打打杀杀、生生死死的二十年，是纵横捭阖、血雨腥风的二十年，是胜利的快意和失败的痛苦交织在一起的二十年，是英雄辈出的二十年！杂剧写关大王单刀赴会，于大江中流回顾历史，发出由衷的感慨："这也不是江水，（唱）二十年流不尽的英雄血！"曲辞中充满着历史的厚重，际遇的沧桑，自然也洋溢着胜利的豪情。

然而，这种不可一世的气魄，虽发自杂剧中的关大王，却并不属于历史上的关云长。

还是来看《鲁肃传》所记述的所谓"单刀赴会"的下文：

> 肃往益阳，与羽相拒。肃邀羽相见，各驻兵马百步上，但请将军单刀俱会。肃因责数羽曰："国家区区本以土地借卿家者，卿家军败远来，无以为资故也。今

已得益州，既无奉还之意，但求三郡，又不从命。"语未究竟，坐有一人曰："夫土地者，惟德所在耳，何常之有！"肃厉声呵之，辞色甚切。羽操刀起谓曰："此自国家事，是人何知！"目使之去。备遂割湘水为界，于是罢军。

很明显，面对鲁肃的义正词严，关羽自是理屈词穷。裴注引《吴书》，于鲁肃语后就直书"羽无以答"，其尴尬之状自可想见。偏偏此时坐中一人也出言相逼——就其言之倾向、鲁肃之呵斥、关羽之质询来看，此人当属吴营帐中人，他所谓的土地应归德者所有，虽系陈词滥调，但顺应鲁肃之论，刘备显非德者辈，自应交出荆州。俗话说"惹不起皇上惹皂隶"，几句附庸之言却给关羽提供了节外生枝、"顾左右而言他"的口实。只见他操刀而起，一边大呼"国家大事，此人是怎么知道的"！一边逼视使之离去。至于关羽如何收场，文中未做交代。仅从刘备原来对孙权要求的不买账，到"遂割湘水为界"来推断，关羽是不得不屈服了的。

何谓"割湘水为界"？《资治通鉴·汉纪五十九·建安二十年》记述得较为清楚：

闻魏公操将攻汉中，刘备惧失益州，使使求和于权。权令诸葛瑾报命，更寻盟好。遂分荆州，以湘水为界：长沙、江夏、桂阳以东属权，南郡、零陵、武陵以西属备。

照此看来，虽是迫于形势，但是刘备从原来的赖账不还，到以湘江为界将荆州的一半地域退给孙吴，还是觉得理亏，不得不让步妥协了。所谓"单刀俱会"乃就双方而言，表示不是全副武装的兵戎相见，而是单枪匹马以示诚意的谈判之举。关羽明知自己处境被动，是硬着头皮去的，结果在鲁肃的凛然大义面前，只落了个找挨训、讨没趣儿的份儿，即或借机生事，挑起事端，也难以掩盖其失落的境地。在关羽本传中，除"先主西定益州，拜羽董督荆州"一语外，于"单刀会"故事竟一字不提，刘备、诸葛亮传亦不言及此事，倒是在鲁肃传中大书特书，足见史家把"单刀会"的成功以及最终得到荆州之半是算在鲁肃的功劳簿上的，而对于关羽来说，实是行状中之败笔，并不光彩。

然而，关羽这一在历史上并不光彩的形象，在关汉卿杂剧《关大王独赴单刀会》中却演变得大义凛然，光彩照人！

这戏法是怎样变化出来的呢？在单刀会故事中，鲁肃与关羽本是天平上的两端，起落由各方拥有砝码，即情理的多寡而定。关汉卿笔下若要颠倒二人的斤两，就须将鲁肃的砝码转移到关羽一方来。为此，本来情理尽在鲁肃一方，但杂剧中却偏偏不让他以情理取胜，而是玩起阴谋诡计。为了索回荆州，他设计三条，一是邀关羽赴宴，以礼索还；二是强行扣留，促其醒悟；尤有甚者，即设以伏兵，击钟为号，一举擒住关羽，作为人质，强取荆州。这样一来，一变"单刀俱会"的和平谈判而成逼人就范的鸿门宴，鲁肃也因之而成施阴谋的小人。为了赢得支持，他先去征询国老乔公的意见，乔公即以刘备兵多将广、关羽英勇无敌、三条妙计根本奈何不得他为由，干脆反对索还荆州（以上第一折）。鲁肃坚持设宴，并请与关羽相识的隐士司马徽作陪，不料这位司马先生一听关羽的名字就不禁胆战心寒，极力渲染关羽那叱咤风云、所向披靡的英雄气概，以至鲁肃"听那先生说了这一会，交我也怕上来了"（以上第二折）。其实，乔公也好，司马徽也好，都不曾与历史上的"单刀俱会"事件有过什么联系，剧作者把他们编织到戏剧冲突中来，无外要营造一种"失道寡助"的氛围。这种"灭自家锐气,长他人威风"的安排,使台下的观众未见其人,先闻其声,关羽还未出场,其形象已占尽舞台风光,呼之欲出了。历史的天平在杂剧作家手中就是这样巧妙地倒置了轻重,"单刀俱会"的主角鲁肃一下子变成了拨弄是非、构陷于人的跳梁小丑。

关羽的正面出场已到第三折。接到鲁肃的"请书",孩儿们恐其上了鲁肃的套,都极力反对,关羽却执意前往。他明知此次"俱会""安排下打凤牢龙,准备着天罗地网;也不是待客筵席,则是个杀人、杀人的战场",却并不放在眼里,"我是三国英雄汉云长,端的是豪气有三千丈!"凭着这种磅礴气势,毅然赴会。

在酒筵上,剧中的鲁肃倒也循着历史的轨迹侃侃而谈,对关羽严加申饬:"今将军全无仁义之心,枉作英雄之辈,荆州久借不还,却不道'人无信不立'!"说得是义正辞严,毫不含糊。依据史载,这时关羽应是"无以答",寻个借口扬长而去。即或凭着新编杂剧、再造形象之自由,编出理由,痛加驳斥,以显关大王智勇双全,也是完全可以的。万万不曾料到,剧中却营造出一个理屈词穷之后恼羞成怒的场面:

（正云）鲁子敬！你听的这剑界么？[1]

鲁肃也万万不曾料到，刚刚指责两句，这位将军就动起粗来，于是惊问：

（鲁云）剑界怎么？

（正云）我这剑界，头一遭诛了文丑，第二遭斩了蔡阳，鲁肃呵，莫不第三遭到你也！

人家索还荆州本在情在理，你非止不做正面回答，反蛮不讲理，以武力相威胁，分明是一介武夫的气派，摆出的又是市井泼皮的架式，哪有一点大将的风度呢！

照此看来，关汉卿创作的关羽形象似乎不能算得成功。其实不然。某些情节的悖理并不能左右《单刀会》作为一首英雄史诗的主旋律的得失成败。我们说杂剧《单刀会》是英雄的史诗，并不在乎其剧情的编织是否缜密，冲突的构成是否合理，甚至其细节的真实是否禁得住推

---

①剑界：意为剑鸣。但不知出处。吴国钦校注《关汉卿全集》校"界"为"戛"，注"剑戛"作"剑响"。王季思主编《全元戏曲》校"界"为"戒"，并引元王恽《剑戒》说："百炼之精，或尝试人者则鸣，世传以为剑戒。"似是。

敲，而在乎的是一种正统的气节、一种民族的尊严、一种凛然的豪情如何得以伸张，具体在关羽身上则是对汉家基业的鼓吹和捍卫。

恰恰在这一点上，关汉卿通过《单刀会》可谓做足了文章。且看乔公这位孙吴的国老，一上来就自称"俺本是汉国臣僚"；连司马徽那位方外之士，也是张口"刘皇叔"、闭口"汉皇叔"，他们的出身和态度决定了"拥刘"的倾向。对汉将关羽自是五体投地，"恰便似六丁神簇捧定一个活神道"；提及讨回关羽董督的荆州，更吓得咋舌唏嘘，连连摇头，断言非但讨不回，"枉送了你那八十一座军州"，连孙吴全部属地也要搭进去。先声夺人，"单刀会"未开，已将正义之归属判给了刘蜀一方。

及至关羽登场，尊王室，论宗脉，开宗明义地将他的皇叔哥哥列为汉室正统的接班人。听听他对鲁肃说得是何等理直气壮：

> 想着俺汉高皇图王霸业，汉光武秉正除邪，汉王允将董卓诛，汉皇叔把温侯灭，俺哥哥合情受汉家基业。则你这东吴国的孙权，和俺刘家却是甚枝叶？请你个不克己先生自说！

现在该轮到鲁肃"无以答"了。可不，人家根本不谈什么荆州一地的得失，人家讲的是汉家基业，人家拥有的是大汉血统，人家的事跟你们孙吴有什么关系，要你们这些旁枝别脉来掺和！一下子把鲁肃挡在了谈判大门之外。能说关羽蛮不讲理、强词夺理吗？人家可讲的是汉家基业、复兴汉室的大道理，是自家事不容外人染指的处世原则。企图通过讨回荆州以撼动我汉家基业，那是痴心妄想。

直至通过挟持鲁肃顺利回到自家船上，关羽还悻悻地向对方明白地昭示：

> 说与你两件事先生记者：百忙里趁不了老兄心，急且（切）里倒不了俺汉家节！

这嘲谑式的铮铮壮语，画龙点睛，道破了全剧的主旨，也最终完成了关羽形象的升腾。

关汉卿编造了《单刀会》的传奇故事，其用意显然不在再现历史——他甚至故意歪曲了历史，而是在杂剧舞台上满怀激情地讴歌关羽捍卫汉室正统、坚守汉家气节的凛然大义，这就必然会引起在现实生活中饱受民族压迫之苦的广大观众的共鸣。

我们不忍再翻开蒙元统治时期那悚目惊心的民族歧视的一页。将人分成四等，种种特权施之蒙古人（即所谓"国人"）、色目人，种种钳制施之汉人、南人（即后来被征服的南方的汉人），就如"汉人殴伤国人"即可致杀身之祸，而"杀一汉人者，其偿值仅与一驴相等"（见蒙思明《元代社会阶级制度》）。现实境遇如此，在舞台上对汉家基业、汉室正统的鼓吹，也是对民族歧视的强烈抗议。这里无意将关汉卿打扮成揭竿而起的义军首领，但是他若没有以汉之子民自诩的胆识，恐怕是创作不出如此神圣的关羽形象、如此铿锵的豪言壮语来的。

（原载《文史知识》2003年第4期）

被排斥在社会之外的一群

——关汉卿创造的三个妓女形象

> 卖淫只是使妇女中间不幸成为受害者的人堕落，而且她们也远没有堕落到普通所想象的那种程度。
>
> ——恩格斯

按照社会发展的进程，一夫一妻制的确立是人类进入文明时代的标志之一。不过，因为它是伴随着母权制的覆灭而迅速发展起来的，是夫权的胜利，所以完全是针对妇女的，对男子并不具有约束力。最明显的例证就是，与一夫一妻制相对立的卖淫制度竟作为一夫一妻制的补充应运而生。而这种制度一旦产生立即得到统治阶级的庇护和利用。战国时代的"内间"、汉代的"营妓"、唐代的"平康坊"、宋代的"富乐院"，牺牲在卖淫制度下的妓女犹如盐、铁、酒、茶一样，成了官方的专利品。因此，这种对被压迫妇女进行残酷剥削的统治手段既成为旧社会的合法存在，又和一夫一妻制一起成为旧的社会秩序的两极而并行不悖地发展起来。

　　但是，在口头上，卖淫制度却又经常遭到人们的非难。当然，正如恩格斯在《家庭、私有制和国家的起源》一文中指出的："实际上，这种非难决不是针对着参与此事的男子，而只是针对着妇女：她们被排除出去，被排斥在外，以便用这种方法再一次宣布男子对妇女的绝对统治乃是社会的根本法则。"（《马克思恩格斯选集》第4卷，第62-63页）于是乎便出现了这样一种离奇的社会现象：一方面，男子和妓女的交往被人们当作风流韵事来津津乐道；另一方面，受到侮辱与损害的妓女却又被人们当作诱人堕落的渊薮、伤风败俗的孽种而施以鞭笞，沦为被排斥于社会之外的一群。偶尔，她们也能成为人们的话题，甚至得到某种称颂，但那并不是出自对她们的不幸的同情，更不是出自对她们的抗争的支持，而只是因为她们或为达官贵人"守志"，或为风流才子"立名"，换句话说，是因为她们做了维护封建道德、秩序的事情，而这是和她们所从事的堕落的职业不相容的，是反常的，所以才为猎奇者传扬。从妓女形象进入文艺作品以来，除去旖旎作态的诗词，唐传奇、宋话本中一些表彰妓女的故事，兜售的几乎都是这种货色。

这种对妓女的根本性的歪曲只是到了元代伟大戏剧家关汉卿的笔下才得到扭转。他在《赵盼儿风月救风尘》《杜蕊娘智赏金线池》《钱大尹智宠谢天香》等反映妓女生活的杂剧中，把指向妓女的非难的矛头调转过来，指向那些非难者；把被排斥在社会之外的一群又拉回到社会中来，正面揭示社会对她们的歧视、欺侮和迫害，以及由此而造成的她们的痛苦、愤懑和反抗。关汉卿正是以这种矢忠于生活的笔触，通过他所创造的符合历史真实的妓女形象，猛烈地抨击了罪恶的卖淫制度，从而从一个侧面展现了元代的特定历史条件下社会最底层的觉醒。

在现存的关汉卿创作的十八个杂剧中，以妓女为主角的旦本戏有三个，已经是很大的比重，如果联系在《元曲选》百种杂剧中这类戏只有九个，关汉卿创作的三个以妓女为"正旦"的杂剧而外，尚有石君宝的《曲江池》、戴善夫的《风光好》、马致远的《青衫泪》、张寿卿的《红梨花》、贾仲名的《对玉梳》、李行道的《灰栏记》等六个，那末关作更是蔚为壮观了。妓女问题为什么引起关汉卿如此的关注？妓女的真实的精神面貌为什么只有在关汉卿的笔下才能得到正确的反映？除去起决定作用的作者的进步世界观而外，卖淫制度的残酷性在元代的充分暴露也提供了现实的可能。

元代社会阶级斗争和民族斗争空前激烈，由于统治阶级的穷奢极欲以及城市经济的病态繁荣，卖淫制度得到了恶性的发展。据《马可波罗行记》载，仅在大都（今北京市）一地便有官属娼妓两万五千人（第四十九章《汗八百里城之贸易发达户口繁盛》沙海昂注文），其中当然不包括那些"不隶于官，家居而卖奸"的"私科子"（明人谢肇淛《五杂俎》卷之八《人部四》）。而在杭州，"不但在市场附近此辈例居之处见之，全城之中皆有"，竟达到"其数之多，未敢言也"（《行记》第一百五十一〔重〕章"补述行在"）的地步。

当时的法律虽也有诸如"诸职官频入茶酒市肆及倡优之家者，断罪罢职"（《元史》卷一百二《刑法一·职制上》），"诸职官娶倡为妻者，笞五十七，解职离之"（《元史》卷一百三《刑法二·户婚》）的规定，但那不过是官样文章，实际上，嫖妓、娶娼对职官来说是很时髦的事情。夏庭芝的《青楼集》作为元代妓女的一部血泪史，便留下了这伙权豪势要的足迹，其中三品以上的大官颇不在少数。在"顺时秀"名下记述了参政阿鲁温和待制刘时中争风吃醋的丑闻；在"王巧儿"名下又记述了一个姓陈的嫖客为着独占王巧儿，公然向忽拉罕赤请兵，险些和情敌动起了干戈。在《元典章》中还透露："辛洽恩的，为娶了乐人做媳妇的上头，他性命落后了也。"（《元典章》卷十八"禁娶乐人为妻"条）秦楼楚馆，俨然成了权贵之间你死我活的角逐场。

卖淫制度下的直接受害者当然依旧是妓女。一旦老爷属意，便被"置于侧室"（《青楼集》中此类记载比比皆是）。《通制条格》中把她们的这种遭际写得很清楚："一等官豪势要之家，强将成名、善歌舞妆扮、堪以应承（的）乐人妇女，暗地捏合媒证，娶为妻妾。"（卷三"乐人婚姻"条。《元典章》卷十八"乐人嫁女体例"条亦载同样案例，只文字略有出入。）为此颁布了"禁娶乐人为妻"的圣旨，注明这样做是"虑恐失误当番承应"（亦见《元典章》卷十八"乐人嫁女体例"条），意即她们是"承应"大家的，不得一人垄断。然而，妓女的地位并不因为统治者的需要而有所提高，相反，受到的是比前代更为残酷的虐待，这在当时乃是成文的法典，其中包括：杀死妓女可以不偿命，形同杀死他人奴婢（《元典章》卷四十二"杀死娼女"条），即或在服色上也必须同良人分出贵贱："不得戴笠子，并穿戴金衣服，及不得骑坐马匹——违者，许诸色人捉拿到官，将马匹给付拿住的人为主。"（《元典章》卷二十九"娼妓服色"条）把妓女的这种待遇，和当时那些因犯罪而被置于村坊监督之下的"警迹人"（《元典章》卷四十九"盗贼刺配警迹人"条规定：凡免死窃盗，除断本罪外皆刺字，籍充警迹人，"令村坊常切检察，遇有出处经宿或移他处，报邻佑知。"《元史》卷一百四《刑法三·盗贼》亦有"诸警迹人，有不告知邻佑辄离家经宿及游惰不事生产作业者，有司究之，邻佑有失觉察者，亦罪之"的条款。）比一比，真是毫无二致。此外，法定不准妓女"从良"："奉圣旨，是承应乐人呵，一般骨头体成亲，乐人内匹配者！"（《元典章》卷十八"乐人嫁女体例"条）"今后乐人只教嫁乐人，咱每根底近行的人、并官人每、其余的人每，若娶乐人做媳妇呵，要了罪过，听离了者！"（《元典章》卷十八"禁娶乐人为妻"条）无异于宣布妓女必须终生供人淫乐。至于妓女有孕，"或未生堕其胎，或已生残其命"，侥幸活下来的，则"每季不过次月十日，会其数以上于中书省"（《元史》卷一百五《刑法四·禁令》）。意味着就连她们的子女也要注册乐籍，逃脱不了这烟花火海。

这一副惨无人道的卖淫制度的罪恶图景，激起了关汉卿这样一位伟大戏剧家的强烈义愤。

值得注意的是，许多妓女都身兼杂剧演员（即所谓的"乐人"）。试以《青楼集》为例，在所记述的一百一十多个妓女中，仅已注明精通杂剧表演艺术的就有近四十人之多。关汉卿在当时既然享有"驱梨园领袖、总编修师首、捻杂剧班头"（《录鬼簿续编》贾仲明为关汉卿写的〔凌波仙〕吊词）的盛誉，作为"书会"中人，通过不断向勾栏瓦舍提供演出脚本，必然和演员保持着经常的接触——他甚至还要"躬践排场，面傅粉墨，以为我家生活，偶倡优而不辞"（臧晋叔《元曲选序二》），这就成为他洞悉妓女生活的可靠途径，对于妓女受害之深、反抗之烈，也就不能不感同身受了。

更为难能可贵的是，对于妓女问题的关注，关汉卿不是单纯地悲悯其遭遇，而是更重视她们的觉醒和觉醒之后的斗争，这也是他所创造的妓女形象在现实主义的底彩上经常闪烁着积极浪漫主义光辉的原因，反映了关汉卿积极投身斗争洪流，坚定站在被压迫妓女一边，与之同斗争、共胜利的战斗气概。这一点，在他那以调侃的笔调写出的套曲《不伏老》中有生动的表现。曲中以不肯放弃"眠花卧柳"的"歹症候"为由，正面抒发了不伏老的战斗豪情："你便是落了我牙、歪了我口、瘸了我腿、折了我手，天赐与我这几般儿歹症候，尚兀自不肯休。则除是阎王亲自唤，神鬼自来勾，三魂归地府，七魄丧冥幽，天那，那其间才不向烟花路儿上走！"对于这套散曲，也有论者认为是"老狎客"的自白，认为从中"可以想见汉卿对于勾栏里生活之熟，'门槛'之精，和各种杂艺之擅长"（《关汉卿和他的杂剧》，引自《关汉卿研究论文集》，第52页）。如果仅止于此，不能不说是大大贬低了这套散曲所独具的战斗意义。其实，从这套散曲中，"我是个锦阵花营都帅头"的曲文，不难发现关汉卿乃是以妓女群中的统帅自命的。纵贯全篇的那种饱经沧桑、老谋深算的斗争经验，那种桀骜不驯、至死不渝的战斗意志，不正表现了率领妓女向她们的玩弄者进行斗争的情怀吗？联系他的另一套散曲《骋怀》："展放征旗任谁走，庙算神谟必应口。一管笔在手，敢搠孙吴兵斗！"其指挥若定的统帅的风度，大概也可为上述看法做一佐证吧。归根结底，如果认为关汉卿创作的三个妓女戏竟然出自"老狎客"之手，那末它所显示的辛酸和泼辣，以及同"狎客"做不调和斗争的战斗锋芒，便无从理解了。

如同"悲剧之父埃斯库罗斯和喜剧之父阿里斯托芬都是有强烈倾向的诗人"（《马克思恩格斯选集》第4卷，第454页）一样，关汉卿也是具有鲜明政治倾向的戏剧家。当然，这种倾向并不是作者特别指点出来，而是从场面和情节中自然而然地流露出来，通过典型环境中的典型性格体现出来的。所以，全面了解关汉卿对妓女问题的认识，以及对卖淫制度的批判的深度，也只能从他所创造的主要妓女形象的分析中进行。特别是在有关关汉卿生平的历史资料几不见于当时著录的情况下，具体形象的分析就简直成为我们今天研究关汉卿政治倾向的唯一凭借了。

压在妓女头上的卖淫制度的体现者是嫖客、鸨儿和官府，关汉卿现存的三个妓女戏中创造的妓女形象——《救风尘》中的赵盼儿、《金线池》中的杜蕊娘、《谢天香》中的谢天香，正好是针对了这不同的三个方面进行了不同程度的斗争，从而也不同程度地完成了关汉卿对卖淫制度的揭露和批判。

《救风尘》中的赵盼儿

《救风尘》杂剧的戏剧冲突是在妓女赵盼儿、宋引章和花台子弟周舍之间展开的。而赵盼儿和宋引章又是两种迥然有别的妓女典型。

宋引章，害怕"今日也大姐，明日也大姐，出了一包脓"的悲惨下场，希望"做一个张郎家妇，李郎家妻，立个妇名"，所以急于要嫁人。在她面前明摆着两个人可供选择：一个是穷秀才安秀实，一个就是周舍。由于担心嫁给穷秀才，到头来会"一对儿好打莲花落"——卖艺乞讨为生，所以最后选中了周舍。周舍是周同知的公子——有势，又会做买卖——有钱，更有讨取她欢心的手段——夏打扇、冬温被，犹如孝子般地"知重"，哄得宋引章是"一心则待要嫁他"。但是，宋引章万万没有想到，"妇名"并没有给她什么幸福。婚前，她是周舍追逐、调笑的对象；婚后，为其一人所独占，便在她身上要起了丈夫的淫威，进门便是五十"杀威棒"，随后朝打暮骂，眼看着就要死在他手里。有的论者责怪宋引章"爱虚荣，贪舒适，讲享受"（胡仲实《谈关汉卿笔下的妓女形象》，《关汉卿研究》第2辑，第144页），似乎是自作自受。这是不公平的。

宋引章的悲剧不是由自她性格的缺陷，而是社会的罪恶。如果一定说她有缺陷，只在于她的无知：她不知道世态人情的虚伪，她不知道妓女没有取得正常夫妻生活的权利，她不知道即或"立个妇名"，也摆脱不了"媳妇儿是墙上泥皮"（借用《神奴儿》杂折第一折〔柳叶儿〕的曲文）的厄运。因此，她才落了周舍的骗局。

在这点上，赵盼儿高她一筹。

赵盼儿当然也不是天生的奇人，从无知到有知，也曾经历了一段苦难的过程。她何尝没想过"立个妇名"呢？"咱这几年待嫁人心事有。"

为了嫁个称意的郎君，她也曾对花台子弟赤诚相待，以换取真心。对一些来过两三遭的，便试着不要钱，视作知己，不想好心变成驴肝肺，那些子弟反倒骂她是在"敲镘儿"——装阔绰，敲竹杠，要大钱。对于子弟们的"千般贞烈，万种恩情"，她也曾信以为真，不想"那一个不顷刻前程？那一个不等闲间罢手？他们一做一个水上浮沤"，都是在跟她假情假意地逢场作戏。这只能怪自己"脚搭着脑杓成事早""手拍着胸脯悔后迟"，急于成事，后悔不迭。一次又一次痛苦的教训，终于使她明白了："那做丈夫的做不的子弟，做子弟的做不的丈夫！"到妓院来的都是只把妓女当作消遣品寻欢作乐的, 指望他们做赤诚的丈夫, 岂非异想天开!

何况, 耳闻目睹到的姐妹们的不幸遭遇更令她寒心:

> 我想这先嫁的还不曾过几日, 早折的容也波仪瘦似鬼。只教你难分说, 难告诉, 空泪垂。我看了些觅前程俏女娘, 见了些铁心肠男子辈, 便一生里孤眠我也直甚颓! (〔天下乐〕)

请看, 从"待嫁人心事有"到"一生里孤眠我也直甚颓", 赵盼儿经历了多少痛苦的坎坷才得到这样的"知"呵! 当然, 赵盼儿之所以决心不嫁人, 原因还不仅于此, 下面一支〔那叱令〕透露出一个更为深刻的社会问题:

> 待妆个老实, 学三从四德; 争奈是匪妓, 都三心二意。(那末,)端的是那里是三梢末尾(归宿)? 俺虽居在柳陌中、花街内, 可是那件儿便宜。

"那件儿"指的是什么呢? "自由"!

这句话表面上看来是自轻自贱: 做妓女的都是三心

二意的性儿，在花街柳巷中自在惯了的，嫁不得人，学不得那些三从四德；实际上表现的是赵盼儿对闺范生活的蔑视：做妓女比做妻妾还多着一些自由的便宜呢！关汉卿对这一点曾反复强调。《谢天香》杂剧里那个做了钱大尹小夫人的谢天香也说过："往常我在风尘为歌妓。止不过见了那几个筵席，到家来须做个自由鬼；今日个打我在无底磨牢笼内！"同样是这个意思。妇不如妓——关汉卿不是在赞美卖淫制度吗？不然。此所谓"赋敛之毒有甚于蛇者"也。恩格斯在论及"权衡利害的婚姻"时一语中的："妻子和普通的娼妇不同之处，只在于她不是像雇佣女工计件出卖劳动那样出租自己的肉体，而是一次永远出卖为奴隶。"（《马克思恩格斯选集》第4卷，第67页）

关汉卿痛感到，妓女虽苦，却比"张郎家妇，李郎家妻"还多着一件儿"便宜"。三从四德这一套封建礼法给予妇女的迫害之深，何待赘言？

问题还有另外的一面："御园中可不道是栽路柳，好人家怎容这等娼优？"对于妓女来说，即或是心甘情愿套起那三从四德的鞍辔也是不被允许的，"禁娶乐人为妻"，元代法律早已剥夺了她们"从良"的权利。从这一角度，关汉卿更深刻地揭示了妓女社会地位的低微。

"寻前程，觅下梢，恰便似黑海也似难寻觅。"赵盼儿在饱尝辛酸之后，终于死了嫁人的这条心。

假使仅止于此，赵盼儿也不过是个"独善其身"或者"明哲保身"的有识之士罢了。不，当她受尽了玩弄，了解了玩弄者的伎俩之后，心头燃起一团怒火，再看不过玩弄者的胡行，看不过自家姐妹再被玩弄。用她自己的话说："惯曾为旅偏怜客""自己贪杯惜醉人"——要以自己的觉悟启发自家姐妹，去向玩弄者进行针锋相对的斗争。这种对自家姐妹的怜爱和对玩弄者的仇恨，以及在对付玩弄者上表现出来的大智大勇，凝聚成这一典型形象的夺目光彩。这一光彩，在搭救宋引章的壮举中特别鲜明地显示出来。

正是凭着自己的丰富阅历，她一眼看穿周舍是个无情之辈："那厮虽穿着几件蛇蜒皮，人伦事晓得甚的？""你道这子弟情肠甜似蜜，但娶到他家里，多无半载周年相抛掷。"所以听说宋引章要嫁他，便百般拦阻，劝她"事要前思免后悔"。无奈，无知的宋引章被周舍的虚情假意迷了心窍，不听良言相劝，执意要嫁。盼儿警告她："妹子，久以后你受苦呵，休来告我！"而宋引章把话说得更绝："我便有那该死的罪，我也不来央告你！"赵盼儿真是又生气又难过，她怎能不为自家姐妹的命运担心，怎能忍见玩弄者的阴谋得逞呢？所以她早在心底打算好："有朝一日，准备着搭救你块望夫石。"从中，既满怀着搭救姐妹出水火的阶级深情，又做好了向玩弄者做斗争的思想准备，体现了高尚的精神境界。

"不信好人言，必有恓惶事。"宋引章在吃了周舍的苦头，眼见"无那活的人也"之际，才理解了赵家姐姐事前的告诫，才体会到赵盼儿是真正疼爱自己的亲人，于是托人带信去求助，她深信侠肠义胆的赵盼儿会原谅她的无知，设法把她营救出来的。果然。

"赵盼儿！"盼儿提醒自己："你做的个见死不救，可不羞杀这桃园中杀白马、宰乌牛！"

她当即拿出自己的积蓄——两个压被银子，要把宋引章"买休"①回来。但又听得周舍扬言："我手里有打杀的，无有买休卖休的！"迫使她运筹帷幄，巧做安排，决

---

① 《元典章》卷十八"离异买休妻例"。该案例记述，谭八十一为生活所迫，收了谭四十三的钱财，写立休书，将妻阿孟转嫁给谭四十三。判词是："据谭八十一与本妇已是义绝，又系卖休买休，俱各违法"，并断"谭四十三与阿孟离异归宗，其谭八十一原受财钱依数追没"。由此可见，"买休"或"卖休"俱指买卖休书而言。人民文学出版社1958年版《关汉卿戏曲选》将"买休卖休"解作"头绝卖绝"，显系疏误。

定"风月救风尘"。对此，她是充满信心的："不是我说大口，怎出我烟月手？"因为她摸透了玩弄者的脾性："那厮爱女娘的心，见的便似驴共狗。"又因为她练就了对付玩弄者的一身本事："将他鼻凹儿抹上一块砂糖，着那厮舔又舔不着，吃又吃不着。"色、利相诱，何求不得？于是她打扮得花枝招展，收拾了箱笼行李，以救急如救火之势，单枪匹马，虎口夺食，要以风月手段从周舍的魔掌中救出风尘姐妹宋引章。

不过，那个"自小上花台做子弟"的周舍也不是轻易肯上当的。当他发现这送上门来的"私科子"就是赵盼儿的时候，勃然大怒："你是赵盼儿？好！好！当初破亲也是你来！"当即露出一副狰狞嘴脸，关起门来就要打骂。

赵盼儿早料到这一手，她不怕也不拦，而是不动声色地说："周舍，你坐下，你听我说。"多么心平气和，多么娓娓动听！搞得周舍也有点莫名其妙。只听赵盼儿继续讲道："你在南京时，人说你周舍名字，说的我耳满鼻满的，则是不曾见你。后得见你呵，害的我不茶不饭，只是思想着你。听的你娶了宋引章，教我如何不恼？周舍，我待嫁你，你却着我保亲……"说到这里，简直已经是泪咽语塞了。而现在，"我好意将着车辆鞍马食房来寻你，你划地将我打骂……"更显得满腹委屈，真可令铁石人断肠。而一桩难以剖白的公案，就这样按照风月场中争风吃醋的逻辑，入情入理地翻了过来，以致使周舍这风月场中的老狎客也不能不深信不疑，马上换了一张笑脸，低三下四地解嘲，伏首敛手地听命。赵盼儿叫他"只守着我坐"，他便道："休说是一两日，就是一两年，您儿也坐的将去。"赵盼儿叫他"舍的宋引章"，他随即答应："我到家里就休了他。"这个自称"酒肉场中三十载，花星整照二十年"的周舍，终于乖乖钻进了赵盼儿设下的圈套。

周舍毕竟是狡猾的。他很快认识到休弃宋引章的事考虑得不够周到："且慢着。那个妇人（指宋引章）是我平日间打怕的，若与了一纸休书，那妇人就一道烟去了；这婆娘（指赵盼儿）他若是不嫁我呵，可不弄的尖担两头脱？休的造次，把这婆娘摇撼的实着。"诡谲的周舍何曾想到，就在他企图"摇撼实着"赵盼儿的时候，自己早已被赵盼儿"摇撼实着"了。他让赵盼儿立誓，赵盼儿信口一说，他便听信；他又要买酒、买羊、买红和赵盼儿定亲，赵盼儿却早把这些东西一一备齐。这种"一心一意"，真使周舍受宠若惊，喜之不胜，迫不及待地跑回家去，把休书写给宋引章，赶回来再找赵盼儿，早已不见踪影，方知受了骗。看到此处，谁不惊叹赵盼儿的神机妙算。

　　惯于玩弄人者绝不会甘心自己被玩弄，那"骑马一世"的周舍也绝不肯"驴背上失了一脚"，他要拼命追上去挽回败局。一场激烈的火拼不可避免。此前，周舍因为喝了迷魂汤，利令智昏，一时认不清对方的真面目，所以赵盼儿得以智取胜利。如今，他已从吃亏上当中清醒了过来，再施以欺骗就不是容易的了。如果说前面是暗斗，那末将要开始的就是一场明争。这场明争，把戏剧冲突推向了高潮。

　　气急败坏的周舍追上了宋引章，把她手中的休书骗了过来，当即咬个粉碎。赵盼儿赶来搭救，周舍正好捉住不放；吃了肯酒，受了信物，"你也是我的老婆！"赵盼儿早把他进攻的缺口堵死：好酒、熟羊、红定都是我的，怎能算在你的账上？反以此揭露了他的贪婪无赖的本质。周舍知道这一筹失了算，又提起另一筹："你曾说过誓嫁我来！"赵盼儿听了简直要哈哈大笑了：

　　　　俺须是卖空虚，凭着那说来的言咒誓为活路。（什么赌咒发誓，这正是我们做妓女的觅钱谋生的手段。）——怕你不信呀，——遍花街请到娼家女，那一个不对着明香宝烛，那一个不指着皇天后土，那一个不赌着鬼戮神诛？若信这咒盟言，早死的绝门户！

（〔庆东原〕）

多么痛快淋漓！真是妙不可言！

盟誓，本来是周舍用来"摇撼实着"盼儿的手段，却成了嘲弄自己的笑柄。盼儿对盟誓的这种玩世不恭的态度，直害得周舍有苦难言，因为"凭着那说来的言咒誓为活路"的骗子手正是他自己。他不是也曾向宋引章说过誓，保证"不敢欺负大姐"吗？可是人一到手，那盟誓便"恰似秋风过耳两休休"，报之以朝打暮骂的百般欺负了。可见，对周舍说来，只要求被玩弄者向他信守盟誓，而他自己却完全不受盟誓的制约。倒是赵盼儿这样的被玩弄者能把盟誓忠实信守。"做的个见死不救，可不羞杀桃园中杀白马、宰乌牛！"可见，赵盼儿是把对自家姐妹违盟背誓视为耻辱的，所以她才能苦口婆心地劝阻宋引章于未落"机彀"之前，又不畏艰险地搭救宋引章于落入"恓惶"之后。与此同时，她把对玩弄者的违盟背誓则视之为理所当然，看作是与玩弄者做斗争的武器。赵盼儿嘲弄同周舍的盟誓，正是基于信守同自家姐妹的盟誓。敌敌我我，赵盼儿是毫不含糊的。其实，所谓的盟誓，本来就不是抽象的东西。作为道德标准，它隶属于不同的社会集团。压迫者把盟誓当成迫使被压迫者为其利益而牺牲的精神枷锁，所以是虚伪的；被压迫者把盟誓当成互助友爱、团结对敌的纽带，所以是可靠的。关汉卿看穿了压迫者倡导的这类盟誓的欺骗性，通过赵盼儿之口，予以无情的揭露，有力的惩罚，确乎是大快人心的。

在这强大的对手面前，周舍黔驴技穷，无可奈何。他气急败坏转而去从宋引章手中夺过休书一口咬碎，吼道："休书已毁了，你不跟我去待怎么？"宋引章知道"跟了他去就是死"，正自十分害怕，赵盼儿挺身上前："妹子！休慌莫怕！咬碎的是假文书！"原来她早已从宋引章手中借故把真文书调换了过来。周舍狗急跳墙还想去夺，赵盼儿鄙夷地耻笑他："便有九头牛也拽不出去！"如此料事如神，出奇制胜，确实令人拍案叫绝。至此，周舍的阴谋彻底破产，他所处心积虑要避免的事情终于成了事实，落个"尖担两头脱"。这才是："周郎妙计安天下，赔了夫人又折兵。"

赵盼儿的侠肠义胆是使人们肃然起敬的，表现了被压迫者同舟共济的优秀品质；她那种把玩弄者玩弄于股掌之上的胆略，更集中体现了被压迫者在同压迫者的斗争中磨砺出来的大智大勇。有的论者把她比作《三国演义》中的孔明，当非过誉。不过，孔明的形象尚有"多智而近妖"（《中国小说史略》，《鲁迅全集》第八卷，104页）之嫌，而赵盼儿的斗争艺术则全然依循现实生活的逻辑，是遵循现实生活之可能和必然展现出来的，所以我们看起来便会感到既熟悉又新奇，既在情理之中又超乎意料之外。想来当时的观众也会从中受到这种斗争艺术的教育、启发和鼓舞的。

杂剧最后以"题目"点明了主题："念彼观音力，还着于本人。"（此据《古名家杂剧》本，《元曲选》本作"安秀才花柳成花烛"）

此语见《妙法莲花经·观世音菩萨普门品》，全文是："咒咀诸毒药，所欲害身者；念彼观音力，还着于本人。"原是一句劝世的口诀。意思是，在遇害的当日，如果口念观世音菩萨，不仅可以免遭此害，而且此害将反及施害者。这当然是佛教迷信的无稽之谈。但是，杂剧作者借来点明主题，可并不是让被压迫者坐待观世音的神威，而是召唤被压迫者以自己的力量和智慧跟压迫者进行针锋相对的斗争，只有这样才能实现"还着于本人"的宿愿。

顺便提一下，苏东坡对这句经文曾提出如下的妙论："观音，慈悲者也。个人遭咒咀，念观音之力而使还着于本人，则岂观音之心哉？今改之曰：'咒咀诸毒药，所欲害身者；念彼观音力，两家总没事。'"（《东坡志林》卷二"改观音咒"条）两家相安，万事大吉，这真是典型的"不用暴力抵抗邪恶"的懦夫哲学。事实证明，不抵抗的结果只能助长压迫者的气焰，使被压迫者遭受更残酷的宰割。听听宋引章的声音："跟了他去就是死！"看来苏才子的见识远不如赵盼儿这样一个风尘妓女。赵盼儿对玩弄者可没有这种慈悲心肠，而是坚决地以眼还眼，以牙还牙，"即以其人之道，还治其人之身"，进行毫不妥协的斗争，所以才取得了"还着于本人"的胜利。从这个意义上说，敢于斗争、善于斗争的赵盼儿不正是现实的"观世音菩萨"吗！我们认为这正是关汉卿通过《救风尘》杂剧揭示给他的观众的真谛。

《金线池》中的杜蕊娘

跟《救风尘》一样，《金线池》写的也是妓女追求正常夫妻生活理想的破灭。不同的是，使她们理想归于破灭的罪魁，前者是那些"做不的丈夫"的花台子弟，后者却是自己的生身之母！

按照妓院的一般情况，"妓之母多假母也——假呼为爆炭，不知其因，应以难姑息之故也——亦妓之衰退者为之"①。人们称她们为鸨儿，称她们操持的妓院营生为"皮解库"，凭着世间最卑劣的手段榨取妓女的血肉钱，是寄生在妓女身上的血吸虫，是妓女头上的灾星。而妓女却要以母呼之，这真是对封建伦理观念的辛辣讽刺。关汉卿的揭露更深化了一步：不是"假母"，而是生身之母逼迫自己的女儿去从事卖肉生涯！《救风尘》中宋引章的鸨儿是如此，《金线池》中杜蕊娘的鸨儿也是如此。请听妓女杜蕊娘的自白："我是他亲生的女，又不是买来的奴。"

那末，妓女的境遇是否因为鸨儿是生身之母而变得好一些呢？关汉卿通过《金线池》做了完全否定的回答。母亲之所以对亲生女儿如此残忍，则只为的是钱。钱，是她那不义之门的支柱，而她自己手挂着拐杖——女儿称之为"打鸂鶒（紫鸳鸯）无情棍"，牢牢把定大门口，"无

---

① 唐人孙棨《北里志》"泛论三曲中事"条。

钱的可要亲近,则除是驴生戟角瓮生根"!这位生身之母在这样做的时候,几曾想过女儿的终身?一心想的只是:"全凭着五个字迭办金钱——可是那五个字?——无过是恶、劣、乖、毒、狠。"这五个字活现了生身之母那"苘麻头斜皮脸老魔君"的罪恶心机,这五个字也宛如老魔君的五个魔爪,紧紧地操纵着女儿杜蕊娘的命运。

杜蕊娘也曾在她所精通的大曲、传奇、词话中找到自己的理想:"想知今晓古人家女,都待与秀才每为夫妇。"她憧憬着,有朝一日,自己所钟情的寒儒,凭着他那"七步才华",一举成名天下知,那时自己也得以"改家门,做的个五花诰夫人,驷马高车锦绣裙"。然而,身陷风尘,这种理想根本无从实现。跟她朝夕往来的都是一些"矜爷害娘,冻妻饿子"的花台子弟,即或遇有知心的,也被她那鸨儿母亲"频频的间阻休熟分,三夜早赶离门",生生拆散。所以,她愈加痛恨自己陷身的卖身生涯:"我想一百二十行,门门都好着衣吃饭,偏俺这一门,却是谁人制下的?忒低微也呵!"但这又是无法摆脱的,她的悲剧命运已经注定:"有一日粉消香褪,可不道老死在风尘。"

就在这苦海浮沉,即将没顶之际,突然,一只小船划到了跟前，这就是"一个好秀才也"的韩辅臣。韩辅臣在上朝进取功名途中，路经济南府，前去拜访同窗好友石府尹。石府尹请来上厅行首杜蕊娘侍候，韩辅臣竟一见钟情；而对杜蕊娘来说，要实现自己的理想，这也是不遇之良机。机不可失，时不再来，杜蕊娘也当即倾心相待。

杜蕊娘爱上了韩辅臣，固然因为他才高貌美，更主要的是他对自己的一往情深。看，他只顾与蕊娘行酒，连东道主石府尹也不加理睬；石府尹留他在自己花园中安歇，他嫌冷静，让他住在蕊娘家，则喜之不尽，一让一个肯。这些，杜蕊娘都看在眼里，喜在心头。于是，"十度愿从良，长则九度不依允"——已经濒于绝望的她，为一种新的生机鼓舞着，产生了一种从来不曾有过的力量，竟然表示"遮莫（即使）拷的我皮肉烂，炼的我骨髓枯"也在所不惧，坚决要嫁韩辅臣。

起初，她满以为征得生身之母的同意是不成问题的，所以只是苦苦哀求："母亲，嫁了您孩儿罢，孩儿年纪大了也！"要求是这样合理，语气又如此凄楚，该足以打动做母亲的心了吧。谁知这老虔婆竟理也不理，转而呼令丫头："拿镊子来！镊了鬓边的白发，还着你觅钱哩！"这下子可把积怨已深而又做了充分思想准备的蕊娘惹火了：

"母亲! 你只管与孩儿撒性怎的?" 言外之意, 你这老虔婆也要认些好歹, 我再也不听任你的摆布了! 虔婆恼羞成怒, 蛮不讲理地吼道: "我不许嫁谁敢嫁? 有你这样生忿忤逆的!" 儒家的孝道竟是逼迫女儿倚门卖俏的紧箍咒, 她又是多么有恃无恐。而杜蕊娘则反唇相讥: "非是我偏生忿, 还是你不关亲! ——只着俺淡抹浓妆倚市门, 积攒下金银囤。" 把老虔婆颠倒的黑白又颠倒了过来: 为了积攒你的金钱囤不惜断送亲生女儿的前程, 是你太不 "关亲" 了, 怎么能说我 "忤逆" 呢? 换句话说, 母亲既没有对女儿的慈爱, 女儿就可以不孝顺母亲。在愚忠愚孝被视为精神法典的时代, 这种呼声无疑是一种反叛。杜蕊娘以她的 "生忿忤逆" 戳穿了虔婆的蛮横和虚伪, 使之无可奈何, 只得另寻借口: "小贱人, 你要嫁哪个来?" 蕊娘毫不含糊: "告辞了鸣珂巷, 待嫁那韩辅臣。" 虔婆故意奚落她: "你要嫁韩辅臣这一千年不长进的, 看你打莲花落也!" 蕊娘却颇不以为然, 她满怀对未来的希望唱道: "他怎肯教 '一年春尽又是一年春'!" 公然向虔婆表示: 我们是会缔造美满幸福生活的, 不会沦为乞丐去让你幸灾乐祸! 说罢, 再也不屑于听虔婆的罗唣, 愤然拂袖而去。

老虔婆的魔法失灵了, 劝, 劝不活, 吓, 吓不倒; 软的，不吃，硬的，不怕——在不屈的杜蕊娘面前，被搞得束手无策。看来，除非韩辅臣变心，杜蕊娘是绝难回心转意的。狠毒的鸨儿看出了这着棋。恰好当时石府尹任满朝京，韩辅臣的靠山倒了，加以床头金尽，岂不正是挑拨离间的好机会。"俺想那韩秀才是个气高的人，他见俺有些闲言闲语，必然使性出门去；俺再在女孩儿跟前调拨他，等他两个不和……"老虔婆的诡计果然得逞了，韩辅臣自恃"我是个顶天立地的男子汉，怎生受得一口气？"使性出走，一走就是二十多天。利用这个空隙，虔婆在蕊娘跟前给韩辅臣栽赃，说他另有新欢。而杜蕊娘正自为韩的不辞而别烦闷不解，突然，"闻得母亲说，他是烂黄齑，如今又缠上一个粉头"，这种爱情的背叛，把她吓呆了。这是不可思议的，可是又不能不相信它。

"我想，这济南府教坊中人，那一个不是我手下教导过的小妮子？料必没有强似我的。若是他果然离了我家，又去踹别家的门，久以后我在这街上行走，教我怎生见人那？"这才是："东洋海洗不尽脸上羞，西华山遮不了身边丑，大力鬼顿不开眉上锁，巨灵神劈不断腹中愁！"痛苦得无以复加。表面上看起来，这种痛苦似乎出自女性的嫉妒，其实不然。借用普希金分析奥赛罗悲剧性格的一句话，"生性并不嫉妒，相反地，他轻信。"（普希金《桌边闲话》，引自《戏剧理论译文集》第八辑，第12页）为什么阅历很深的杜蕊娘在对韩辅臣的爱情上如此轻信虔婆的挑拨呢？应该说，她的轻信正是由于她的阅历。

她的阅历告诉她，在妓女群中争风吃醋是常有的事。倒不是为了爱情，而是为了生存，为了满足鸨儿的欲壑而不得不为。"只待夜夜留人夜夜新，殷勤，顾甚的恩？"这就决定了妓女既不愿做人的玩物，又要争着去做人的玩物。所以，韩辅臣被别的妓女夺走，是完全可能的。

她的阅历告诉她，在子弟丛里朝秦暮楚的事也是屡见不鲜的。他们以信誓旦旦骗取妓女的爱情，只是寻花问柳、贪欢作乐，追求刺激，并不是出于什么真挚的情感。"也不管设誓拈香，到处里停眠整宿，说着他瞒心的谎，昧心的咒"。因而，韩辅臣昨日海誓山盟，今日背信弃义，也是完全可能的。

还有，半年来，杜蕊娘一直沉浸在爱情的欢乐里，对韩辅臣不曾有过半点怀疑，如今，突兀而至的打击提醒了她："咱本是泼贱娼优，怎嫁得你俊俏儒流？"这句话，虽是对负心人的讽刺，也是悔恨自己兴过了头："明知道书生教门儿负心短命"，自己又何苦"没来由强风情"？正是她的阅历告诉她，卑贱的社会地位决定了她的必然被遗弃："往常个侍衾裯，都做了付东流，过的是娼门水局下场头！"

这不就是杜蕊娘之所以轻信的社会根由吗！

情况已经变得十分严重了。杜蕊娘在韩辅臣身上曾寄托了脱离烟花火海的全部希望：为了跟韩的结合，她豁出"漾人头厮捽，含热血厮喷"，和老虔婆大闹了一场；为了心上人，"逼绰（摆脱）了当官令，烟花簿上除抹了姓名，交绝了怪友和狂朋，打拼的户净门清"，真是一心一意。谁知，"能照顾眼前坑，不提防脑后井"，就在梦寐以求的东西已经到手的时刻，忽然化为乌有——韩辅臣遗弃了她。致使她那不惜抛头颅、洒热血的斗争非只变得毫无意义，反成对自己的讽刺，那痛苦自不待言，正如她以风筝自喻时所表明的，恰才要拨开云雨扶摇直上，"腾的断线"，落得海角飘零，重陷风尘。

但是，杜蕊娘绝不是安于命运摆布的可怜虫，她的凌厉的锋芒永远指向她的命运的玩弄者。在这点上韩辅臣是深为了解的："莫说我的气高，那蕊娘的气比我还高的多哩！"想当初老虔婆不准她嫁人，她敢于寻死觅活地闹个天翻地覆；如今韩辅臣又如此冷酷地欺骗了她，她又怎肯善罢甘休呢?

　　韩辅臣并不知虔婆从中挑拨,他只自悔不该不辞而别,所以特地前来屈身赔礼。可是轻信了虔婆挑唆的蕊娘却不明就里,一见韩辅臣便揶揄他:"今日个何劳你贵脚儿又到咱家走?"韩辅臣下跪求饶,她毫不理睬:"那个要你跪?越显得你嘴儿甜,膝儿软,情儿厚。"韩辅臣请她打自己几下消消气儿,她干脆回答:"既你无情呵,休想我指甲儿汤着你皮肉!"最后以挖苦的口吻正告他:"有耨处散诞松宽着耨,有偷处宽行大步偷,何须把一家苦苦死淹留!""你与我高揎起春衫酒酒袖,舒你那攀蟾折桂的指头,请先生别挽一枝章台路旁柳!"说完,任那负心人长跪不起,竟头也不回地悻悻而去。

　　这种决绝的态度,对那些忘恩负义、以玩弄妓女为乐的花台子弟来说,虽然算不得什么有力的惩罚,但是蕊娘这种义不受辱、和玩弄者绝不妥协的骨鲠,却是十分难能可贵的。

　　当然,观众心里明白,韩辅臣是冤枉的,因为他始终热恋着杜蕊娘,委实不曾"又缠上一个粉头"。为了蕊娘,他把"进取功名""扶摇万里"的志向丢之脑后;为了蕊娘,他不顾"读书人凌云豪气",忍受着鸨儿的闲言蜚语,

"便受尽这虔婆的气，何忍负之？"为了蕊娘，虔婆把他赶走，他还要"将我羞脸儿揣在怀里"，溜到蕊娘跟前去"讨个明白"；蕊娘呕他，骂他，不理他，他不但不气，反而甘愿告打、下跪——这一切，无一不表现了他对蕊娘爱情的赤诚。

"当事人双方的相互爱慕应当高于其他一切而成为婚姻基础的事情，在统治阶级的实践中是自古以来都没有的，至多只是在浪漫事迹中，或者在不受重视的被压迫阶级中，才有这样的事情。"（《马克思恩格斯选集》第4卷，第75页）从这一点来看，韩辅臣忠贞于爱情的思想素质显然不是压迫阶级所有，而大半出自被压迫阶层浪漫主义的想象，因为很难设想一个有钱有势的、以玩弄妓女为赏心乐事的压迫者为了爱情去死死地乞求妓女回心转意。有鉴于此，当杜蕊娘轻信了鸨儿的挑拨，拒绝了韩辅臣的爱情，把他置于十分尴尬、十分痛苦的境地时，观众不仅能够充分理解蕊娘的"气高"，而且对这位可怜的秀才也会寄以深切的同情。

杜蕊娘又何尝不眷恋着韩辅臣的恩爱呢？但是，她又必须接受现实的无情打击，因为这是她作为玩物的社会地位决定的。她只好故作旷达地开慰自己："不是我出乖弄丑，从良弃贱，我命里有终须有，命里无枉生受。"——后来还说什么"虽是今番，系干宿世，事关前定"，把无可奈何的造化安排，当作解除感情痛苦的麻醉剂。因而我们不能片面地责难她对韩辅臣的无情，而必须看到无情的现实在她心灵上的投影。

这种内心矛盾，如果说在第二折里对韩辅臣负心的无比痛恨是主导的，那末，在第三折里，由于韩辅臣的执意追求，又勾引起她对韩的旧情的强烈的思念。"金线池"上的筵席，犹如置于浑水中的明矾，澄清了蕊娘的烦恼，恢复了她对爱情的水晶般的莹洁。

我们知道，杜蕊娘所气的是韩辅臣的另缠粉头。可是今天，她所羞于碰见的粉头却联合起来为她设筵，表示了诚挚的友谊，并请她居于首席，把她当"爱莲儿"似的相钦敬，当"茶儿"似的好看承。怎能设想这些好心肠的姐妹会在背后夺她的心上人呢？蕊娘开始感到自己的"独强性"欠思虑，开始怀疑韩辅臣另缠粉头的真实性，从而开始后悔和韩的决裂，进而也愈加怀念与韩相处时的百般欢洽了。于是，我们就不难理解，为什么在行酒令的时候，蕊娘竟以不许题着"韩辅臣"三字作为犯令——她是在努力使自己忘却，也不愿意别人勾起那段不可挽回的遗恨；她深知，酒醒时还可以"硬打挣，强词夺正"，但若醉时节"酒陶真性"，恐怕就不由自主了，故此才"做贼心虚"地以此为戒。于是，我们也就不难理解，为什么她接连犯令道出韩辅臣的名字——她忘不下旧情，特别是在跟姐妹们玩得不顺心的时候，便更加称赞韩的聪明才智，更加怀念与韩相处的鱼水和谐了。韩辅臣呵韩辅臣，是蕊娘多么想下狠心割舍而又割舍不掉的心上人呵！

恰在这时，金线池宴会的幕后东道主韩辅臣出现了，他抢先搀扶起醉倒了的蕊娘，依旧像过去那样"厮看厮待，厮知厮重，厮钦厮敬"。痴心的蕊娘，透过朦胧的醉眼认出了他，但又不敢相信，禁不住喃喃问道：

"扶咱的小哥每是何名姓？"

"是小生韩辅臣。"

"你是韩辅臣？"真的？杜蕊娘清醒了过来。一种又惊又喜、又怨又恨的感情交织在一起。突然，连她自己大概也没有想到，她竟怒不可遏地喊出："靠后！"

那"似线断风筝"的痛苦，那似"逾墙贼蝎蛰"的隐忧，好像江河决口，一泻无遗。不过，如果仔细体味随之而来的那暴风骤雨般的〔耍孩儿〕以下的三支曲文，不难发现她的口气已经发生了很大的变化，不再是责难而是历数委屈，不再是揶揄而是倾诉衷肠。试看〔煞尾〕一段：

> 我和你半年多衾枕恩，一片家缱绻情。交明春岁数三十正，——我老了也，你要我怎的？——你且把这不志诚的心肠与我慢慢等。

不错，她袖子一甩，"做摔开科"，又走了。然而与上次"请先生别挽一枝章台路旁柳"的拂袖而去，含义却全然不同。上次，是怒、是恨、是挖苦，不留一丝妥协的余地；而这次，却听不出严辞相拒，只剩下日后色衰恩断、爱情不能久长的唯一担心了——而这种担心显然是在肯定了韩辅臣当前的赤诚的前提下提出来的。至于何以不立即谈和，固然是要考验对方，也是因既成的僵局使她很难马上放下笑脸来。这正是"当行"作家关汉卿刻画人物的细腻入微之处。

至此，一场喜剧性的社会冲突已经临近解决的边缘。其实，在冲突的开始便存在着和解的可能性，只是因为虔婆从中"板障"，才逼他们成仇，险些化为悲剧。而杜韩之间则一直互相热恋着，并没有什么根本的利害冲突。

精诚所至，金石为开，他们终以坚贞不渝的爱情，冲破了虔婆设下的藩篱，称了平生愿。

大团圆的结局已势在必然。公堂上杜蕊娘的妥协，并非屈服于石府尹的大棍子的淫威之下——她早看出了这是韩辅臣那"浪短命随机应变"导演的恶作剧。蕊娘既已完全相信了韩的爱情的赤诚，正好顺阶而下，拜求韩辅臣"你与我搜寻出些巧言，去那官人行劝一劝"，"从今后我情愿实为姻眷"。很明显，这并不如有的论者所说的，是什么"尴尬的尾巴"，而是冲突自然而然的解决，从而谱成了卖淫制度下一曲爱情的凯歌。

曾有这样一种看法，认为"剧中人物性格的冲突基本上是单线发展的。它由蕊娘与虔婆的冲突写到蕊娘与韩辅臣的冲突，再写到蕊娘与石好问的冲突，当后一冲突出现的时候，前一冲突就不再出现了"（野马《关汉卿的生平及其作品》，湖北人民出版社，第33页）。此种看法虽是对此剧艺术特色的探索，但把戏剧冲突的完整而有机的内在联系完全割裂开来，也是不尽妥当的。

首先，冲突的几个方面的内在联系被忽视了。如前所述，韩杜的冲突是由虔婆在其间散布不信任的种子造成的，一旦他们得到了共同的认识，如蕊娘所唱"为老母相间阻，使夫妻死缠绵"，从而恢复了相互的信任，虔婆的阴谋便自然破产了。所以，韩杜冲突的过程（即取得彼此信任的过程），实际上是韩杜与虔婆冲突的过程（即克服虔婆挑拨离间的过程）。——这是韩杜冲突与蕊娘虔婆冲突的内在联系。至于石府尹，虽然他在客观上促成了韩杜的"早遂佳期"，但主观上却是为了满足韩辅臣的欲望而不惜以大棍子压服杜蕊娘，可见他和虔婆一样是妓女头上的灾星。——这又是蕊娘石府尹冲突与蕊娘虔婆冲突的内在联系。如果把这些交织在一起的矛盾冲突说成是"单线发展"，甚至说成是"后一冲突出现的时候，前一冲突就不再出现"，不仅不符合剧本结构的实际，而且无视了蕊娘这一典型性格与她赖以成长的典型环境的统一。

其次，这种看法把不同性质的冲突完全等同了起来。韩辅臣既然不是杜蕊娘的玩弄者，怎么能把他们之间的冲突与他们和另外两种敌对势力的冲突混为一谈呢？

于是，出现了这样的一个问题：杂剧的基本冲突既然存在于压迫者与被压迫者之间，为什么在情节安排上却要通过压迫者之间的冲突来表现呢？问题道出了这个杂剧的一个创作特色，悲剧性与喜剧性的交叉。

韩辅臣与杜蕊娘二人可谓卖淫制度下争取婚姻自由的勇士，杜要嫁韩，"拷的我皮肉烂，炼的我骨髓枯"亦在所不顾；韩要娶杜，把"上朝取应"的前程也置之脑后，他们之间的爱情无疑是赤诚的。但是在花街柳巷里，弟子（妓女）"旧性不改"、子弟（嫖客）"到底杂情"乃是普遍的现实，这又使他们不能不上虔婆的当，各自为对方的变心而陷入被遗弃的痛苦之中，从而构成了一幕失恋的社会悲剧。另一方面，基于他们对爱情的赤诚，彼此都不甘心于被遗弃的厄运，只是表现形式不同罢了；杜蕊娘决心不再一次地被遗弃，所以严辞拒绝同"另缠粉头"的韩辅臣重归于好；而并不曾"另缠粉头"的韩辅臣则指望这一次破裂不成为事实，所以要竭力争取杜蕊娘的谅解。于是这对恋人便演出了这样的场面：一个追，一个躲；一个软，一个硬；一个越是乞求，一个越是不理；一个越是伏低，一个越是倔强，从而形成了喜剧性的漩涡。然而这种喜剧性愈浓，潜在的悲剧性也愈明显；当这对恋人的冲突发展到破裂的边缘，观众在充分理解主人公彼此爱情深度的同时，难道不为之惋惜吗？难道不更憎恨悲剧的制造者——鸨儿的罪恶吗？

我们认为，这种独特的结构方法，更便于体现作者的鲜明的爱憎倾向，而观众在对主人公命运的深切关注中，也必然更容易接受作者的感染。

《谢天香》中的谢天香

在关汉卿创造的妓女形象中，无论赵盼儿、杜蕊娘，都敢于向玩弄者进行斗争，唯独谢天香是个例外。她是个弱者，不敢反抗，不敢斗争，一味地听人玩弄。第二折中便有这样一曲自白：

> 罢，罢，罢！我正是闪了他闷棍着他棒，我正是出了荸篮入了筐，直着咱在罗网。休摘离，休指望，便似一百尺的石门教我怎生撞？便使尽些伎俩，乾愁断我肚肠，觅不的个脱壳金蝉这一个谎。（〔煞尾〕）

从中展示出来的是一个妓女无法摆脱被玩弄的命运的悲哀。当然，虽不同于胜利地进行反抗斗争的赵盼儿和杜蕊娘，但在个性千差万别的妓女形象中，依旧不失为一种典型。不过，由于作者的不鲜明的爱憎及其庸俗的艺术趣味，却对谢天香这一形象做了肆意的歪曲，因而大大降低了这一典型的社会意义，突出暴露了关汉卿的思想局限，这是必须要认真扬弃的。

现在我们就剖析一下关汉卿是如何塑造这一形象，又如何进行了歪曲。

跟赵盼儿、杜蕊娘一样，谢天香也痛恨自己所从事的卖笑生涯。她自比金丝笼内的鹦哥，对自己的遭际做了如下痛苦的说明："你道是金笼内的鹦哥能念诗，这便是咱家的好比似：原来越聪明越不得出笼时。能吹弹好比人每日常看伺，惯歌讴好比人每日常差使。——我不怨别人——我怨那礼案里几个令史，他们都是我掌命司，先将那等不会弹不会唱的除了名字，早知道则做个哑猱儿。"聪明才智、能弹会唱，为什么给她带来如此的烦恼呢？因为这些东西并不属于她自己，而只是供以此为乐的老爷们的消遣品。所以，她越是多才多艺、本领出众，越是得到老爷们赏识，也越摆脱不了被玩弄的地位。"早知道做个哑猱儿"，一方面表现了她对这种生涯的痛恨，一方面也反映了对身陷风尘的无可奈何的情绪。

她把最后的希望寄托在同她做伴的"一代文章"柳永柳耆卿身上。她劝柳："休为我误了功名者。"并且一心一意地为柳准备停当赴考用的衣服盘缠，其目的无外是一旦柳耆卿得官，她也可以"五花官诰""驷马香车"，做一个"夫人县君"，永离这烟花火海。然而，对于一个妓女来说，这难道是可能的吗？剧中人钱大尹便宣布了这样的律令："歌妓女怎做的大臣姬妾！""品官不得娶娼女为妻！"宛如两座大山堵死了她的出路。因此，她所做的和她将收获的，必然是南其辕而北其辙，适得其反：柳耆卿得官之日，也就是谢天香幻想破灭之时。这正是她的悲剧所在。

多亏了开封府钱大尹，把谢天香从烟花簿上除了籍；谢天香有了良人的名分，方能如愿以偿，与柳耆卿谐百年之好。但是，人们几乎很难想象，这位救谢出火坑的钱大尹，原来竟是谢天香的对头人！听一听谢天香的感受吧，那是在钱大尹刚刚上任，谢作为"上厅行首"代表乐人参见新上司的时候：

> 爷爷！（我的天！）那官人好个冷脸也！
> 猛觑了那容姿，不觉的下阶址，下场头少不的跟官长厅前死。（多么可怕的预感！）……立地刚一饭间，心战勾两炊时。（至今余悸犹存。）（〔金盏儿〕）

这并不是谢天香的职业的错觉，很快，她就领教了这位老爷的厉害。

钱大尹本是柳耆卿的同堂故友，所以柳在临去上京应举之前，两次三番地托付他代为照顾谢天香。钱大尹对这位才子不在功名上用心，偏在花街里留意，十分恼火。为了鞭策朋友皈依正道，他非只不照顾谢天香，反而在柳耆卿走后借故责打谢天香，自称"我若是打了谢氏呵，（她）便是典刑过罪人也，使耆卿再不好往他家去。耆卿也，俺为朋友直如此用心"。好个对朋友的用心，竟是如此狠毒！于是，一场不期而至的灾难，就这样降临到无辜的谢天香头上。

钱大尹秘密探知柳耆卿留赠的一阕词中有自己的名讳，却硬要谢天香弹唱，为的是借"误犯俺这大官讳字"的罪名，可以把谢天香"扣厅责他四十"。不想谢天香随机应变，中途换了韵脚，巧妙地躲过了他的名讳。这时钱大尹复以如果下文"失了韵脚，差了平仄、乱了宫商，扣厅责你四十"相威胁。强加给承应妓女的罪名一何多！而聪明机智的谢天香竟能把全篇改动得天衣无缝，自始至终没出半点差错。这下子，连"冷脸子"钱大尹对谢的才智"不由的也动情"了，遂一反初衷，决定圆成柳、谢的姻缘。人们或许奇怪：同样的聪明才智，刚才还是"不得出笼时"的脖锁儿，怎么现在倒成了争得自由的翅膀？难道一个妓女的"聪明才智"真有如此扭转乾坤的神通吗？不，其实钱大尹是在拨拉自己的鬼算盘。

钱大尹作为一个卫道者，很难相信像柳耆卿这样的"一代文章"会钟情于一个匪妓，把谢天香认作"心上人"的。如今一见谢天香果然聪明无比，不禁赞叹："晦，可知（难怪）柳耆卿爱他哩；老夫见了呵，不由的也动情。"从而断定"心上人"之说并非虚妄。既然如此，他就要考虑一下自己的利害关系了：那柳耆卿"学问不在老夫之下"，此去必然高中，柳在临行之时再三托付自己"好觑谢氏"，如果谢氏出个好歹，将来向新贵如何交代？同时，我们也还记得，柳耆卿在为谢氏托情反遭钱大尹的申斥之后，曾向谢天香透露过："我到帝都阙下，若得一官半职，钱可道（大尹名），你长保着做太尹，休和咱轴头儿厮抹着！"他是绝不会善罢甘休的。对此，官场老手怎不清楚呢？与其为一匪妓得罪新贵，不如做个顺水人情以将功补过。这样说绝不会委屈钱大尹的"用心"，只消看一看他是用什么手段去圆成谢、柳亲事的，自然暴露无遗。

唯恐谢天香在外面依旧的"迎新送旧"，辱没了柳耆卿的高才大名，日后不好交代，钱大尹竟以娶谢天香做小夫人——侍妾为名，把谢藏在自己家里。这可真是奇妙的讽刺！果真在柳走后，谢天香依旧的迎新送旧，那只说明她对柳并没有真正的爱情；为尽朋友之道，钱大尹应该劝柳遗弃这有如"沾泥飞絮"的匪妓才是，为什么把这无情的婊子宁可"管制"起来，也要圆成给自己的同堂故友呢？这种不负责任的态度，适以表明其"为朋友直如此用心"的虚伪，而把谢天香作为进献的礼物以讨新贵的欢心，才是真实的目的。

问题在于，杂剧作者并没有揭露这种对朋友的假情假意的真谛，反而对钱大尹的这种鬼算盘当成正面的"朋友之道"倍加颂扬。在大团圆的尾声中，先是让钱大尹自我标榜一番："老夫不避他人之是非""受无妄之愆，与足下了平生之愿"；随后又把谢、柳二人推到钱大尹的膝下，顶礼膜拜，涕零感激"相公大恩"。作者的戏法变得真是神奇：一张棒打鸳鸯的冷脸子，一下子换成了成人之美的热心肠。这种违背生活真实的处理，显然是作者认识的局限性所在。

关汉卿是同情妓女的遭遇，希望她们能够得到解放的，但是他又看不到——事实上也不存在这种解放的现实可能性，所以他只好常常捏造出一些不真实的人物来为妓女撑腰，杜撰出一些不真实的情节来为妓女圆场。《救风尘》中的赵盼儿为了摆脱周舍的纠缠，既不得不乞灵于李公弼太府"做主"，《金线池》中杜蕊娘与韩辅臣的和好，也多亏石好问府尹的"肯矜怜"。不过，见官之前，赵盼儿已把周舍缴了械，韩杜之间的误会也基本上得到了解除，因而李太府、石府尹的作用还不明显。《谢天香》一剧则不然。"歌妓女怎做的大臣姬妾"，"品官不得娶娼女为妻"——柳、谢婚姻分明是个悲剧的胎子，而男女主人公又都缺乏积极进取精神，全部依赖于钱大尹的圆成，于是这个不真实的人物的作用就变得十分突出了。我们已经看到，在杂剧的第一、二两折里摆开的架式是对妓女的"掌命司"——以"冷脸子"钱大尹为代表的官府的批判，现在却因为要肯定钱大尹的热心，其矛头也就转了向：原来是被批判对象的钱大尹变成了正面人物，原来的正面人物谢天香反被置于被批判的方面去了。谓予不信，试看作者的安排。

前义已及，钱大尹担心谢天香再去送旧迎新，玷辱了新贵的高才大名，便假意把谢娶作小老婆，实际是把她软禁起来以待柳耆卿衣锦还乡。既然如此，原可以而且应该把自己的用心实告谢天香；虽说这样做对谢的贞心有点儿不敬，但钱大尹的一片好心，谢天香总不至于辜负吧。不料，钱大尹却故意把真意相瞒，让谢天香以为钱大尹真的要娶她做小夫人。对此，她又是如何对待的呢？按说，她既已经爱上了柳耆卿，而柳又是为给她去挣"驷马香车，夫人县君"才暂时离开的，她是不会答允钱大尹的无理要求的，即或在钱大尹的淫威之下不得已而从之，也该是悲愤填膺，痛苦万分，戏剧冲突必将在玩弄与反玩弄之间激烈展开。而事实却全然相反，谢天香不仅接受了这种玩弄，而且还为这种玩弄的"有名无实"而陷入深深的痛苦之中！

请看在钱大尹派张千做"落花媒人"许谢天香做小夫人的时候，她的态度是何等的暧昧："妾身是临路金丝柳，相公是架海紫金梁；想你便意错见，心错爱，怎做的门厮敌，户厮当？"没有提出半点异议，只是自轻自贱地请钱大尹考虑尊卑的悬殊，不敢高攀。看到钱大尹装作志已决矣的样子，真的要领她到自己的私宅里去了，她才吐露了自己的苦衷：

则怎这秀才每活计似鱼翻浪，大人家前程似狗探汤。（跟柳秀才在一起如鱼得水，自在逍遥；做钱大尹的小老婆可没有这样的实惠，好比一盆滚烫的汤羹，香味扑鼻，却吃不到嘴里。）则俺这侍妾每近帏房，止不过供手巾到他行，能勾见些模样。着护衣须是相亲傍，止不过梳头处俺胸前靠着（他）脊梁，几时得儿女成双？（〔二煞〕）

这像什么话！原来她所不满足的只是钱大尹不能跟她"似鱼翻浪"样的亲近！反过来，如果钱大尹也能像柳耆卿那样跟她"似鱼翻浪"样的相处，她也是乐于相从的。而柳耆卿则早已被她置之度外了："杭州柳耆卿，早则绝念也！"意即，柳耆卿呵，你早些死了这条心吧！虽然，我们应当同情她的处境："休指望，便似一百尺的石门教我怎生撞？"很难逃出钱大尹的罗网；但是发展到后来，连"柳七官人"（柳耆卿）《乐章集》也不准别人提起，虽然也有着忍痛割爱、怕人再触动的成分，但总的来看，这种"旧恩忘却，新爱偏宜""亏杀前人在那里"（借用《窦娥冤》杂剧第二折〔梁州第七〕曲词）的随遇而安、甘心被玩弄的苟且情怀，确实是十分荒唐可憎的。这样一来，反倒证明钱大尹对她"迎新送旧"的歧视是无比正确的了。看来作者的用意正在于斯：为了肯定钱大尹，不惜歪曲谢天香。

谢天香的这种"狗探汤"式的欲进而不得的苦恼，宛如心脏之于血液循环，主使着剧情的发展。作者也以淋漓的笔墨涂写着她那"有名无实"的隐痛，在第三折中达到了高潮。这时，"有名无实"的生活已经过了三年了，园中的姐妹也深知此中原委，所以常来呕她："姐姐，你在宅中三年，相公曾亲近你么？"每逢此时，谢天香就像蝎螫一样地跳起来，死力辩白："俺若是曾宿睡呵则除是天知地知！相公那铺盖儿知他是横的竖的？比我那初使唤，如今越更稀。想是我出身处本低微，则怕玷污了相公贵体。"姐妹们劝她："虽是如此，你也自当亲近些。"她的回答是："姐姐每肯教诲，怕不是好意？争奈我官人行，怎敢便话不投机？""强何郎旖旎煞难搽粉，狠张敞央及煞怎画眉？要识个高低。"意思很清楚，我不是没有试图"亲近"过，也曾频频"旖旎煞""央求煞"，无奈换来的依旧是一张"冷脸子"，正是：落花有意随流水，流水无情恋落花，怎不让人寒心呢？所以她只好自怨自艾，以尊卑高下来开慰自己，忍气吞声，再不敢去"亲近"，免得再讨无趣了。为此，她几乎成了神经质，性情变得乖戾暴躁，动辄移怒于人。这一次，跟姐妹们一道掷骰子游戏，为了些些输赢又动了肝火，面红耳赤地发村骂起人来。偏偏这场面被钱大尹碰到了，把个谢天香吓得魂不附体。试想，"旖旎煞""央求煞"尚不能得到亲近，怎么敢惹是生非，故意触犯呢？"唬的我连忙的跪膝，不由我泪雨似扒堆"，乞求钱大尹的宽恕。钱大尹本是有意挑逗，要试探她的心思的，便以骰盆中的色子为题要她赋诗一首。聪明机智的谢天香当然精通此道，正好借此机会表白自己以取宠钱大尹，所以当即吟出：

> 一把低微骨，置君掌握中；
> 料应嫌点流，抛掷任东风！

没有怨，没有恨，只是一味地摇尾乞怜，完全是一副卑躬屈膝、做小伏低的奴才嘴脸。《艺苑卮言》中也记述过一首骰子诗，那是明代正德年间一个佚名妓女写的："一片寒微骨，翻成面面心；自从遭点污，抛掷到如今。"（明人王世贞《艺苑卮言》卷七）此诗是否从前者蜕化而出，现已无从查考，若以格调、立意相较，显是后者居上。尽管两首诗同样展现的是软弱的妓女的心境，但后者毕竟还隐含有强颜欢笑的苦痛，而前者充斥的则是自惭是匪妓而得不到主子青睐的哀愁。后者仍可博得人们的同情，而前者只能惹人鄙夷。这首诗是全剧高潮中的重要关目，谢天香这一软弱得可鄙的形象也正是通过这首诗彻头彻尾地暴露了出来。

然而，钱大尹对她的捉弄还没有结束。听罢谢天香的诗，他突生恻隐之心："天香！你心中休烦恼。我拣个吉日良辰，则在这两日内立你做个小夫人，你心下如何？"谢天香几乎不敢相信自己的耳朵："相公莫不是谬语？"待肯定了这并非是钱大尹的妄说之后，她竟然是如此的喜出望外，不禁陶醉在名副其实的小夫人的欢乐里：

> 相公，你一言既出如何悔，驷马奔驰不可追。妾身出入兰堂，身居画阁，行有香车，宿在罗帏。相公，整过了三年，可便调理，无个消息；不想道今朝错爱我这匪妓，也则是可怜见哭啼啼。（三折〔一煞〕）
>
> 比俺那门前乐探等着官身，我今日个好侥，佾（既俏美，又神气）！虽不是宅院里夫人，也是那大人家姬妾，强似那上厅的祗候。（四折〔醉春风〕）

在她看来，"有名无实"的痛苦从此可以解除了，"儿女成双"的理想从此可以实现了。哪里顾得什么"见交风月耆卿伴"，能够做成钱大尹的小老婆已经是心满意足了。

恰在此时，高中状元的柳耆卿衣锦归来，而且知道钱大尹娶了谢天香。钱大尹将柳请进衙来，又让谢天香上前施礼。谢天香自是忐忑不安，羞愧难当，不知钱大尹安的是什么心。"莫不是将咱故意相迤逗，特教的（我）露丑逞羞？（看看钱大尹那道貌岸然的模样，）你觑那衣服每各自施忠厚，百般儿省不的甚缘由。"致使她"趋前退后"，左右为难。这时钱大尹却又要她与柳耆卿把酒。谢天香自然要从命，可是，"我待要题个话头（与柳耆卿攀谈），又不知他（钱大尹）可也甚些机彀？倒不如只做朦胧，为着东君，奉劝金瓯。（但又担心那耆卿——）他若带酒，是必休！将咱僝僽。（正自犹豫，耆卿却早痛而忘情，连呼：'天香，近前来些！'天香对此十分惶恐，只得悄悄提醒他：要放老实些）这里可便不比我做上厅行首！"直害得这一对情人，"他那里则是举手，我这里忍着泪眸，不敢道是厮问厮当、厮来厮去、厮捆厮揪；我如今在这里不自由！"

单从这场面看，无疑是十分动人的。但是我们要问：

这是真实的吗？这符合谢天香性格的发展逻辑吗？

回答只能是否定的。试想，刚刚还在为"强似那上厅的祗候"而自诩，现在怎么又产生"不比我做上厅行首"的遗憾呢？刚刚还在为获得"小夫人"的名分而雀跃欲狂，现在怎么又为它的"不自由"而热泪盈眶呢？刚刚还把柳耆卿忘得一干二净，现在怎么又变得如此一往情深了呢？等等，等等。如果肯定了前者，那末后者便是虚伪的；如果后者是真实的，那末前者便是对人物性格的歪曲：二者形同水火，无论如何也无法统一在一个人的身上。

谢天香的性格出现如此严重的割裂，正是作者对钱大尹这一妓女头上的压迫者的颂扬态度所决定的。谢天香，实际上被作者当成衡量钱大尹品质的砝码；谢天香的"送旧迎新""沾泥飞絮"的本性，她那为摆脱"有名无实"而施展的"旖旎煞""央求煞"，只不过是为反衬出钱大尹"秋毫不染"的难能可贵。而把钱大尹对谢天香的恶意捉弄（美其名曰"智宠"）作为全剧的戏胆，在展现谢天香"有名无实"的痛苦时又大力渲染单纯的性生活的需要，也反映了作者的庸俗的艺术趣味。

总之，这是一出有着致命缺陷的杂剧，它严重地损害了对卖淫制度的揭露和批判的深度。

历史翻过了七百年，天亮了，新中国诞生了。更新伊始，党和政府便采取有力措施取缔了妓院，把广大被压迫妓女从卖淫制度的火坑中拯救出来。翻身得解放，姐姐妹妹站起来，这在我国历史上也是破天荒第一次。卖淫制度在我国漫长的封建社会的存在和发展，不仅使妇女中间不幸成为受害者的人堕落，而且，正如恩格斯指出的那样："它在道德上对男子的腐蚀，比对妇女的腐蚀要厉害得多。"（《马克思恩格斯选集》第4卷，第71页）在旧社会的污泥污水中，它对社会道德是一种致命的污染。今天，它在我国虽然已是历史的陈迹，但是认识它，批判它，对于激发我们对社会主义祖国的热爱，提高无产阶级道德风尚，仍具有一定的现实意义。也正是在这一意义上，关汉卿创作的三个妓女戏为我们提供了一面镜子。当然，这面镜子既再现了妓女在卖淫制度桎梏下的牺牲和反抗的历史真实，也反映了作者本人的局限性，这又是需要我们去芜取精，慎重加以鉴别的。

（原载《社会科学战线》编辑部编《古典文学论丛》第1辑，齐鲁书社，1980）

按语：在关汉卿创作的三个妓女戏中，数《钱大尹智宠谢天香》最能反映妓女生活的实际。在妓女谢天香身上，赵盼儿的侠肠义胆、杜蕊娘的气性高傲通通不见了，有的只是被污辱与被损害者的逆来顺受。不是说"性格决定命运"吗，谢天香的懦弱性格就决定了她任人摆布的命运。所以我对关汉卿创作的这一形象基本上是持否定态度的。不意我的观点却受到我的两位老师的批评，他们在《戏曲艺术》上发表通信，王季思先生以他对该剧从否定到肯定的认识过程启发我改正看法；宁宗一先生则对谢天香那"金子般的心"大加礼赞，搞得我诚惶诚恐而又莫名其妙。事实是钱大尹明知好友柳耆卿爱上了谢天香，在柳求取功名并把谢托付给他之后，担心谢水性杨花，依旧送旧迎新，会玷污了好友的名声，竟然将之纳为妾室，以保护起来，日后再完璧归赵。这就是钱大尹所谓的"智宠"。面对钱大尹高贵的身份，谢始而为"门不当户不对"而忐忑不安，继而又为三年做妾"有名无实"不得同床而苦恼万分。这种懦弱卑琐任人摆布的性格虽然也可以得到怜悯和同情，但她那"金子般的心"不是也大减成色了吗？更何况作者是在大力肯定钱大尹的义举前提下做如此安排，把造成对谢天香形象的极大歪曲与伤害而不顾，这也反映了作者庸俗的审美取向。有鉴于此，特将此文迻录，以求教于方家。

谁动了谁的著作权？

——《南戏〈拜月亭〉考论》质疑

　　《南戏〈拜月亭〉考论》（下略称《考论》，《文学遗产》2003年第3期）一文，围绕南戏《拜月亭》的源流、版本的演变及其在近世地方戏中的影响，展开了详尽的考论。唯其在探讨与杂剧的关系时，得出关汉卿的同名杂剧乃改编自施君美的南戏，断语颇嫌突兀，既难以驳倒前人的公论，自身也陷入"考论"的怪圈。故不揣冒昧，略陈孔见。

一　问题的提出

　　《考论》作者发现，南戏与杂剧虽皆冠之以"拜月亭"，但内容却只有"拜月"，而没有关于"亭"的情节的交代。由此推论出：南戏与杂剧之前必然存在一个有"拜月亭"的情节的"原创作品"。继而又发现这个"原创作品"虽"今已不存","但在明代的话本小说集《国色天香》与《绣谷春容》中，皆收录了一篇敷衍蒋世隆与王瑞兰悲欢离合故事的话本"，名为《龙会兰池》，其中竟以"拜月亭"作为"贯穿全篇的一个中心环节"（引文俱见《考论》，下同），并且前后出现了三次：第一次是二人结为夫妇时相携拜月于一亭中，蒋作《拜月亭赋》以志；第二次是瑞兰将自家后花园中一亭题名为"拜月亭"，为离散的丈夫焚香祈祷；第三次是夫妇团圆后，蒋见此亭，又作《拜月亭记》以示追怀不忘。由此推论出：南戏《拜月亭》"所描写的故事当承自'拜月亭'故事的原创作品"。

问题是，仅凭着多出来的一"赋"一"记"就断定这个明代话本较之宋元南戏更接近所谓的"原创作品"，这禁得住推敲吗？谨提下列三问。

1. 何以证明一"赋"一"记"不是后人所加？

2. 就时序而言，最接近"原创作品"、较之杂剧又有更充裕篇幅的，莫过于南戏，何以其不照引一"赋"一"记"，而偏偏留给改朝换代后的话本？

3. 故事发生的背景，不论是金与蒙，或宋与元，都是战乱频仍、妻离子散的乱世，历经患难的夫妻又哪里来的如一"赋"一"记"中所展示的那种花前月下的闲情逸致？质言之，这类无病呻吟，八股式的醋酸文字，胡乱安到甚样无聊作品中皆可，何以单凭有个"亭"字就平白嫁接给好不容易"考论"出来的"原创作品"呢？

其实，南戏和杂剧有无"亭"的情节交代本无关宏旨，《考论》作者之意只在推出一个早于南戏或杂剧的"原创作品"，据以"考论"南戏与杂剧改编之先后。果然，《考论》又有了新发现，即在南戏《拜月亭》中尚有诸如"亭前拜月佳人恨"和"拜月亭前谢天"的曲辞，而杂剧的曲文却始终没有涉及"亭"字。从而又推论出，南戏仍存有"原创作品"的痕迹，故改编在前；而杂剧连这点"原创作品"的痕迹也没有，故改编在后。所以关汉卿的杂剧是根据施君美的南戏改编的。

二　到底谁改编谁

杂剧改编自南戏，这一结论来得过于玄乎，故再提以下三议。

首先，所谓"原创作品"本系子虚乌有，《考论》作者自己也说它"今已不存"，如今只凭明代话本的一"赋"

一"记"就推论出于南戏或杂剧前必定存在一个有"亭"的情节交代的"原创作品"，然后将推论定为事实，并以此作为判断南戏和杂剧谁先谁后的根据，这不颇有些形而上的味道吗？文中也曾提到关汉卿的另一个杂剧《望江亭》，有趣的是，翻遍全剧不见"望江亭"三字，甚至连个"亭"字也没有，据此，《考论》作者是否也可以再"考论"出个《望江亭》的"原创作品"呢？

其次，关于南戏《拜月亭》的作者。《考论》已综述了有关施君美作《拜月亭》的历代不同的说法，不过都没有否认施君美其人的存在。即或关汉卿于南宋亡后（1279年后）去过杭州，即或大德七年（1293年）后还创作了《窦娥冤》，他与《录鬼簿》成书时（1230年）还健在的、钟嗣成视之为"方今才人相知者"的施君美也分明是不曾交往过的两代人，也分属钟嗣成所划属的元代前后两期的作家。如今硬是要说前辈关汉卿改编了晚辈施君美的作品，恐于理不合。何况从简而繁，将杂剧改为南戏者多有；而删繁就简，将南戏缩编成杂剧的，似尚无先例。

再次，从曲词看继承关系。《考论》的第二节列出表格，以曲词的相似说明杂剧对南戏的"承袭"关系。现择取《考论》所列曲词的其中两句：

杂剧:[混江龙]且说君臣分散,想俺父子别离。遥想着尊父东行何日还?又随着车驾南迁甚的回?

南戏:[破阵子]况是君臣分散,那青("堪"字之误)母子临危。严父东行何日返?天子南迁甚日回?

所谓的"车驾(或曰天子)南迁"和"尊父(或曰严父,俱指瑞兰之父)东行",本是发生在金国的同一年里的两件事。金贞祐二年(1214年),是为蒙古铁木真称成吉思汗的第九年,蒙攻金,订城下之盟后,中都(燕京)之围虽解,但金已无力守之,乃弃中都而迁往南京(今河南开封)。这就是杂剧和南戏中所指的"南迁",瑞兰母女即在随驾南逃的难民之中。此其一。

至于瑞兰之父的"东行",则应是另外一事。杂剧写瑞兰在送别乃父时有一支[赏花时]的[幺篇],其中有这样几句:"你直待白骨中原如卧麻。虽是这战伐,负着个天摧地塌,是必想着俺子母每早来家。"指的是其父将去中原参加的一场极为惨烈的战事。中原,一般指的是黄河中下游地区,故而其"东行",应是去山东一带。当其时,金国境内,在山东又有何战事呢?这就不能不提到红袄军起义。起义发展迅猛,其首领杨安儿自立为帝,建元天顺,尽取莱、登、潍等州。对于欲迁都南京的金国来说，自然是腹地大患，故于迁都之前《金史》亦有派仆散安贞为山东路统军安抚使，率军镇压红袄军的记载。这也正是瑞兰送父征战和乞盼"东行何日还"的史实依据。此次事变距金亡（1234年）不过二十年。关汉卿作为金之遗民，即或不曾身陷动乱之中，也当承受着灾难性的后果。杂剧的前半，姑且名之为别父、路遇和宿店等情事，所展现的"家缘都撇漾，人口尽逃亡"，特别是夫妻间那生分死别的苦况，没有刻骨铭心的记忆，没有感同身受的体验，是很难有此创作灵感的。

而南戏恰恰在"东行"一语上，露出了改编（或曰蹈袭）杂剧的马脚。南戏第十出《奉命和蕃》中，瑞兰之父奉金帝圣旨，名为"和蕃"，实为"前往边郡，缉探虚实"，目的地则是"上京"。上京乃金之旧都，在今黑龙江省阿城县南，此时已被蒙军占领。从京城中都去上京，自是要"北上"，怎能口口声声说是"东行"呢？南戏虽然改动了故事的情节，却忘记改动行为的方向，从而留了这致命的蹈袭杂剧的痕迹。因此"东行"就成了南戏照录杂剧曲辞的铁证，从而确定了《拜月亭》原作著作权当属于杂剧而绝不会是南戏。

令人不解的是，《考论》作者并没有发现曲词中方向中反映出来的矛盾，却提出上京的归属问题，说瑞兰之父"既受金主之命去元朝议和，但不去元地，却去金朝内地上京，这显然是不合情理的"。（需要指出的是，"元朝"、"元地"的说法并不确切。"元"之国号至元八年（1271年）始定，此前应称蒙古。）殊不知此时的上京早已不是金的"内地"，就连河东、河北等大部地区也成了蒙古的势力范围，金的属地已经很狭小了。躲在中都还要时时对付蒙军的入侵，以至南宋依例遣使朝贺金帝生辰都无暇接待，哪里还顾得什么"内地上京"呢！抛开历史地理常识不谈，即或"去金朝内地上京"，也是"北向"而非"东去"，照样与曲词不合。既然《考论》作者连"元地"和"金朝内地"也没搞清楚，又何以提出这样的问题呢？原来其意在说明南戏之所以出现如此"不合情理"的问题，乃是由于将原来的故事背景"宋金对立"改成了"金元交战"所致（这又引出新的话题，在此不议），并指出这又是"旧本"留下的痕迹。"旧本"者，即所谓的"原创作品"是也。可见《考论》作者是碰到问题就往"原创作品"上推，本系子虚乌有的"原创作品"俨然成了《考论》作者召之即来的救苦救难的活菩萨。

　　读罢《考论》，只感到作者似乎是立论在先，然后就在琐细的"考论"中绕来绕去,陷入自己构建的"原创作品"的怪圈而不能自拔,最终也没能自圆其说。

以上意见,不敢言是,谨提出来供《考论》作者参考。

(原载《文学遗产》2004年第5期)

元代读书人的不平心声

——说宫大用杂剧《范张鸡黍》

　　宫天挺创作的杂剧《死生交范张鸡黍》，取材于一个古老的传说故事。这个故事始见于《后汉书·独行传》。此后，范式（巨卿）和张劭（元伯）作为"结朋协好，幽明共心"的交友典范，不仅传颂于当时，而且为后世所称道；直到宋元年间，同名的话本还在敷演这一故事①。问题在于，话本和杂剧在元代本是同一瓦舍中的姐妹艺术，宫天挺为什么不满足于说话艺人的敷演，而仍要将之搬上杂剧舞台？又为什么对这一古老题材发生如此浓厚的

①关于现存的宋元话本的著作年代，除个别篇什已有考定外，大都不能确指。我们之所以将《死生交范张鸡黍》话本归于宋元，是因为它不仅见于屬有明代话本的冯梦龙编集的《古今小说》，而且见于较之刊刻为前的洪迈编集的"清平山堂话本"。据近人马隅卿考证，《清平山堂话本》虽刻于明代嘉靖年间，但系洪氏家藏古籍的覆刻，所以大率为宋元旧篇（参见马廉《影印天一阁旧藏雨窗欹枕集序》）。今从之。

兴趣呢？这是探讨《范张鸡黍》杂剧的创作真意，不能不首先回答的一个问题。

一

《后汉书·独行传》关于这个故事的记述本极简明。范式与张劭同为太学诸生，素相友善。二人告归乡里时，范约以两年后相访。届时，张设馔以候，范果至，尽欢而散。后张病笃，弥留之际仍以不能见范一面为憾。时范任郡功曹，忽梦张来告以殁，大悲，告太守，请往奔丧，恰值张之灵柩已运至墓地而不肯入穴，范遂执绋牵之入葬，并为其守墓修树，以尽其义。时人视范为可托生死的烈士云云。

这种朋友之间的深厚情谊，虽不无偏执之嫌，其诚挚高尚依旧是感人的。不过，故事也有一个明显的疏漏，即对二人交好的基础缺乏交代，致使故事披有一层"为友情而友情"的神秘色彩。编写说话故事的老郎或书会先生很可能是有鉴于此，所以在话本中编织进新的情节，即张劭在应举途中把范式从羁旅病危中搭救出来，精心调护，甚至误了考期也在所不辞。经此患难，二人始"情如骨肉，结为兄弟"。分别时，范表示来年今日（重阳节）

将登门造访，张则表示要以农家之盛宴鸡黍相款待。和历史记载不同的是，到了约会之日，张劭虽虚席恭候，范式却绊羁于商务，直到重阳节的当天才猛然想起相约之事，但相隔千里，践约已不可能。范式既怕落个无义之人的恶名，又寻思无计；忽忆古人云："魂能日行千里。"遂自刎而死，使其魂得以如期赴约。下面的故事则是由张劭扮演了史书记载中范式的脚色，为友安葬，随后亦自刎身亡。故事是完整了，不过张冠李戴，又颇与史实相左；且其主旨也不脱"种树莫种垂杨枝，结交莫结轻薄儿；杨枝不耐秋风吹，轻薄易结还易离"的劝世说教的窠臼。

宫天挺于创作之初肯定是充分地掂量了史书与话本的优劣短长，所以他创作的《范张鸡黍》杂剧不只兼有二者的情趣，且还显示了二者所无的独特风貌。而我们恰恰可以循其取舍以及同异之处发掘作者在这一古老题材中寄寓的新意。

总的看来，杂剧的主要情节线索全依《后汉书》，但是比起史书和话本又有几处明显的不同。首先，在范张二人何以离开京城返归故里的问题上，史书未作交代，话本说是误了考期；杂剧却道明是由自不满朝政：

"又见谄佞盈朝，辞归闾里"——这是范式的自白；

"因见豺狼当道，辞归闾里"——这是张母的介绍；

"正为选法不明，告辞还乡"——这是领了圣旨采访栋梁之材的吏部尚书第五伦的道听途说。

不同人物的不同说法，虽嫌轻描淡写了一些，却都承认了范张二人的离京是明显的政治行动。其次，关于范式的身份，史书上说他"为郡功曹"，做了官吏；话本上说他"被蝇利所牵"，做了商贾；而杂剧却说是"闭门读书，与官府绝交"，奉行"邦无道则卷而怀之"的信条，是个抱定不与统治者合作的隐士。仅此两处不大的改动，已经在这一本自纯系歌颂朋友信义的传说上罩起了一层鲜明的政治色彩。

如果要论证《范张鸡黍》杂剧借古喻今，反映的是元代社会生活，那末，如上两处改动无疑是有力的佐证。由于元统治者在相当长的一段时间里不设科举，断了读书人的正常出路，所以怀才不遇、愤世嫉俗便成了元代读书人极为普遍的牢骚情绪。不过，我们也应当看到，这种牢骚情绪并不为元代所专有，而是古已有之；甚至不妨说，在漫长的封建社会，它已经成为骚人墨客创作的永恒主题——厚厚的一部文学史，大部分就是由这样的作家作品联缀起来的。更何况，《范张鸡黍》杂剧本来搬演的就是历史题材，杂剧又在历史故实上做了许多点染，这就更难断定它是历史的再现，还是元代社会现实的写照了。

作者似乎考虑到这一点，不想让他的观众向后去看历史，所以杂剧又作了另外一处的改动。本来，《后汉书·独行传》中并没有关于范张二人生活的具体年代的记载，只是话本在交代张劭的身份时才加上了"汉明帝时人"的字样；而杂剧径直把一个明帝时的著名循吏第五伦穿插其间，这就坐实了故事发生的年代。当然，历史年代的指定，历史人物的出场，并不意味着历史真实的重演，还必须返过头去与历史真实情况相较，才能最终鉴定剧中所展示的历史生活的真伪。而杂剧恰恰在这一点上有意地露出了自己的破绽。

我们知道，光武帝刘秀创建的东汉政权，虽然依旧是豪强集团利益的代表，但相对西汉末年的统治，注意了中央集权、休养生息和选拔士人，社会秩序还是趋于安定的，所以史书视之为汉室的"中兴"。发展到刘秀的继承人明帝刘庄的时代，已经是"天下太平，百姓殷富"——尽管这是史官的溢美之词，但是，在结束了西汉末的社会动乱和经历了东汉初的重新整顿之后，出现了政局的相对稳定，还是大致无误的。这种安定的局面一直维持到明帝之子章帝（刘炟）朝，只是因为继位的和帝（刘肇）年幼，窦太后临朝听政，政权落入以窦氏为首的外戚豪强之手，才遭到破坏。不过，那已经是第五伦身后的事了。《范张鸡黍》杂剧既然以历经光武、明、章三朝的名臣第五伦点明故事发生的时代，况而又涉及对政局的评价，也就应该与历史的实际略相仿佛才是。孰料，它却动辄詈之以"豺狼当道""谄佞盈朝"，甚至对之采取愤然背离的决绝态度，这就不能不认为它与历史的实际相距太远，因而对剧作所反映的历史的真实性也要发生怀疑了。

当然，这种破绽的发现以及对它违背历史真实的指责，只不过是我们的学究式的考据的结果；身当其时的元代观众对此并不会介意。所谓历史剧也是演给创作历史剧的同时代人看的，而当时的观众也极力要从舞台上的演出中寻找现实生活的影子和与现实相通的感情线索，这样才能理解、接受它，否则，历史剧便成了陌生的、无可捉摸的、另外星球上的传奇了。犹如今天的观众能够接受白脸曹操，而不问历史上的曹操在促成天下一统方面的丰功伟绩一样，当时的观众也不会去核对范、张的行状及其愤世嫉俗是否符合东汉初期的实际。之所以如此，那是因为社会生活中既出现过阴险狡诈、乘时作乱的白脸曹操那样的奸雄，也存在着愤愤于仕途险恶而飘然隐去的范、张那样的隐士。看来，杂剧作者正是深通此中三昧，为了引起他所面对的观众的共鸣，才蓄意把历史事件和历史人物改头换面的。这里用得到茅盾先生在《关于历史和历史剧》中的一段精彩的论述：

> 前辈先生们对待历史剧的态度，实在是严肃而又不严肃的。严肃者何？即意在借古讽今，绝不为古而古。不严肃者何？即对于历史事实任意斩割装配，乃至改头换面。（《茅盾评论文集》下，第191页）

那末，宫天挺创作的杂剧《范张鸡黍》是否也抱有这种借古讽今的严肃态度呢？下面，试从这一问题的探讨入手，开始我们的分析。

二

根据《录鬼簿》的著录，宫天挺共创作了六个杂剧。遗憾的是，除去《严子陵钓鱼台》和上面提到的《死生交范张鸡黍》而外，今皆不传。即或是《严子陵钓鱼台》，目前也仅见于元刊本；而元刊本既不著录作者姓名，其"正名"又作《严子陵垂钓七里滩》，是否即为宫氏所作，尚自不能完全肯定[①]。在这种情况下，也就很难就其杂剧创作的整体来探求作家的创作态度。幸好，在《录鬼簿》中留有宫天挺的深深的足迹。钟嗣成将其编入"方今已亡名公才人余相知者"之列，既然"相知"，其记述当为可信：

> 天挺字大用，大名开州（今北京）人。历学官，除钓台书院山长。为权豪所中，事获辨明亦不见用。卒于常州。

钟嗣成并以〔凌波曲〕吊之，其辞云：

> 豁然胸次扫尘埃，久矣声名播省台。先生志在乾坤外，敢嫌天地窄。更词章压倒元白。凭心地，据手册，数当今，无比英才。

虽嫌简略、抽象，且似有难言之隐，但至少也反映了

---

① 王国维《宋元戏曲史》虽认为《七里滩》杂剧之气骨与宫氏《范张鸡黍》相似，疑或即此《七里滩》，但依旧将此剧列为"无名氏"之作，对其归属采取了审慎的态度。

这样一些情况：

一，宫天挺在当时是颇负盛名的文士（或曰"名公"），从"学院山长"——略相当于大学校长职务的身份看，跻身于官场，对当时的政治应是有所了解的。他也并不是专业杂剧作家，如钟嗣成所记述的那样："乐章（一作'乐府'，即指杂剧）、歌曲，特余事耳。"不妨理解为创作杂剧对他说来并非谋生的手段，而只是用作抒怀的业余爱好。

二，他曾受到权豪势要的中伤陷害，从此沉寂于仕途，以致作为一个北方人却客死于南方，遭遇是不幸的。然而，"豁然胸次扫尘埃"，胸襟却十分旷达。诚然，这并不是庸人式的与世无争，随遇而安，"先生志在乾坤外，敢嫌天地窄"，内心仍涤荡着一股愤世嫉俗的潜流。

仅此两端，我们已依稀可以听到宫天挺创作《范张鸡黍》杂剧的初衷了。虽然目前尚无法考知其"为权豪所中"的事件的确切原委，我们却敢于断言此剧创作于其遭到中伤之后，因为，在剧中便无中生有地编织进一个几乎与"范张鸡黍"故事毫无关系的权豪中伤士人的情节，并且借着这一情节对权豪势要人物极尽嬉笑怒骂之能事，倾泻他那"敢嫌天地窄"的积怨。

《后汉书·独行传》在记述范式安葬了张劭之后，曾提及范式和孔嵩（仲山）的一段交往。那时，范式已官至荆州刺史，一次到新野县去巡视，不意为自己作"导骑"的街卒竟是故友孔嵩，叹惋之余，遂欲将其推荐于有司云云。究其所以沦为导骑的因由，也不外"家贫亲老"，并无他故。可是，当这个人物出现在《范张鸡黍》杂剧中的时候，竟一变而成权豪势要人物巧取横夺的牺牲品了。于是，凭空出来一个不见经传的权豪势要的典型——王韬（仲略）。

　　王韬者谁？据范式介绍，"乃今天官主爵都尉兼学士判院门下女婿，素无才德，倚丈人之势，亦在帝学"（引文据《新校元刊杂剧三十种》本，文词与《元曲选》本略有出入）。看来是个"衙内"式的人物。至于孔嵩呢，据范式介绍，"乃孔宣圣一十七代贤孙"，自然是个饱学之士。是时，孔嵩作下了万言长策，正待献至贡院以求官职；范式便转托王韬将万言长策献与他的岳丈，并请多加美言，也有托人情、走后门之意。王韬当面满口答应，还自称是一个"有行止的人"，让人们相信他。却不料，他的行止竟是"将孔仲山的万言策改了头尾，则做我的文章"，又靠了岳丈的权势，终而得到了"杭州金判"的肥缺。而万言策的真正作者孔嵩反倒默默无闻,沦为为达官贵人鸣锣开道的"马前虞候"了。

宫天挺"为权豪所中"的冤案的实情是否也是中了掉包之计,不得而知;但是,杂剧从这一情节引出的对权豪势要的痛斥,却真个是慷慨激昂,痛快淋漓!——那是借范式之口迸发出来的。

当着王韬喜得美差,走马上任的时候,正与如期赴鸡黍之约的范式相遇——一个以恪守信义立身,另一个却以背信弃义为能,在鲜明的性格对比中展开故事情节,也是杂剧构思精到之处。当其时,范式是痛感于政局昏暗而归乡隐居的布衣,而王韬却是乘时而起的新贵,对立人物之间当然不会有什么共同语言。当范式感叹"如今人难求仕进"的时候,王韬因有高官厚禄的泰山做后盾,当然无从理解此中的苦衷,尚自问道:"怎样难求仕进?"这就不能不引起范式那切中时弊的满腹牢骚:"只随朝小小的职名,被这大官人家子弟都占去了。赤紧的(偏偏的)又有权豪势要之家,(将那)三座衙门(指国子监、秘书监、翰林院)把的水泄不通。"

　　国子监里助教的尚书,是他故人;秘书监里著作

的参政，是他丈人；翰林院应举的，是右丞相的舍人（公子）。（一折〔哪咤令〕）

您子父每轮替着当朝贵，倒班儿居要津。（以下征引的曲词，除注明者外，皆据《元曲选》本）（〔六幺序〕）

正是这种连亲带故的裙带关系，盘根错节地组成了权豪势要的统治阶层。虽说这种权豪势要阶层历代皆有，但因为元统治者故意制造民族矛盾，把人分成蒙古人、色目人以及汉人、南人四类，并通过法令授予蒙古族上层人物以种种特权，使之高踞于统治的金字塔顶，处在合法的社会地位之上，因而也来得更加横行无忌。《元史·百官志·序》明确写着："官有常职，位有常员，其长则蒙古人为之，而汉人、南人式焉。"而且说，这是世祖忽必烈即位时立下的制度，为的是"百年之间，子孙有所凭藉矣"（《元史》卷八十五）。可见这种特权又是因因相袭的。《辍耕录》记载的"内八府宰相八员，视二品秩""例以国戚与勋贵之子弟充之"（陶宗仪《南村辍耕录》卷一"内八府宰相"条），亦可为证。所以范式（应该说是宫天挺借范式之口）所揭露的全然是元代的弊端：

口边厢奶腥也犹未落，顶门上胎发也尚自存，生下
来便落在那爷羹娘饭长生运，正行着兄先弟后财帛运，
又交着夫荣妻贵催官运。（〔寄生草幺篇〕）

作为权豪势要子弟，先天便注定了官运亨通。这些
"不用识文字，二十为高官"（引自元人陈高《感兴》
诗，见《不系舟集》）的纨绔子弟势必会造成吏治的昏
暗，所以剧中予以无情的嘲讽："现如今那栋梁材平地
刚三寸，你说波怎支撑那万里乾坤？都是些装肥羊、法
酒①（的）人皮囤，一个个智无四两，肉重万斤！"（〔六
幺序〕）。

然而，这种承荫制度，对于信奉"学而优则仕"这一
传统观念的广大读书人来说不啻杜绝了出路，遭到毁灭
性的打击。所以，当剧中人王韬幸灾乐祸地问："谁不叫
你求官应举去来？"范式悲愤地唱道：

将凤凰池拦了前路，麒麟阁顶杀后门。便有那汉相
如献赋（那样的才华）难求进，贾长沙痛哭（那样的不

---

① 据叶子奇《草木子》卷之三下《杂制篇》："法酒，用器烧酒之精液取之，名曰哈
刺基。酒极浓烈，其清如水，盖酒露也。"似为元代特有之醇酒。

幸）谁愀问（理睬），董仲舒对策（那样的真知灼见也）无公论。便有那公孙弘，也撞不开这昭文馆内虎牢关，便是司马迁，也打不破编修院里长蛇阵！（〔寄生草〕）

这段曲辞所喻指的内容，并非过激之词。事实上，有元一代，读书人欲步入仕途，实可比之为"蜀道之难难于上青天"。众所周知，元代除太宗（窝阔台）九年（1287）举行过一次科举考试以外，此后中断几近八十年，直至仁宗（爱育黎拔力八达）延祐元年（1314）始恢复。但那又是什么样的科举取士呢？元末明初人叶子奇便揭露："仕途自木华黎王等四怯薛大根脚出身，分任省台外，其余多是吏员，至于科举取士，只是万分之一耳，殆不过粉饰太平之具。"（《草木子》卷之四下《杂俎篇》）怯薛者，成吉思汗起设置的宫廷宿卫军，依例只能由蒙古人贵族子弟充任；也只有怯薛这样的"大根脚"出身的子弟才拥有获得省台要职任命的资格。这也就难怪《元史·崔斌传》中有"江淮行省，事至重，而省臣无一通文墨者"（《元史》卷一百七十三）的评论了。既然仕途要津都已被此辈人物垄断，那些为数甚多的汉族读书人，即或有幸科举取中又有多少机会跻身统治者之列呢？所以，虽说"怀才不遇"的牢骚几为历代读书人所共有，却终究以元代为最，其原因盖出于此。

不平则鸣。统治者的排斥政策所激起的读书人的愤怒情绪，也是相当强烈的。范式在〔六幺序幺篇〕这支曲辞中，面对着王韬这样一个典型的权豪势要子弟，竟至指桑骂槐地公然诅咒起来：

> 这一伙魔军，又无甚功勋，（凭什么）却着他画戟朱门、列鼎重裀、赤金白银、翠袖红裙、花酒盈樽、羊马成群！（看着吧！）有一日，天打算衣绝禄尽，下场头少不得吊脊抽筋！

咬牙切齿之状，如闻似见。但也只是咬牙切齿而已。读书人作为一个社会阶层，并不构成独立的社会力量，即使不满于反动统治而有所行动，也是软弱无力的。他们对反动统治者所能采取的最强烈的反叛行动也无过于不与之同流合污罢了。宫天挺借助范式这一艺术形象所表明的也正是这种态度。

当结束了鸡黍之约，张劭送他上路的时候，曾问他："若有人举荐我呵，去也不去？"范式就做了这样明确的回答："便有那送皇宣（的来）叩门，聘玄纁（的来）访问，且则可（只能够）掩柴扉高枕卧白云。"（一折〔赚煞〕）这是对同志的告诫。

当第五伦亲自登门，准备推荐他入朝为官，即所谓"皇宣""玄纁"光临到自己头上的时候，范式的回答更是意味深长：

> 正末云："小生堕落文章，似卖着一件物事，不能出手。"第五伦云："似卖着甚物事？"正末唱：卖着领雪练也似狐裘，赤紧的（偏偏）遇着那热，但得（只求）本钱儿不折，（不料）上手来便撇（倒霉、蚀本）。第五伦云："老夫特来沽之。"正末唱：本待要求善价而沽诸，争奈（怎奈）这行货儿背时也！（二折〔梁州第七隔尾〕）

所谓"待价而沽"，本是封建社会读书人立身的信条。但在元代，读书人及其满腹的儒学都已成了"背时"的"行货儿"，哪里还有出头的希望呢？这虽系自轻自贱，毕竟保持了对形势和自身的清醒的认识和估价。正如他在此前〔南吕一枝花〕曲中所哀叹的那样："满目奸邪，天丧斯文也，今日个秀才每遭逢着末劫！"沉痛地展示了有元一代读书人的悲剧命运。

三

把元代读书人的悲剧命运作反复烘托、恣意渲染，正是这部杂剧的匠心独具之所在。

《范张鸡黍》杂剧所表现的如此激烈的愤世嫉俗的情绪，显然并非"范张鸡黍"这一古老的传说故事所固有。它不过是借历史故事的轮廓敷演现实的社会，借历史人物的躯壳抒发今人的情怀，为此，也就不惜偷换原来故事的主题。《范张鸡黍》故事原是对友谊的礼赞，范张之间既以恪守信义相标榜，读者的关心也就集中在双方定约之后，一个如何牢记按期准备鸡黍，一个如何不忘届时践约，以及如何相互寄托生死之类，突出在一个"信"字上。杂剧却不然，虽然也敷演了诸如鸡黍会、生死交的情节，但已被置于次要地位，极力渲染的是"豺狼当道""父子每轮替着当朝贵，倒班儿居要津"的现实，和对这一现实的共同认识，以及"掩柴扉高枕卧白云"，不与统治者合作的一致态度。——始终环绕着愤世嫉俗这一主旋律，突出在一个"愤"字上。

"愤"成了这部杂剧的戏胆，推动着冲突的发展，直至它的高潮。不过，这里所说的戏剧冲突并不是在角色之间展开的。虽说在第一折中有飞黄腾达的权豪势要子弟王韬穿插其间，且引起范式的严厉指斥，但当时范式尚不曾知晓其剽窃孔嵩万言长策的劣迹，所以范式的指斥也只能看作是对腐败政局的揭露和抨击，并不是和王韬个人之间的冲突。第二折的戏剧冲突亦复如此，虽说与第五伦发生了一场争执，范式又严辞拒绝了第五伦的举荐，但那是鉴于"今日个秀才每遭逢着末劫"，读书人已被排斥于仕途之外而说的牢骚话，并不是否认第五伦的真心实意，因而他们也不属于对立的双方。那末，这部杂剧的戏剧冲突究竟何在呢？其实，通过第一折中范式的严厉指斥，乃至第二折中的拒绝举荐，已挑明于其中，那就是范式所代表的一代怀才不遇的读书人与排斥读书人的腐朽统治集团的矛盾冲突；这种矛盾冲突已不拘泥于个人之间，而带有社会的普遍性，鲜明的时代感。这种矛盾冲突是通过范式的强烈的"愤"，激昂慷慨地表现出来的，而且逐步强化；到了获悉志同道合的挚友竟然在这悲剧性的冲突中抑郁而死时，犹如撞击了雷管，满腔的悲愤轰然爆发，把这种时代的矛盾冲突推向了高潮。

按说，张劭亡故装殓后，直待范式赶至，"执绋向行，枢于是乃前"，这本是史书中固有的情节，杂剧只需照直搬演即可；但因为前者意在表现二人的生死之交，后者意在控诉时代对读书人的戕害，所以，尽管是同样对待张劭之死，也出现了截然不同的处理，由此也形成了截然不同的气氛和格调。前者突出的是朋友之间寄托生死的深情厚谊，是一支友谊的颂歌；后者突出的是对于一代人才志不得伸终遭夭折的悲恸欲绝，是一曲读书人的挽歌。杂剧中这种哀恸情绪逐步升华，终于凝结成为全剧的高峰——"哭灵"这一大关目。

那是范式在梦中知道张劭去世的时候，他肝肠欲裂，悲痛欲绝，唱道："半世交，一梦绝，觉来时，泪流血，寸心酸，五情裂，咱功名已不藉（顾不得了）！"于是，竟把专程来举荐他入朝为官的第五伦丢下不管，"披残星，戴晓月，冲寒风，冒冻雪"，径直去为挚友奔丧。

这种赶赴朋友之难的义举，无疑是令人感动的，但更为摧人肺腑的则表现在对一代人才夭折的深切哀悼。在朗读过祭文之后，范式有这样一段悲怆的唱词：

> 举孝廉曾三聘，论人才第一流，我道你不拜相决
> 封侯。（这是对张劭这样的"一代人杰"的高度评价。

却不料，这样的人才）正沧海鱼龙夜，（满该一展宏图的当口，竟然）趁西风雕鹗秋。（备受摧残，这怎不令人叹惋不已呢？所以他随即叹道：）此一去不回头，好教我这烦恼，越感的天长地久！（叹的是有生之年再无知音。）（三折〔梧叶儿〕）

如果我们设想一下此时此刻的舞台气氛：凛冽寒风中，旷野荒郊里，只有一面"张元伯引魂之旛"高高飘扬，当已倍感凄凉；加以旛旗之下又有范式这样一介书生"仰天号哭破咽喉"，而他所痛悼的又是一位虽"至孝至仁，无私无逊"却"功名未立，壮年寿尽"的一代人杰，其悲嚎也就更能催人泪下。这种气氛已然够浓重的了，而作者显然又不以渲染这种悲悲切切的气氛为满足，因为他随即推出了"开棺看尸"的情节，从而在已经沉郁的画面上又涂上了更为浓重的一笔。这一笔自然不是为了渲染什么恐怖的色彩，而是要把对志同道合的朋友的缅怀，一变而为对摧折人才的现实的控诉。且看："你众人打开棺函，我试看咱。"下面的舞台提示是："众开棺，正末看，趷倒科。"这一趷倒，在舞台上将是具有非常强烈效果的做派：

九原孤坟,可惜好人不长寿。你平生正直,无私曲,心无尘垢。想你腹中大才、胸中清气,都变做江山之秀![①]（〔村里迓鼓〕）

可惜耗散了风云气,沉埋了经济手!（〔后庭花〕）

虽不曾功名、功名成就,早已将世情、世情参透。（我）觑的个一介寒儒,过如万户侯!（〔青哥儿〕）

这个"开棺看尸"的场面,通过范式的"画龙点睛",无异于"陈尸台上"的示威,表示了对埋没人才、摧残人才的昏暗现实的严正抗议。张劭的遭际既然是同时代读书人的共同命运,那末,这种痛悼人才夭折的悲愤势必会引起时代的共鸣,因此也就具有相当强烈的震撼力量。在〔元和令〕这支曲牌中对这一点做了形象的表现,那是在范式回答张劭之死曾发生什么样的"显应"时唱的:

数日前落长星大似斗,流光射夜如昼;原来是丧贤人,地惨共天愁。空余下剑挂尽汝阳城外柳,则这青山一带也白头。满街人雨泪流。

---

① 此段曲辞据《元刊杂剧三十种》本。"新校"本改"坟"作"愤",不从。

天、地、人，无不为丧贤人致哀。而这位贤人并非为时所重的声名显赫的权豪势要，而仅仅是为时所弃的默默无闻的草莽布衣，这或许使人觉得有些"小题大做"了。但是，如果联系作者要借张劭之死显示的是整个时代读书人的悲剧命运，这种强大的震撼力量的表现岂止不是什么小题大做，相反，恰恰表明元统治者轻视、排斥读书人的政策已经招致天怒人怨！

读书人的苦况，在元代本是带有普遍性的社会问题，读书人把这种不满情绪诉诸笔端也累见于载籍。

> 滑稽之雄以儒为戏者曰："我大元制典，人有十等，一官二吏，先之者，贵之也，贵之者，谓有益于国者也；七匠八娼九儒十丐，后之者，贱之也，贱之者，谓无益于国也。"嗟呼，卑哉！介乎娼之下、丐之上者，今之儒也。（谢枋得《叠山集》卷之六《送方伯载归三山序》）

这是由宋入元的遗老的牢骚不满。

> 儒生心事良独苦，皓首穷经何所补？胸中经国皆远谋，献纳何由达明主？（元人朱思本《观猎》诗，见《真

一斋诗文稿》）

这是元代读书人的切实苦恼。

　　画工数笔，术者片言，僧家一经一咒，动辄千金；
文人刿精呕血，不博人一笑。吁，士贱何独在秦哉！（叶
子奇《草木子》卷之三上《谈薮篇》）

读书人对于在元代所遭受的厄运，似乎在入明之后
仍心存余悸。
这些诗文，其悲切、哀怨虽亦感人，但都不如杂剧
《范张鸡黍》来得更为猛烈、激愤。慷慨陈词，一曲悲
歌，确实唱出了元代读书人的不平心声。

四

　　第四折是杂剧的尾声，本无足道，因为依旧不脱变悲
剧为喜剧、使剧中人物各得其所的俗套。混赖了万言策、
诈冒为官的王韬依律受到重责，万言策的作者孔嵩则得
到提拔重用。张劭虽死，但受到旌表，何况又有孔嵩替

补，也算是"失一贤得一贤"。

　　而在主人公范式身上，这种匆匆收场的安排痕迹就愈加明显。那是在他为张劭守墓百日之后，一上场便哼起了这样的梦幻曲："我若是为宰为卿为相，（带云：'元伯也！'）我与你立石人石虎石羊。"当初那种愤世嫉俗，一心要去"掩柴扉高枕卧白云"，不与统治者合作的骨鲠不见了，反倒精心算计起"为宰为卿为相"以后的安排来。当初那种自视清高，将前来下聘的朝廷命官也置之不顾的孤傲劲儿也不见了，变得一听说第五伦送来皇上的宣诏，立即"魂飘荡""手脚张狂"，诚惶诚恐地接受加官赐赏，庆幸自己的"泰来否往"了。为了完成这段"留得这鸡黍深盟与那后人讲"的佳话尾声，连人物性格的连贯性也顾不得了。臧晋叔评元杂剧"至第四折往往强弩之末"。而这位"词章压倒元白"的宫天挺，也无能在第四折翻出什么新花样，揣测其初衷也无外是想以这样的结尾给同时代读书人那惨遭戕害的心灵一点点慰安——尽管其中也免不了阿Q式的自我陶醉：

　　　　死的坟墓上封赠了官，活的殿阶边颁赐与赏。丞相（指第五伦）明如皓月千峰上，官里（即当今皇上）似一

片青天万民仰。(〔煞尾〕)

这一段"尾声"并不见于《元曲选》,而仅见于《元刊杂剧三十种》本①,很可能它更接近于作者的思想实际;死的得到抚恤,活的得到重用,读书人如愿以偿,各得其所,自然是要"谢主隆恩"的。但是,对于深受钳制的元代读书人来说,这不也是既可理解而又根本无从实现的幻想吗?

(原载中国学术研究院戏研所编《戏曲研究》第十一辑,1984年)

---

① 在第四折中,除去这支〔煞尾〕,元刊本尚写出〔满庭芳〕〔普天升〕〔墙头花〕、〔八煞〕等十二支曲辞,是《元曲选》所没有的。这或许是在流传过程中被精简了去的,或者就是臧晋叔的删定。应该说,对全剧主旨来说,这十三支曲文的删削却未曾伤筋骨。当然,其中也不乏精彩的曲文,如〔六煞〕〔三煞〕者,但只多与前文之意相覆。何况又在祭故人墓、受朝廷诏之后,这种郁郁不平之气的一再罗唣,反有忸怩作态之嫌了。

乾隆时期昆曲演出实录
——《审音鉴古录》

　　《审音鉴古录》是一部昆曲演出剧目的选本。有清一代这类选本中，它部头不大，选目无多，成书也很晚，本不足奇，但因其所独具的演出实录的特色，在戏曲文献中别出一格，故亦具重要史料价值。

　　该书所选曲目，包括《琵琶记》16出、《荆钗记》8出、《红梨记》6出、《儿孙福》4出、《长生殿》6出、《牡丹亭》9出、《西厢记》6出、《鸣凤记》4出、《铁冠图》4出，总共9剧63出，不全而精，算得上是当时流行于红氍毹上折子戏的集锦了。至于编选者的意图，有鉴于此书之编选者不知为谁，我们只能从卷首琴隐翁的序文中略窥一二。序中胪列了三种被视为"梨园圭臬"的曲本之得失．"玩花录剧而遗谱，怀庭谱曲而废白，笠翁又泛论而无词萃。"指的是玩花主人编选的《缀白裘》，选剧虽多，惜无曲谱，只有曲白，形同后世的"戏考""大观"；怀庭居士编选的《纳书楹曲谱》，虽一时与《缀白裘》齐名，但顾名思义，它只是戏曲的演唱谱，囿于体例，所选二百余出单曲，只存剧曲，不录科白；至于李笠翁的《闲情偶记》，本来就是戏曲理论著作，虽有"词曲""演习"两部，只提出编剧、演唱的指导原则，自然不以选取"词萃"为事[1]。而《审音鉴古录》（以下简称《鉴古录》）避开三书之所短，吸收三书之所长，在所选剧目中，不仅曲文齐备，于曲词标明叶韵、板拍，而且在关键处纠正读音错讹，并佐以工尺唱谱，尤为突出的是对"穿关""科介"详加记载和说明，无异于演出教科书。至今读起来犹如老伶工说戏，或如今日指导演员唱念做的导演手记，这对于见证清代昆曲舞台演出实况，自然是珍贵的史料。

　　试以《琵琶记·吃糠》一出为例，原本之曲词向被称作全剧之菁华，然于赵五娘吃糠一节，其"科介"却只有"吃吐介"三字。《鉴古录》中则详作交代：

---

[1]《闲情偶记》于卷四"演习部"之后亦附有《琵琶记·寻夫》（一折）、《明珠记·煎茶》（三折）的所谓"改本"，改白改曲，甚至增宾白删曲词，且加评加注加科介，也算另种意义上的"词萃"。

（场左设椅、矮凳，椅上摆茶钟、碗、筯。坐于矮
凳上，左手将钟倒茶，右手将筯搅；左手放钟，拿碗，
作吃一口；再吃，作呛，出左手拍胸科）哎呀，苦嘎！
（又倒水搅，吃两口，大呛，作呕，哭科）

　　仅此一例，已经可以看出《鉴古录》对原作的"科介"做了
多么大的丰富。不只增加了场上的设置、道具以及演员的
做派，而且通过表演的层次提示给演员如何体验生活，
认识生活，艺术化地再现生活。试想，吃糠意在充饥，是
为勉强活下来继续侍养公婆；倘一吃即吐，甚至还会因
呛致死，那绝不是五娘的初衷，所以只有想方设法先吃下
去。这就需要调之以水，因之必须要有茶钟和碗筷之备；
先用茶水冲泡糠皮，再用筷子搅拌，然后才能吃。这是对
原本"吃吐介"的"吃"所作的最为形象具体的演绎。待
吃一口后，糙、涩、苦都感受到了，始有呛，始有急忙拍胸
的动作，才呼出苦来。只好再将糠皮冲得稀一些再吃，终
于大呛、大呕，竟至难受得哭了起来，于是如泣如诉地唱
起那段著名的"米糠歌"——即〔孝顺儿〕曲来，撕心裂
胆，震人魂魄。这一科介展示了吃糠的全过程，起到了穿
针引线的铺垫作用，这种细节表演的真实完成了从"案头

之曲"到"场上之曲"的飞跃。如果联系中国戏曲表演的虚拟性的特点，无水而搅、无糠而食、无食而呛，那么，这个导演提示给演员表演提供的充分的表演空间就不难想象了！

远的不说，从宋元戏文而金院本，从元杂剧而明传奇，直到昆腔、乱弹，中国的演戏史源远流长，然于演戏之道，即于戏曲表演艺术的经验的总结，却探讨乏人。这种情况一直延续到了清代。先有李渔的《闲情偶记》，其中"演习""声容"二部就是专论戏曲演员如何表演的，对所谓"登场之道"进行了开创性的研究；后有黄幡绰的《梨园原》，根据自己演出的体会归纳出"艺病十种""曲白六要""身段八要"等，堪称演员提高自身艺术修养的指南。但二者意在对演出的经验做理论性概括，以务虚为主；如何结合剧情进行具体指点，从以理论指导实践、以务实为本，达到使演出规范化的效果，这样的演述著作方更具现实意义。《鉴古录》可谓应运而生。它通过精选出来的每一出戏，从穿关、扮相、说白、唱腔直到做派一一予以提示。如此全面地展示昆曲舞台表演全貌的选本，在戏曲文献资料中尚属罕见。

且看服装穿戴。《孤本元明杂剧》称"穿关"，后世称"行头"，在戏曲中是体现人物身份的主要标志。《鉴古录》每于重要人物出场时便在题下皆详加注明，以《琵琶记·扫松》一出张广才的上场为例，从上到下是："白三髯、长方巾、帕打头，茧绸袭（褶）、裙打腰，拄杖，执帚。"如果将此比之晚出的大约记录于嘉庆末年清宫昇平署《穿戴提纲》之"长方巾、花帕打头，茧绸褶，打腰，拐杖，白三，红鞋，扫帚"，除了补上足下穿的"红鞋"，几无二致。这就意味着，《鉴古录》所注明的演员服装穿戴已具规范性，反映了当时演出的实际情况。"宁穿破，不穿错"，是来不得半点马虎的。

服装穿戴自然又是和表演紧密相关的。《琵琶记·贤遘》一出在注明赵五娘的穿戴是"道姑打扮，手执拂尘，背包裹"之后，眉批上有这样的提示："莫作道姑样式，还须赵氏行为。"意即如果只是追求表面上的"装龙像龙，装虎像虎"，成了个化缘的道姑，全忘了赵五娘卖发葬亲、千里寻夫的本分，也就无从把握赵五娘先后在牛小姐和蔡伯喈面前不卑不亢、进退有度的分寸。这种表演的分寸感，在书中处处予以强调。《红梨记·草地》·出于穿戴下也提示："脱却妓女气，演做常人妻，不可自矜幽雅。"意指谢素秋虽趁兵乱逃离虎口，但毕竟尚未成赵伯畴之妻，倘故作矜持之态，反失之造作。《西厢记·惠明》一出的出末总评也明确交代了惠明应掌握的分寸："俗云'跳惠明'，此剧最忌混跳。初上作意懒声低，走动形若病体；后被激，声厉目怒，出手起脚俱用降龙伏虎之势，莫犯无聊绿林身段。"据此，才能演出一位见义勇为和尚的精神底蕴。《荆钗记·议亲》一出中老旦扮王十朋之母，因夫早亡，家境落寞，甚至连为儿子定亲的聘礼都拿不出，分明是个贫婆，但于出场之时依然有这样的按语："老旦所演传奇，独仗《荆钗》为主，切忌直身大步，口齿含糊。俗云：'夫人虽老，终是小姐出身；衣饰固旧，举止礼度犹存。'"同剧《绣房》一出，于标明钱玉莲穿戴之后，也特别强调："行动只用四寸步，其身自然袅娜；如脱脚跟，一走即为野步。"又如《铁冠图·煤山》一出，演明末李自成起事，最后逼得崇祯皇帝自缢的历史故事。崇祯在呐喊声中逃奔煤山，于其上场就有这样的表演提示："末带（戴）玉蟾冠、内穿缎褶、外罩龙披奔出，扑跌左上角。玉蟾冠落地，即撒（散）发；慌扒（爬）起，又仰跌；就势摔左靴，甩落后场，赤左足，仰身科。"其慌张逃窜之态毕现无遗，而抛冠、甩靴等绝技也交代得一清二楚。于下还记载了这样的表演："俗摔右足靴，论理落在左靴。妙。"尽管贬之以"俗"，但对这种绝技也不能不称"妙"。我们今天似乎在《打棍出箱》《打金砖》之类传统戏中还能看到这类绝活儿。总之，书中不仅要演员演出脚色的形似，更要神似，演出脚色的内在素质来。

值得注意的是，《鉴古录》中所选剧目中的曲文与原作多有不同，如果一一进行校勘，这肯定是个与众不同的版本。而这一新版本并不像金圣叹校勘《第五才子书》那样故意制造假古董，以考证为名，自评自点，自说自话，以肯定自己的做伪，而是忠实地反映了当时舞台的演出实况。其中对原本曲白进行的增与删、分与合，都是根据了演出的实际需要对原作进行的演绎和加工，从中不难看出在变"案头之曲"为"场上之曲"的过程中演员所进行的艺术再创造。就这一意义上来说，《鉴古录》堪称是历代演员演出经验的总结，表演智慧的结晶。

阅读《西厢记·佳期》，常会有这样的感觉：张生与崔莺莺终成连理，作者以诗一般的激情抒发张生那幸福的感受，美则美矣，但在舞台上却迹近狎昵，难以表现。是书则做大删削，并加以总评："《西厢·佳期》中，小生之曲删削甚多。所存两三句曲白，必须从容婉转，摹拟入神，方不落市井气。"又如《荆钗记·议亲》一出，实为原本第二出与第六出之合，且都删之大半，这样便将剧情大大精炼紧凑了。至于像《琵琶记·扫松》那样，增加大量苏白对话，徒添许多跌宕情趣，更是比比皆是。尤其有趣的是《荆钗记·上路》，整整一出，连曲带白皆为原本所无，都是演员的表演。该出的主要人物是钱玉莲之父及其继母，在得悉玉莲溺水而亡之后，正愁生活无倚；而此时的王十朋虽决意不娶，但在吉安太守的任上仍派人来接钱氏夫妇，以尽半子之义务。就在原本的第43出之后、44出之前加上了这出《上路》。夫妇二人在行舟自温州至吉安的路上，虽可欣赏两岸风景，却也不愿连日舟中闷坐，打算舍舟登路，散行几步。于是在这"几步"之中，曲无多，白亦少，充斥其间的则是"做"。从挽舟登岸起，观赏墙头柳、篱畔花，眺望青的山、绿的水；或做依杖、提褶、捋须的动作，外加或笑、或惊、或叹的表情，实不乏精彩。试看"外"（扮钱玉莲之父）在唱"小桥景最佳"一句时"过桥"的做派：

> 外扮钱玉莲之父，转身对左，先提杖于桥上，戳定后，左手提衣，连左足起，在"小"字上踏下。末（扮老仆）将右手挽外左手，外即右足上桥，至中立住，身对正场；将拐尾与副（扮钱玉莲之继母）作扶手而引状。副见外上桥，愈加足软式，在"景"字双手搭杖尾上桥

科介。各对正场，皆要横走。至"最"字二腔，似桥动，各蹬身式，皆照面摇首怕科；立起俱慢，横走过桥。副回身重顾，对（桥）上伸舌摇头，即随外从左角转介。

把老夫老妻和老仆三人联手相帮、蹒跚过桥的情景做了具体的展示，如果联系舞台的方位、调度、演员的虚拟表演，真可谓如活如画。直到剧后总评又透露："此出乃孙九皋首剧，身段虽繁，俱系画景，唯恐失传，故载身段。"原来竟是当时舞台演出的"录像"。既言"首剧"，首创的自然就是这位孙九皋。据《扬州画舫录》卷五第21条载，孙九皋在扬州梨园属徐（尚志）班的"外脚副席"，虽声音气局不及正席王丹山，但"戏情熟"则过之；还说他"年九十余演《琵琶记·遗嘱》，令人欲死"（同卷第31条），足见是位极善做戏的演员，犹如今日所谓的"做工老生"，或"衰派老生"。

　　孙九皋既见于《扬州画舫录》①，倒引出《鉴古录》成书年代的话题。此前，只能根据琴隐翁写于道光十四

─────────

①《鉴古录》于《牡丹亭·冥判》中还提到另外一位演员陈云九，亦见于《扬州画舫录》。曲词"只许你傍月依星带天地拜"上有眉批："'地'字工尺，教习陈云九传"。《画舫录》卷五第20条："小生陈云九，年九十演《彩毫记·吟诗脱靴》一出，风流横溢，化工之技。"因司教习之职，故有新腔之创，所以于眉批上特别注明。

年（1834）的序文，断定是书成于道光前，至于前到什么年份，则很难说。现知《扬州画舫录》初刻于乾隆六十年（1795），其内容又系作者李斗居家扬州三十年间有关城市方方面面所闻所见的实录，其中提到的演员竟然活现在《鉴古录》所收录的演出台本之中，且有"唯恐失传"之忧，足以确定《鉴古录》成书当在《扬州画舫录》刊刻之前，至于在乾隆末叶的具体年份则难确指了。

然而，乾隆末叶对于中国戏曲舞台而言，恰恰是重要的转折时期，出现了雅俗纷争的局面。其中"雅"即雅部，指昆腔；"俗"即花部，指地方声腔剧种。花部的蓬勃发展已形成对雅部的强烈冲击。张漱石写于乾隆九年（1744）的《梦中缘传奇·序》中已经提到：京城戏曲观众"所好唯秦声（秦腔）、罗（罗罗腔）、弋（弋阳腔），厌吴骚，闻歌昆曲，辄哄然散去"。这种局面的出现也可以从秦腔艺人魏长生的风靡一时、"四大徽班"的称雄一时得到佐证。与此同时，各地的昆曲演出也不免受到民间戏曲语音、声腔、词语的影响，为适应当地群众的欣赏习惯，出现了偏离"雅部"的倾向。"鉴古"而"正音"，使昆曲演出规范化以维护正统。《鉴古录》的编辑出版已成为客观需要。就此而言，该书的保守倾向是明显的。《审音鉴古录·序》中说，出版者是继承其父"每叹时优率易纰谬，思欲手定一谱，兼训声容，著为准则"的遗志才看上这部书的，而此书恰恰在"记拍、正宫、辨伪、证谬"等等方面"大具苦心"，符合出版者承继父志的初衷。由此观察《鉴古录》一书，一方面固然是昆曲在乾隆后期舞台演出之实录，反映了当时演出的实际情况，另一方面又通过其导演提示，针对时弊，匡谬正俗，以规范昆曲演出的正脉。这正是该书的文献价值之所在。

《审音鉴古录》一书流传不广，比较各图书馆和私人所藏，似同属一个版本，不见另有刻本。1987年台湾学生书局"善本戏曲丛刊"曾予以影印，但书品欠佳。梅兰芳、程砚秋俱有收藏，均捐给了当时的中国戏曲研究院。今择其善者，由学苑出版社据以影印出版，以供学者研究之需，这对戏曲界来说，无疑是泽惠学林的善举。

（《审音鉴古录》影印本前言，学苑出版社，2002）

《南府与昇平署》序言

杨连启同志是我在出版社的同事，做事认真，踏实能干。不料，"改朝换代"，被后来的领导打成"黄党"，排斥打击，无以不用其极，甚至以"除名"相威胁。于是，我不得不施以援手，找到时任戏研所所长的好友王安葵兄，请他帮忙。安葵是有担当的人，一面戏言"不要把小弟这里当成水泊梁山"，一面就把连启安插到了该所的资料室。从此，连启改行做起了图书管理员。

地处东四八条的戏研所资料室是当年中国戏曲研究院图书馆的底子，经傅惜华先生等老一辈专门家的惨淡经营，已成全国戏曲资料的渊薮。连启同志到得那里如入宝山，一头扎进去，又虚心向老同志学习，很快熟悉了业务，还探索着用先进的电脑设备进行资料管理。从改换角色到逐步深入角色，后来竟成平面设计的一把好手。更难得的是，在工作进程中，他还注意培养自己的兴趣点，专心有关方面的资料收集，进行综合思考，尝试着写出自己的心得体会。这时，我又成了他的文章的第一个读者，并惊喜地发现，从对同光十三绝来龙去脉的探索，到清宫仅存的十数幅铜版画的考订；从风俗年画源流及分支的赏析，到宫中流散出来的戏出人物画的研究，不几年的工夫，其学识已大见长进。尽管他所涉猎的材料实非我所熟悉，我也只能从一个编辑的角度，就行文和文字方面的问题略作推敲，然就其内容之充实，论述之清楚，认为已达到刊物发表的水平。一时间，数篇文章都得以发表，而《清宫戏出人物画》竟在花山出版社豪华成书，获得学界认可。

如今，连启同志的又一部学术新著《南府与昇平署》摆在了我的面前。

所称"南府"，乃管理宫中演出戏曲事宜的机构，本隶属内务府，因所管辖的习艺太监集中于南花园而得名。今天听起来，似已很陌生。但如果考虑到它在与民间戏曲演出的互动上所起的作用，最终成为当年京剧勃兴的契机，就不能不予以重视了。过去强调了四大徽班进京对京剧形成的开创之功，似乎忽视了南府以及后来的昇平署对京剧蓬勃发展的贡献，因而这项课题研究有着切实的意义。

考南府和昇平署之设，并不见于前代，其职能或近于过去的"教坊司"。比如宋代的教坊即司职乐工的管理和演出。太宗时，从各地网罗的乐工，加上宫中原有，已近三百人，所谓"四方执艺之精者皆在籍中"（见《宋史·乐志十七》）。至高宗朝，乐工已达四百六十人之数。乐工于春秋圣节三大宴上演出歌舞、杂剧，杂陈琵琶、笙、筝，以乐君臣。到了清代，虽亦有雅乐备之庙堂仪典，但作为宫中的主要娱乐方式还是演出昆、弋腔的戏曲，并全部由太监扮演，称之为"内学"。后又羼入"外学"，即由江南织造局进奉的民籍艺人参加演出。演出之频仍，规模之宏大，使内学、外学人数激增，至乾隆鼎盛期竟达千人之众。乾隆皇帝还下旨刑部尚书兼领乐部的张照编撰《升平宝筏》《劝善金科》，庄恪亲王牵头周祥钰等人编撰《鼎峙春秋》《忠义璇图》，合称之"内廷四大本戏"，每本戏都在二百出以上，非十天半月不能演完，足见一时之盛。随着清朝进入中晚期，国势日衰，道光年间更连逢旱涝灾害，帝乃尚俭汰奢，大力削减南府编制，改南府为昇平署，不仅将外学人员悉数退回原籍，内学人员也锐减至四百，后来只剩下数十人，不要说宫廷大戏，就是一般应节剧目，演员也难凑齐。直到光绪朝，东太后驾崩后，慈禧专权，二十余年间，虽误国事做了不少，唯对民间已广为流行的皮黄情有独钟，于是编戏、改戏，搭台演戏，成了后宫奢靡生活的主要内容。她频繁地召进皮黄技艺精湛的民间艺人宫中供奉，甚至在长春宫建起科班，组织小太监专习皮黄，还下旨"着按府内总本乱弹"，即把唱昆弋腔的内府本子改为皮黄。于是就出现了一群官员跪在殿前听这位老佛爷讲如何改编，群臣下来追记以贯彻执行，改出的本子再让吃供奉的艺人逐一安腔，这种流水作业的场面犹如坐朝听政般正经，真算得今古奇观。据说改编另一出宫廷大戏《昭代箫韶》就是这样完成的。这样做的客观效果，无疑是通过昇平署展开了宫内外的艺术交流，促成了京剧的勃兴。

综上所述，细数南府与昇平署的职能及其演化，宫内演戏的机制和昆弋腔向皮黄的转变，内学与外学的建立及其与内廷供奉的互动，旁及宫廷大戏的编创、戏台的构建，这些宫廷戏曲文化的林林总总方方面面，都是本课题探讨的内容。诚然，关于南府和昇平署的研究，早有王芷章、朱家溍等前辈先生发其端，近又有学者么书仪、丁汝芹女史予以深化。连启同志的新著,重在对当时的内廷档案作进一步的挖掘和整理,提供了外界所难见到的原始资料,这样就使全文具有原生态的清新,读起来给人的印象更为鲜活,感受也更为深切。可见他的研究虽依循了前人的足迹,却有更进一步的发挥,尤显其不易。

连启同志作为后学之新人,其行文或尚有稚嫩之处,不过该著引证丰富,实事求是,不务虚言,勇于探索的精神仍跃然于纸上。所以我乐于在读者披阅全文之前写下自己的心得作为引言。

2009年4月于红北诚斋

徽班进京的开创之功

　　1983年9月，戏曲界的权威人士在合肥举行了一次"徽调、皮黄学术讨论会"，意在通过对徽调和皮黄的研讨，理清楚京剧形成的源头。与会者将原有史料以及新发掘的资料进行了细致的爬梳、整理、考索和立论，大致勾勒出京剧形成的来龙去脉。今天，当我们着手编辑纪念徽班进京二百周年论文集的时候，鉴于这次讨论会的先声夺人，成绩斐然，与会者的研究成果很自然成为选材的主要对象。

　　由徽调和皮黄而京剧，而徽班，这三者是怎样联系在一起的呢？其中的枢纽还在徽班。所谓徽班，泛指安徽的戏班，因由徽商出资组建而得名；它并不是单纯搬演徽调剧目的剧团，而是兼唱二黄、昆曲、梆子、啰啰等腔的剧目。从这一意义上说，徽班不过是花部艺术的一个载体。

乾隆五十五年（1790），在徽商的资助和徽籍官员的支持下，徽班以庆贺乾隆皇帝八十大寿的名义，载着徽调、皮黄等花部剧目，进京演出，轰动京师，才构成对雅部——昆腔的严重挑战，导致一个新生剧种——京戏的诞生，最终取代了昆腔的霸主地位。时过二百年，在中国戏曲史上，徽班进京仍闪耀着划时代的光辉，概缘于此。

以花部——即地方声腔剧种进京并与昆腔抗衡者，并不独徽班一家。此前十一年，即乾隆四十年（1779），已有四川秦腔艺人魏长生；此后二十二年，即嘉庆十七年（1812），又有楚调艺人米应先。他们都在京师戏曲舞台上专擅一时，在陷昆腔于重重危机的决战中皆有不没之功，何以独独突出徽班进京的历史意义呢？请比较而言。魏长生的秦班，在京演出红得发紫，使得盛行于京师、与昆腔齐名的京腔（又称弋腔）艺人也争相习学，甚至附入秦班觅食，真个不可一世。但是，它颇有点一花独放的味道，只见其他剧种改换门庭争而效之，而其本身对兄弟声腔艺术来说，既无渗透之功，也无吸收营养之术，所以显得浮光掠影，虽曾光彩照人却又转瞬即逝。一遇当局禁止，秦腔便只好暂时销声敛迹，连魏长生本人也被迫加入了昆弋班。徽班则不然，它本身就是花部多种声腔的载体，入京后仍保持这一传统。如第一个进京的徽班班主高朗亭虽以演唱徽调二黄著称，进京后却"以安庆花部，合京（指京弋腔）、秦两腔，名其班曰三庆"（《扬州画舫录》），与京城地区的声腔艺术结成花部统一战线，摆出了与雅部昆腔抗争的架势；同时，这种"三合班"（或称"三下锅"）式的同台演出，也显示出徽班那兼收并蓄、取长补短的大家风范，因此它才能在京城扎根，得到长足发展。对此，收入本集的陶雄先生的文章有一番生动的描述："徽班历来是见好就拿，拿来就化，把人家的优化入己身，却不曾一味跟着学舌，把自己化为乌有。试看徽班入京数十年，向昆腔、向秦腔、向汉班吸收了多少东西，经过长期的化合、中和，才逐渐嬗变为京二黄，即京剧的。"所以在嘉庆年间虽屡颁禁令，均未得逞，在京城的剧坛上反而出现了徽调与秦腔的结合，最终形成早期京剧，甚至传说京剧的"前三鼎甲"张二奎、余三胜、程长庚和他有师承关系，自然贡献很大，但也应看到，这一切只有在徽班进京组织花部曲种与雅部昆曲争夺舞台并取得决定性胜利后才有可能。换句话说，汉班的成功只能附翼在徽班成就的延伸线上，算不得对京剧的开创之功。

　　回顾这段历史，给我们许多有益的启示。明人王骥德在《曲律》中说："声腔三十年一变。"我国戏曲，即或从戏文算起也有上千年的历史，从徽班进京算起也过了二百年，无时不在变，又岂止在声腔。当年的徽班之所以在北京成了气候，全凭它的不因循守旧、故步自封，坚持与兄弟声腔系统的共存相融，在变中求生存、得生存，在变中求发展、得发展。这一戏曲艺术发展的原动力，又一次为徽班进京这一历史事件所证实。

新中国成立后，在"百花齐放，推陈出新"方针指导下，戏曲艺术各声腔剧种争芳斗妍，更达到了臻于完美的新境界。即或如此，它也还在变，还在发展，这又是显而易见的事实。今天的戏曲工作者，只要坚持社会主义的方向，顺应时代和人民群众的要求，深入生活，不断改革，不断进步，当可将我国的民族戏曲事业及其优良传统进一步发扬光大。我们想，这就是纪念徽班进京二百年的现实意义。

（此文为沈达人、颜长珂主编的《徽班进京二百年祭》的序言，文化艺术出版社出版，1991，《人民日报》文艺版曾予以转载）

流派剧目　流芳百代

——《中国京剧流派剧目集成·序》

　　京剧向称国粹艺术，内容博大精深，剧目十分丰富，人们常以"汉唐三千，宋明八百"形容其浩瀚。其中流派剧目又以其演员表演的鲜明个性使剧目显得更为多彩多姿，充满魅力。既被专业人员钻研承继，也为广大戏迷喜闻乐见，流派剧目遂成为京剧舞台上一大亮点。因此，我们以极大的热情编纂了这部《中国京剧流派剧目集成》。

流　派

　　举凡表演艺术，本来就无不带有表演者的个人色彩。京剧表演艺术因其唱念做打诸多方面工夫的综合性和繁难性，表演的个性化尤为突出；加以行当的粗分、剧目的雷同，于大致相同的条件下尽显各自的千姿百态、千变万化；一招一式、一腔一韵之中可以体现不同的特色，同样一出戏，甚至同样一个戏中人物，也完全可以演出不同的风采。这种充满个性化的表演，遂成为京剧竞技场上最为人乐道而又情趣无穷的审美内涵。倘若这种富于个性化的表演为受众所认可，且代有传人，行为规范，即可自成一家，成为迥异于他人的艺术流派。以"四大名旦"（梅兰芳、程砚秋、尚小云、荀慧生）为例，虽皆工旦行，却又各有千秋。京剧大师王瑶卿就曾这样分析这四位后起之秀的独到之处："梅兰芳的样儿，程砚秋的唱儿，尚小云的棒儿，荀慧生的浪儿。"所谓"样儿"，指梅的艺术造诣全面，要什么有什么；所谓"唱儿"，指程以行腔之新颖动听为能；所谓"棒儿"，指尚的刀马功底深厚；所谓"浪儿"，指荀的柔媚多姿、风情万种。寸长尺短，一语道破各有专擅的各家流派特点。如此成就固然来自自己的勤学苦练，苦心孤诣，更少不了观众的知音捧场，鼓励有加。因此，一个艺术流派的形成，对于创始人来说，无疑是开拓了审美追求的新境界；对于受众戏迷来讲，则更是得到了多样化审美需求的新满足。梨园行有云："唱戏的是疯子"——指其执著的追求，"听戏的是傻子"——指其享受的痴迷。二者相得益彰，相映成趣，或许正道出京剧流派形成之三昧。

流派剧目

在京剧传承的一二百年间，随着历史的变迁、社会的发展，以及新人辈出、师承转换，荡涤旧物，崇尚新声，传统剧目中的绝大部分早已绝迹于舞台，然而，其精华部分（包括剧目中表现出来唱念做打等程式体系）还是完好地保存了下来，并得到长足的发展。其间，流派创始人于剧目的推陈出新做出了不可磨灭的贡献。基于对剧目乃至剧中人物的理解和认识，以及更便于发挥自己技艺特长的需要，流派创始人对浩如烟海的传统剧目进行了严格的筛选，经过了整理加工再创作，使之又焕发出崭新的韵味和光彩；随着类似剧目的增多，终于形成了自己流派所特有的剧目系列。而另外的流派又在另外的剧目系列中发挥着自己的优势，即或剧目相同，不同流派依然可以于演出中表现出自己的独特风格。总之，在其演出的剧目中，无不打上自己表演风格的鲜明烙印。京剧舞台上一度出现的这种百花齐放、争芳斗艳的盛况，实由自丰富多彩的流派剧目，这在京剧发展史上已是不争的事实。

但也应看到，如今京剧流派剧目相对于它的鼎盛时期，已是光景不再。个中原因很复杂，就客观因素而言，新兴的艺术形式的多种多样，人们的欣赏习惯和娱乐方式已经有了更广泛的选择余地，因而完全可以去旁骛其他；此外，就京剧本身而言，演出剧目之贫乏不能不说是观众锐减的重要原因之一。本来演出场所和演出场次就不多，翻来覆去又只是那几出骨子老戏，怎么能吸引观众，特别是年轻观众呢？——连那些老戏迷们也都听腻歪了。

回过头来看，今日演出剧目的贫乏和流派创始人晚年的艺术境况也不无关系。他们在艺术的巅峰期——集中在上个世纪二三十年代，创作或改编了一出出新戏，直令观众赏心悦目，目不暇接。当其时，除了富连城科班或游动的散班演出些大路戏外，北京的京剧舞台几乎就是流派剧目的天下。据1932年商务印书馆出版的《五十年来北平戏剧史材》的记载，自民国十二年（1923）至十八年（1929）这六七年间，以梅派剧目为例，只"初演"的剧目——也就是自家独创的新戏或整理改编的传统戏，就有前后本《西施》《洛神》《廉锦风》、头二三四本《太真外传》《俊袭人》、全本《宇宙锋》《凤还巢》《春灯谜》

等十二出戏（其中前后四本《太真外传》这四出戏是在一年多时间里陆续完成的）；同一时间段，马派"初演"的剧目也有《化外奇缘》、全本《玉镯记》《秋灯泪》《战宛城》、全本《火牛阵》《鸿门宴》、全部《临江馆（"馆"应作"关"）》、全部《浣纱溪》《范仲禹》、全本《青风亭》、头二三四本《大红袍》全本《天启传》《许田射鹿》、全本《十道本》等十五出戏（其中《大红袍》分头二和三四本两次演出），当然，其中还不包括"初演"以外的经常性的大量的传统戏演出。试问，这些曾经轰动一时的流派创始人编创的新剧目于今又有多少出传承下来了呢？个中主要原因就在于流派创始人到了晚年，一些唱做吃重的剧目已难胜任，只有将其已臻于炉火纯青的技艺凝练到少数剧目之中，或演出或教习，也只拘囿于这少数几个剧目了。而其传人也就将这几出戏奉为圭臬，全不知其鼎盛时期的所谓"文武双全"、所谓"昆乱不挡"为何事，致使一些当年的热门戏几近失传，这不能不说是梨园一件憾事。记得梅兰芳先生曾撰文论述学艺过程中的"少—多—少"。大意是，初学时会的戏（包括技艺）自然是少的。随着所学剧目的增多，技艺的增长，激发起拓宽其艺术驰骋领域的热情，兼收并蓄，唯恐所学之少；触类旁通，更恐用之不多，从而极大地丰富了自己。进而又随着审美取向的定型，艺术见识的提高，势必要对自己所学所用下一番去芜存精的工夫，扬长避短，使自己的独特技艺集中在少数几个代表剧目之中，表面看来演出的剧目是少了，但炉火纯青，在艺术创新上却达到了新境界。从少到多，从多而少，贯穿着的是继承与发展的艺术成熟的过程，也闯出了一条攀升艺术高峰的必由之路。后学者以为，学会了几出流派代表剧目便可以薪尽火传，得到了真经，孰不料缺少广博的根基，既影响个人的发展，也造成了剧目越传越少的现实。这难道不是应该记取的教训吗？

有道是"礼失求诸野"。由于流派剧目独特韵味所富有的艺术魅力，由于京剧作为自娱自乐的审美取向已深入人心，更由于迷恋传统演唱艺术者的大有人在，京剧传统剧目——包括一些已经消失于舞台的流派剧目，至今仍在京剧爱好者中间传唱不息。我们不妨到公园里看一看那一圈圈围着的戏迷，他们来自四面八方，或许彼此并不相识，甚至并不参加演唱，只凭一把胡琴就将大家凝聚在一起，有滋有味地互相欣赏着一段段流派唱腔。更不用说那遍布全国各地乃至海外华人聚居区的票友，他们还时不时地粉墨登场，过一把戏瘾呢！这种自拉自唱、自娱自乐的红火场面，充分显示了京剧流派剧目的深厚群众基础和顽强的生命力，对于相对落寞的京剧舞台不啻一种发人深省的挑战。然而，这又何尝不是对京剧振兴的潜在的呼唤和有力的支持呢！

流派剧目集成

正是鉴于其强大的生命力和深厚的群众基础，"振兴京剧"便作为文化建设的国策，适时地提出来了。而振兴之务，首在挖掘和继承优秀传统剧目，将之作为发展和创新的基础和借鉴。我们编纂《中国京剧流派剧目集成》的初衷正在于此：将流派剧目演出的瞬间精彩记录于永恒，将构成流派剧目的诸多元素——记录在案。诸如每剧的剧情本事、创始人表演特点的提要，剧中人物行当归属、服装扮相，剧本曲文、唱腔谱、伴奏谱、锣鼓经，以及身段谱等得以再现流派表演风格的内容，都力图完整地记录整理出来，为流派艺术的教学和研究提供文字的基础资料。持此，内行自可作为表演的参考，京剧爱好者也可以作为演习的蓝本。

这一工作，对于京剧剧目的基本建设虽然可谓之善举，但具体做起来却困难多多。首当其冲的就是剧目的选定。京剧剧目虽称汗牛充栋，但保存下来的资料却十分有限。京剧形成初期，以"老生三杰"（又称"前三鼎甲"）的程长庚、余三胜、张二奎为代表的一代固然没有留下什么音像文字资料；即或以"老生新三杰"（又称"后三鼎甲"）的谭鑫培、孙菊仙、汪桂芬为代表的一代，除了少量的唱片外也没有完整的剧目传下来，所以我们的剧目整理工作只能从民初以降的"四大须生""四大名旦"开始。他们受熏陶于前辈艺术家，可谓传统的集大成而又能创新的一代，整理剧目以他们为重点自然最合适不过。遗憾的是这些艺术大师大都已经作古，得到他们指点和首肯已不可能，为此，我们只能通过其亲传或再传弟子来进行流派剧目的整理工作。从中，我们更深地体会到抢救要及时，当初未能抢救下来现在也不要嫌晚而不为，抢救一点是一点，否则能够保存下来的精华越来越少，越加难向历史、向后人交代了。

更难的则是遴选整理者。剧目的全面整理需要全面的人才。我们在组织稿件的过程中，却发现这样的人手颇不易得。如果流派创始人或其传人曾在戏校任教，且有较为完整的教案保存下来，今日稍加整理即可选用，自然不是难事。不过这样的情况并不多，大量的剧目尚需要对当年的演出本进行追忆记录，加工整理。曾经受业于流派创始人或其传人的京剧工作者虽然是整理演出本的合适人选，但是他们大都是单位的骨干，忙于演出，忙于剧务，或居于领导职位，很难分出身来。即或肯于应承下一两出戏，也常有如下的情况：能演不能说，能说不能写，能写又不能打谱。因此，搞定一个剧目经常需由记录者、整理者和打谱人联袂而行，倘再加上剧目的传授者和提要的撰写者，则非四五人鼎力不可。《集成》收入二百余出戏，每戏即使平均两三人参加，也要组织四五百人次。其烦难可以想见，其壮观亦可以想见。当然，这还仅就整理者的数量而言，更为难能可贵的还在于参与者的无私奉献。试想，跟演一出戏或教一出戏相比，以文字整理出一出戏，不仅费时而且费力，无疑是一桩一般人不肯为也不屑为的苦差事，而我们的整理者却能甘之如饴，乐此不疲，没有为京剧事业的传承而不计个人得失的宝贵情操，是难有这种积极性的。不仅于此，随着岁月流逝，整理流派剧目日益困难，更需要求助一些老专家，他们或是资深艺员、教师，或是资深票友、戏迷，而今已是硕果仅存的京剧艺术的专门家、流派历史的见证人，在他们身上洋溢着一种传承京剧流派的使命感，和对振兴京剧的充满期待。他们热情地参加到这项工作中来，或亲自动手，为我们整理剧目；或答惑解疑，给我们工作以指导，使我们在受教于他们的同时，油然而生一种深深的敬意。

克服了如上困难，《中国京剧流派剧目集成》终于呈现在读者面前。书中除了囊括主要流派的主要代表剧目，全方位地反映京剧鼎盛时期的大致面貌而外，尚有可说道者。首先是挖掘整理出一批流派剧目，其中不乏已近失传的流派艺术精品。其中共收流派五十余家、剧目二百余出，不仅是从装扮到曲谱俱全，而且半数以上不曾整理出版过，可算是京剧剧目建设的一个不小的工程。下列剧目可为佐证。如王（瑶卿）派名剧《南天门》（今能见到的是王和老谭合拍的老剧照）、余（叔岩）派名剧《太平桥》（据说是老谭给余说的开蒙戏）、马（连良）派名剧《白蟒台》（写王莽被俘后向旧臣一一乞命事，老生扮演反面人物堪称奇特）、麒（麟童，即周信芳）派名剧《斩经堂》（其中吴汉的悲剧性格曾引起过热烈争论）、荀（慧生）派名剧《鱼藻宫》（写吕后残害戚姬事，乃荀派戏中悲剧之一），以及汪（笑侬）派名剧《哭祖庙》、龚（云甫）派名剧《徐母骂曹》、徐（碧云）派名剧《绿珠坠楼》、裘（盛戏）派名剧《打銮驾》等，都是难得一见的流派剧目之珍品。而以"关外唐"名世的唐（韵笙）派名剧，经其家人和传人的努力，竟整理出其代表作《驱车战将》《闹朝击犬》《好鹤失政》《绝龙岭》《未央宫斩韩信》《刀劈三关》等七出之多，堪称流派剧目建设的新收获。

除此之外，《集成》还特别着力于武戏的挖掘整理。较之文戏，武戏更难整理，需要将演员在台上的动作招式一一准确地反映出来，没有深入的钻研领会、亲身体验，很难下笔。众所周知，杨小楼作为一代武生宗师，其"武戏文唱"乃武生的不二法门，也是令人神往的一种表演境界，在武戏剧目整理中理应得到体现。资深票友朱家溍先生得其真传，整理了杨派名剧《麒麟阁》，并详细记述了六次观剧的心得，惜乎不及将其用工尺谱记下的吹腔翻为简谱便溘然而逝了。另一出杨派名剧《镇潭州》则是根据京剧耆儒刘曾复先生的讲授整理出来的，其中杨再兴上场的"蝴蝶霸"、和岳飞对打的"枪架子"，皆独得杨派之秘，给人以再闻《广陵散》般的惊喜。此外，高盛麟的《长坂坡》《走麦城》，王金璐的《落马湖》《蚍蜉庙》，也都走的杨派的路子，有的就是直接跟杨宗师学的。南派大武生盖叫天武功盖世，他的剧目身后却乏人整理，多亏移居上海的原中国戏校武功教师赵雅枫先生以耄耋之年勉力整出《一箭仇》，也算保存了盖派一脉。还值得一提的是收获了一批武丑戏。叶盛章当年是以武丑戏挂头牌演大轴的第一人，勇于创新，能戏甚夥，现将其创作的名剧《酒丐》《祥梅寺》《打瓜园》《徐良出世》《三盗九龙杯》《铜网阵》等七八出代表作一并推出，既再现了叶氏当年的神勇，也为乏人承继的武丑行当提供了演习之本。

当然，《中国京剧流派剧目集成》的编纂，其目的只在提供流派剧目作为研究家和后学者的参考借鉴。而流派、流派，意重在"流"。所谓流，指流行和流变。流派艺术正是在流行、流变中最终形成的。即或在最终形成之后，也还是靠流行、流变而发展的，倘若泥古不化，抱残守缺，就会失掉其鲜活的生命力，艺苑奇葩也会枯萎，这已为京剧发展史所证明。不过，流派艺术发展也需要有个前提，那就是首先要掌握渗透在表演程式唱念做打、手眼身发步中的艺术个性，而流派剧目就是其艺术个性展现的载体。继承流派艺术，不能只满足于模拟外在的"体"，更要在剧目演练中去体味其艺术个性的"魂"，这样才能促使京剧流派艺术从剧目建设到表演个性都得到发扬光大。此乃传播流派剧目的题内之义，自毋庸赘言。

按语：《中国京剧流派剧目集成》自2006年起由学苑出版社陆续出版。现已出版四十多个流派，四十余辑、一百五十出剧目。2008年新闻出版总署授予"原创作品"证书，2011年得到出版基金的资助。

王魁桂英故事探原

因着男女双方社会地位的不同而造成婚变的故事，在我国爱情文学题材中是一大宗。从一定意义来说，这也是社会问题的反映。唐兴科举，打破了豪门士族对官场的垄断，使寒门庶族也可以通过科举攀登到统治者的行列中去。所谓"一举首登龙虎榜，十年身到凤凰池"，所谓"十年寒窗无人问，一举成名天下知"，便是当时读书人憧憬的目标。而"贫守志，富易妻"，又成了新的社会问题。这一方面是统治者想通过联姻巩固和发展自己的势力，千方百计以自己的女儿去巴结新的权贵；另一方面是久居陋巷的寒士一旦跻身统治者之中，也急于抛弃糟糠之妻以改换门庭，这样一来，下层妇女——即寒士的结发之妻，便成了两种作用力下的牺牲品。随着科举取士的增多，这类"易妻"的悲剧更屡见不鲜，作为社会问题也愈加突出，因而也引起社会的关注和谴责，并首先在最贴近下层人民的艺术形式——宋元话本和南戏（又称戏文）中表现出来。就南戏而言，明人叶子奇《草木子》有云："俳优戏文，始于《王魁》，永嘉人作之。"明人徐渭《南词叙录》（第一部研究宋元南戏的专著）也说："南戏始于宋光宗朝（南宋光宗赵惇1190—1194年在位），永嘉人所作《赵贞女》《王魁》二种实首之。"这里提到的最早的南戏剧目，赵贞女（五娘）的故事也好，王魁负桂英的故事也好，无一不是反映士子成名背弃原妻的内容的，而且以它们时演时新的艺术生命力，一直搬演到今天。

下面就让我们一起来探讨和欣赏王魁和桂英的形象。

一　王魁其人

王魁其人，名字并不叫魁。宋代常在得中状元的人的姓氏之下加一魁字而连称之，王魁即王状元之谓。关于他的故事，早就见于宋人记载，但越传越神，已难辨其真假。以理推之，张师正《括异志》卷三"王廷评"条中的记载，似较接近人物的本来面目，大致意思是：

王廷评，号俊民，莱州人士，北宋仁宗嘉祐六年

（1061）进士第一，是为状元，除徐州节度判官，第二年任南京考试官，不及开考，突然质问监考的官员："门外举人喧噪诟我，何为不约束？"监试官大惊，忙到门外查看，竟连个人影也没有。但这位考官还是不依不饶地让去制止，如是者三四趟。过一会，他又惊慌失措地呼喊："有人持檄逮我！"说着抄起桌上的小刀便往自己身上刺。幸亏左右人上前抢救及时，伤势不重，只好回到徐州任上延医治疗。十来天后，创口愈合，但精神恍惚（当时称作"失心"或"心疾"）。王延评的家人听说嵩山道士梁宗朴能制鬼，忙请来做法以问究竟。据这位梁道士说："符化去，当夜便梦一女子至，自称：'为王（魁）所害，已诉于天。俾我取偿（允许我向他讨债），俟与签判（即指王魁）同去尔。'看来已无计可施，无术可救。"遂告辞而去。不久，王也故去。

以上大约就是有关王魁原型的全部材料，最后虽有道士的胡言乱语，并埋下曾害一女的伏笔，但终究没有给王某定下什么罪名，所以还无从生出什么枝节来。但是，《括异志》的编纂者张师正为了贯彻他那"推交怪之理，参见闻之异"（《四库全书总目》）的编纂宗旨，总想在因果报应上做点文章，于是在记述故事之后，又捕捉到了两条"或闻"。其一是：

王未及第时，家有一提水烧饭的婢女，王为其粗笨乖张不听使唤而积怒已久，一次竟乘其不备，将之推入井中。

主奴纠纷，似乎不足为怪，也不曾引起人们的注意。倒是另外一个"又云"，迹近艳史，引得人们兴致大增，终成王魁故事之滥觞。其说是：

王廷评早年在乡里，曾跟一娼妓过从甚密，并有日后登科娶之的私约。不料得中状元之后竟又联姻他姓。妓闻之，忿怒不已，以至自杀。因此，廷评才为女鬼困扰，壮年而终。

与张师正的《括异志》成书年代大致相近的还有刘斧的笔记《摭遗》，其中有《王魁传》，大约就是沿着这个"又云"的传闻铺演开来的，而后世有关王魁负桂英的种种情节在此则已初具雏形。下面便略述其梗概。

王魁京试不中，失意中回到山东莱州故里。友人相邀去深巷小宅（实即妓院），见一妇人美艳无比，为之斟酒，说道："妾名桂英，酒又是天上之琼浆。先生今日既得桂英又饮琼浆，这正是来年得中高第的征兆。"说罢取下围在脖颈上的锦罗，请王魁留诗。王当即题七言绝句一首：

"谢氏(当为桂英之姓氏,后来又有说姓王的,又有说姓敫的,但均引此诗,显嫌抵牾。故传奇《焚香记》安排桂英自姓敫,谢乃其养母即鸨儿的姓氏)筵中闻雅唱,何人戛玉在帘帏。一声透过秋空碧,几片行云不敢飞。"看来是极力夸赞桂英的歌喉。桂英当即向王魁表示:"只要先生读书上进,四时所需调费可全部由我供给。"从此,王魁与桂英朝夕相处。

第二年,朝廷下诏求贤,桂英为之操办西去京师汴梁的盘缠用费,又亲自送到州北。王魁十分感动,路经海神庙,便在海神像前发誓:"我与桂英,誓不相负,若生离异之心,海神可雷殛我死。"待到京师,还托人传信,并附诗一首:"琢月磨云输我辈,都花占柳是男儿。前春(似应作今春)我若功成去,好养鸳鸯作一池。"情意绵绵,充满对未来美满爱情生活的憧憬。不久揭榜,王魁高中状元。按说他该马上修书向桂英报喜,不料地位一变,心思也变,马上考虑到:功名已到这一地步,竟以一娼妓为妇,岂不玷辱了自己的名声,何况家中严父也不会容得,趁早一刀两断了吧,遂不再与桂英通音信。而桂英一往情深,一封封信、一首首诗频频而至。"夫贵妇荣千古事,与君才貌各相宜。"郎才女貌,夫贵妻荣,在桂英看来是很自

然的事，她从未小看过自己。"早晚归来幽阁内，须教张
敞画新眉。"急切盼望情郎归来共享闺中之乐，雀跃之情
洋溢纸上。"陌上笙歌锦绣乡，仙郎得意正疏狂。不知憔
悴幽闺者，日觉春衣带系长。"大概是因为久不得到回音，
想以自己的愁思来打动疏狂得意的情郎了。

　　但是她绝不会想到，就在她"为伊消得人憔悴"之
时，斯人尊父之命，已与崔氏小姐结为秦晋之好；况且官
运亨通，已除授徐州金判。桂英听说王郎去徐州为官，
尚自想当然："徐州离此不远，王郎定当会派人来迎娶
我。"当即派了仆从拿着自己的亲笔信到徐州去联系。当
其时，王魁正坐在堂上办公，听说桂英投书来，勃然大
怒，连信也不看，便将送书人赶了出去。桂英闻之，悲恸
欲绝，恨道："魁负我如此，当以死报之。"于是挥刀自
刎。一个痴情的女子，面对情郎的忘恩负义，除去死竟没
有别的出路，刚烈固然刚烈，可怜亦堪可怜了。这时，王魁
正在南郡试院，当夜，忽见一人从烛影下飘然而出，注目
细观，竟是桂英！惊恐之余，颤声问道："汝固无恙乎？"
只听桂英说道："君轻恩薄义，负誓渝盟，使我至此！"王
魁连说："我之罪也！为汝饭僧诵佛书多焚钱纸，舍我可
乎？"桂英的回答直截了当："得君之命即止，不知其他

也!"这时就见王魁拿起兵刃径向自身刺去,其母在旁惊呼:"汝何悖乱如此?"抢上前去夺过兵刃。王魁呆站在那里自言自语:"日与冤会,逼迫以死。"其母以为他中了风魔,忙请来道士高守素设坛捉鬼,高道士夜游冥府,见到的是"魁与桂发相系而应"。人们劝诫高道士说:"你既已知真情,就不要再为他做什么法事了。"没过几天,王魁死去。

以上所引《摭拾》的记述已与《括异志》颇多不同,甚至所说的"王魁"是否就是王廷评(俊民)也没有指明,令人怀疑是另一位王姓状元。只因后世周密《齐东野语》出,其中卷六有"王魁传",力辨《摭拾》所述之虚,才坐实了此王魁即彼王俊民也。对于王魁负桂英之说,则完全采取了否定的态度:事"殊不经,且不见于传记杂说,疑无此事"。周密说他曾见初虞世收集的"养生必用方",在戒人不可妄服一种名叫"金虎碧霞丹"的药物时,曾以王魁为例,说如下:

> 状元王俊民,字康侯,为就天府发解官,得狂疾,于贡院中尝对一石碑呼叫不已,碑石中若有应之者,亦若康侯之奋怒也。病甚,不省,觉,取书册中交股刀

自裁及寸，左右抱持之，遂免。出试院未久，疾势亦已平复。

这只是一种常见的精神科疾病。从幻听发展到自残，终于平复下来。念及与患者关系密切，不仅从上祖一代便有同乡之旧，二人之间又有同窗之谊，且同试于省场，有同年之好，所以说者（即初虞世）曾专程去探视，"康侯亦起居如故，但惝惝不乐"，于是多方开慰之，临去，这位康侯——即王魁还有诗相赠，可见已大愈。别后，听说有个医生诊其有痰，服之以"碧霞金虎丹"使吐之，又说他心脏有热，服以大量冷药。积久，毒性发作，元气大伤，饮食不思，终而虚脱至死。后其父曾延请道士"奏章达上请，及诉问鬼神幽暗中事"，以究其子患病的根由：

道士作醮书符，传道冥中语云："五十年打杀谢、吴、刘不结案事。"康侯丙子生，死才二十七岁。五十年前，宿生邪？

这就意味着王魁之死乃了结前世打杀三条人命一

案。这又陷入因果报应的宿命邪说，纯属无稽了。

通观《齐东野语》所录王俊民其人之行状，竟与《摭遗》所传王魁的故事风马牛而不相及，反倒与《括异志》所记相近多多。如《齐东野语》记斯人生于"丙子"，即北宋仁宗景祐三年（1036），死于"嘉祐八年（1063）"，死前两年"登科为第一"。这一记载正与《括异志》所记："嘉祐六年（1061）进士，状元及第"全相吻合，显系同一人无疑，而《摭遗》记的倒是捕风捉影的传闻，或者说是根据传闻生发附会出来的香艳谲诡的爱情传说，已经是艺术的再创作，与王魁其人的本来面目毫无关系了。

二　王魁负桂英故事的发展

"痴心女子负心汉"，王魁负桂英的故事，至此已大致成型，至于王魁是怎样一个人物，这点并不重要；王魁已成为口头创作出来的艺术形象，附着于这一艺术形象的性格和情节，完全是艺术创造的需要，根本不必问其是否为生活中真实人物所具有。犹如盛传于宋元时代的"赵贞女"故事，男主人公竟是东汉名臣蔡邕。查遍史籍，绝无蔡氏婚姻纠纷的记载，而到了南宋之世，却出现了"满村争说蔡中郎"的热闹传说，甚至还要披之以"雷击蔡伯喈，马踩赵五娘"的恶谥。难道我们可以不尊重艺术对生活的再加工再创造的艺术真实，反倒要去责备它不符合历史人物的实际吗？

王魁与桂英的故事，透过女子痴情男子负义这一题材，展示了处在被侮辱与被损害地位的妇女的悲剧命运。在当时的社会底层，妇女的类似遭际具有相当的普遍性，因而桂英的形象所体现出来的典型意义也是十分明显的。然而，如通常所说的，共性并不能替代个性。桂英形象的典型意义并不由自她是处在被凌辱地位的妓女，也不由自她遇到了薄情郎，甚至为薄情郎的背信弃义而自戕，而是她那义不受辱、以死相报、直至变作厉鬼也要逼令薄情郎就范的刚烈性格。这一有别于类似形象的作为，才是这一形象的闪光点，也才是桂英与王魁故事的警人之处。虽然，人鬼变化不免陷入善恶有报的宿命窠臼，但其中反映的理想主义的色彩却又十分鲜明，它给受害者以安慰，给负义者以惩戒。在封建社会，在政权不为被压迫者伸张正义的条件下，故事的铺演者希冀借助舆论的道义力量予造恶者以谴责，反映的乃是深厚的人道主义情操，这又岂是一句宿命论的指斥所能一股脑否定得了呢？

"鬼报"的情节既为这一故事所独有，"鬼报"的行为既为桂英这一形象发展的极致，所以此后的各种艺术形式都在这一点上极尽渲染之能。收录在罗烨《醉翁谈录》（辛集卷二）的一篇《王魁负约桂英死报》，就是如此。

《王魁负约桂英死报》比之前述《摭遗》好像照模子放尺，基本情节大同小异，只是更详尽完整，无疑是说话艺人据以铺演成的一篇话本。尽管如此，它绝不是单纯的模拟周详，而是爱憎更加鲜明，体现在人物形象上也更为丰满了。突出反映在"海王庙设誓"和"桂英死报"这两环节上。

在《摭遗》里，仅一句："将至州北（桂英送别王魁之地），望海神庙誓曰：'吾与桂誓不相负，若生离异，神当殛之。'"这完全出自王魁的主动——虽是受了桂英竭诚相待的感动，但桂英这方面毫无反应，就显得有些无动于衷了，似不近情理。而在《王魁负约桂英死报》的话本中却编织得很有层次，请读：

临行，两下不忍分手，桂英垂泪道："我与你偶尔相逢，情爱所牵，一时难舍。若此一别，妾身如断梗飞蓬，虚舟飘瓦，不知你功名成否何如？又不知你心中如何？此处有个海神庙，其神最灵，何不同到庙中，焚香设誓，各不负心，生同衾，死同穴，终始不二，不知你意如何？"王魁欣然同至庙中，焚香拜毕，王魁跪在神案前设誓道："魁与桂英，誓不相负，若生离异，神当殛之。"（一如《摭遗》）桂英也立誓道："念桂英今与王魁结为夫妇，死生患难，誓不改节，若渝此盟，求沉苦海。"

这是桂英心曲的流露，也是桂英作为艺术形象的第一次塑造，性格的第一次展示。前此，在时人记事中，在文人笔记中，桂英还只是传说中的人物，甚至不妨说，只作为善恶有报的概念化人物而存在，所以她是苍白的，构不成什么艺术形象。在这里，通过说话艺人之口已付之以血肉之躯，使之成了可以理解得了、触摸得到的人物形象了。桂英与王魁虽有一年相处，并倾心相待，为其读书求进提供了一切物质方便，这是两心相印处。但一旦得中，地位悬殊，能否保持这种关系，对桂英来说却是没有把握的事。命运无主，孤立无援，时刻担心着可能被遗弃，这种心态促使她去乞求神灵的保佑。所以，由她提出到海神庙立誓要合情合理得多，是在她所处的社会环境下和所处的社会地位中必然产生的一种思路。真实，可信，当然也很可怜，但是，作为一个艺术形象，仅此一端，已开始站立起来。试看，明人创作的搬演王魁桂英故事的传奇剧本《焚香记》，虽然别生出许多枝节，唯独对这一人物性格的典型细节，几乎不作增删，可见这完全是塑造艺术形象的需要了。请看该剧第九出《离间》中桂英的这段道白：

> （旦）官人，我与你偶尔夫妻，相逢萍水，异乡骨肉，形影相依。从此别后，妾身如断梗飞蓬，虚舟飘瓦。不知你功名成否何如？又不知你中心之事何发？此处有个海神祠，其神最称灵应，我欲与你明早同到祠中焚香设誓，各不负心，虽当颠沛流离，九死无二，不知官人意下如何？

将之与话本中桂英所言对照，形同照录，说明其揣摩心态十分切体，才能为后人重新塑造桂英形象的依据，全盘继承了下来。

说话艺人在着意刻画桂英形象的同时，对王魁的心态变化也注意到了层次。当然，这一组相对应的形象是朝着相反而又相成的方向发展的。一方面反映桂英那遭背叛、被遗弃的命运，以期引起人们的理解和同情；另一方面揭露王魁的背信弃义行径，以期引起人们的愤懑和谴责。这种鲜明的倾向当然不是直接道出，而是通过展示形象的行动和心理，让其自然流露出来的。比如桂英在得到王魁高中的喜报之后，欣喜之至，忙寄诗祝贺，"魁见之竟不在念"，这是情变的开始。后来桂英又频繁寄信，抒发怀念之情，不料却促使情变的进一步深化，"魁见连次寄书至，竟生厌恶之心，自忖道：'我今身既贵显，岂可将烟花下贱为妻？料想五花官诰他也没法受用；倘亲友闻知，岂不玷辱？我今只绝他便了！'竟不答回书。"这就又进了一层。所谓"一阔脸就变"，社会地位的变迁在这里起了决定性的作用。

这时的王魁已不再顾念桂英含辛茹苦助其攻读的恩德，考虑的只是烟花妓女配不上自己这新科状元，从而走上了忘恩负义、背信弃义的道路。当着王魁新官上任，催着要与崔相国之女完婚，正自志得意满之际，桂英恨王魁之薄情，愤而自刎了。听了这一消息，王魁非但不震惊、不羞愧，更无忏悔之心，反而"暗喜"，想的是："这妇人倒也达时务,恐我去摆布他,故先自尽了。也好也好,如今拔去眼中钉了。"至此,王魁那以怨报德的狠毒之心已暴露无遗,也意味着这一忘恩负义的薄情郎形象的最终完成。

既然王魁的罪恶行径已到了天怒人怨的地步,那么,桂英的死报也就成了势在必行的伸张正义的行为,否则天理难容。我们说,这一对形象的塑造及其性格的发展起着相辅而又相成的作用,概缘于此。

话本《王魁负约桂英死报》在着力使王魁与桂英的形象变得完整、着力把生活的真实提高到艺术的真实的再创作过程中,始终贯穿了惩恶扬善的鲜明倾向,从而突出了同情痴情女子、鞭笞负心郎君的主题,是可贵的。此外,它还有一个与众不同之处是:在桂英向王魁索命之后,道士神游冥府,在判官面前替王魁求情而遭到驳斥一节,为各本所无,写来也十分精彩。那是在马守素道士设坛逐鬼驱邪的时候:

> 随即俯伏在坛,瞑目闭气,神游而去。直至莱阳地方,只见一所庙宇,庄严灿烂,山门上匾额大书"海神庙"三字。守素走进庙中,步至东廊下,却有两个人将头发互相结着,有几个奇形怪状的人看守在那里,分明是

解审犯人一般。又听得两个结发的在那里千负心万薄幸的诉说骂詈，乃是妇人声音。守素正欲问时，殿上走出一个圆眼胡髯、绿袍银带的官儿，向守素施礼道："法师，可曾见那两个么？这就是你今日为他设醮的斋主王魁与敫氏桂英。他两个仇恨深阔，非道力可解的，法师休管他罢。"守素道："虽然如此，求判长在大王前方便一声，也须看他是状元及第、阳世为官的情面。"

不料，这位马道士为阳世的状元求情，非但没被接受，反而招来判官对阳世昏暗的冷嘲热讽，嬉笑怒骂：

> 那判官呼呼的笑道："咳，可惜你是个有名的法官，原来只晓得阳间的势力套子。富贵人只顾把贫贱的欺凌摆布，不死不休，堆积这一生的冤孽帐。到俺这里来，俺又不与他算个明白，则怕他利上加利，日后索冤债的多了，他纵官居极品，富比陶朱，也偿不清哩！况俺大王心如镜，耳如铁，只论人功过，那管人情面；只论人善恶，那顾人贵贱。料王魁今日这负义忘恩的罪自然要结了，你也不必替他修醮了，请回罢！"

一番话，真是痛快淋漓。对薄情的王魁来说，当然是罪有应得的判词；对窳败的官场来说，又不啻义正词严的檄文，从而把王魁与桂英故事的思想意义提到了新的高度。什么死后的复仇、冥间的审判，以至判官的断语，连说话人也知道全系子虚乌有，情节的编织、语言的铺叙，只不过是说话人爱憎倾向的流露、惩恶扬善理想的寄托罢了。总之，到了话本《王魁负约桂英死报》的出现，王魁与桂英作为艺术形象算是定型了，甚至其故事的间架结构也不再有什么变动，却是十分明显的事实。

从《括异志》记载状元王俊民死于心疾的一条笔记，到《摭遗》捕风捉影成一桩生前负义招致鬼报的故事，直到话本的完成，大致都在两宋之间。时间似不长，故事却已编织得很完整，人物形象塑造得也很鲜明，这一艺术现象的出现，正是这类婚变现象已经成为社会问题的反映，它不能不引起人们的关心，更不能不引起创作者的关注，所以才以王状元之死为由头，附会以枝节，编成故事，以警世人。而一旦成为艺术的典型，更与人物的原型脱离了关系。王魁分明已经成为爱情婚姻上的忘恩负义者的反面典型而家喻户晓，而流传至今，而"骂名不朽"（话本结束语）。

三 悲剧反成喜剧的《焚香记》

伴随笔记、话本的出现，王魁的故事也成了戏剧舞台上搬演的热门题材。据《武林旧事》，宋官本杂剧有《王魁三乡题》；据《草木子》和《南词叙录》，南宋光宗时戏文有《王魁》；《南词叙录》在开列《宋元旧篇》中有《王魁负桂英》一题，并注曰："王魁名俊民，以状元及第。（戏文《王魁负桂英》）亦里俗妄作也。"《南词叙录》还著录有宋元无名氏《王俊民休书记》（《永乐大典》卷一三九七三亦有著录）；《录鬼簿》著录有元人尚仲贤的杂剧《王魁负桂英》（《永乐大典》卷二〇七五四亦有著录）。同一题材在戏曲舞台上以不同的表演形式如此频繁出现，在我国戏曲史上实属罕见。

值得注意的是，如同在文人笔记中就有替王魁辩诬鸣不平之作（如《齐东野语·王魁传》）一样，戏剧舞台上也并非都将王魁视作反面人物，据《南词叙录》，戏文有《桂英诬王魁》；据《录鬼簿续编》和《太和正音谱》，杂剧有明人杨文奎的《王魁不负心》。尽管这些剧本无存，已无从洞悉它的内容全貌，但其总的倾向是为王魁其人翻案，当属无疑。于是乎在戏剧舞台上，同样搬演王魁与桂英的故事却出现了两种截然不同思想倾向：一种是倾向桂英，同情她的遭际，赞赏她的复仇精神；一种则是倾向王魁，为他辩诬、翻案，把他对桂英忘恩负义推得一干二净，其结局或是归罪于桂英的"诬王魁"，或是王魁"不负心"而导致大团圆，不论哪一种结局，这后一种倾向较之前一种倾向，其意义就差之甚远了。

两种倾向本来是完全对立，形同水火的。那末，有没有可能将之调和在一起，那就是既保留桂英坚贞不渝、义不受辱的刚烈性格，又不损害王魁的正人君子的形象，最终使二人团圆，以平此婚变的悲剧呢？这本来是绝对不可能的，然而事实是它竟在舞台上诞生了。明人王玉峰编撰的传奇剧本《焚香记》就是这样一个怪胎。

《焚香记》的作者王玉峰，生平事迹不详。晚明剧坛格律派大师沈璟在他那部著名的巨制《重订南九宫词谱》中提到过《焚香记》一剧，那是在该书卷十八引了《王魁》剧的佚曲〔商调熙州三台〕之后，注云："归传奇，非今本《焚香记》。"既称"今本"，其完稿或演出当在《南九宫谱》成书之前。沈璟大略生于嘉靖末年，死于万历末年（1555？—1615？），是晚明时期剧坛上与汤显祖（1550—1617）齐名而观点又对立的人物。王玉峰也就是这一期间人了。晚明剧坛与那腐败的政权一样流向末路，完全陷入形式主义的泥沼，看那一篇篇曲品文字，津津乐道于用韵、协律、字面、唱法，于戏的结构、内容、宾白倒全不在意。一个剧本不管它的内容如何荒诞，结构又如何散漫，只要有一两出戏甚至一两支曲韵律谨严或辞藻华丽，就可以备受推崇，轰动一时。纵观王玉峰创作的《焚香记》，其思想、艺术上的成就也只能归入这股声势浩大的形式主义逆流之中，算不得大开大合的大手笔，它之所以没有随那么多的形式主义剧作流失，只是因为王魁故事名声太大了，而又没有别人染指这一题材的缘故吧。世传《新刻玉茗堂批评焚香记》，其中有佚名的《焚香记总评》，可谓对该剧的见诸文字的最早的批评，劈头评语就是："此传大略近于《荆钗》，而小景布置间仿《琵琶》《香囊》诸种。"又是近似，又是模仿，其独到之处也就很有限了。不仅于此，批评者对其关目的设置、情节的编造也毫不掩饰他的不满，写道："金垒换书，及登程，及招婿，及传报王魁凶信，颇类常套，而星相占祷之事亦多，——然此等波澜又氍毹卜不可少者。"虽有无可奈何的开脱，但毕竟不同于充斥于明清传奇批评文字中的那种不着边际的吹捧，毕竟道出了几句中肯的言语，已是难得。那末,《焚香记》可取之处又在哪里呢?《总评》指出:"作者精神命脉全在桂英冥诉几折,摹写得九死一生光景,宛转激烈,其填词皆尚真色,所以入人最深,遂令后世之听者泪、读者颦、无情者心动、有情者肠裂。何物情种,具此传神乎!"(以上引文,以及以下所引剧中曲白,俱见中华书局1989年版点校本《焚香记》)虽然倍加赞赏,却也只限于冥诉,即剧中《陈情》《明冤》两出而已。在此,我们之所以引述前人的批评文字,目的固然在于证明前面对该剧评价之不虚,其实也为的是后面评价的方便,即可避虚就实——对其"常套",一带而过;对其"命脉",细加品评。

虽说王魁与桂英的故事尽人皆知,而《焚香记》的剧情却大异于传说,所以不得不先叙剧情梗概。全剧共四十出,下面的述说也大致依其关目顺序。

> 济宁王魁,椿萱早丧,弱冠未结姻亲。赴礼闱不第,羞涩寓莱城。偶配桂英敫氏,新婚后,神庙深盟,试神京,鳌头独占;金垒起奸心。为夺婚不遂,将家书套写,致桂英自缢亡身。幸神明折证,再得还魂。王魁徐州破贼,闻家难,两下虚惊。种谔统兵,莱阳解寇,重

会续前盟。

这是第一出副末开场所陈述的全剧之"统略",于王魁桂英故事里凭空添了金垒和种谔这两个人物,前者挑拨离间,制造了遭遗弃的假案,以致桂英自缢身亡,是悲剧的罪魁祸首,有此一人,则将王魁负义的铁案翻了个彻底;后者与王魁文武搭档,驱贼治邪,是扫平婚姻坎坷的先锋主将,有此一人,王魁桂英的团圆变成了现实。这样就完成了一句定场诗中所推出的全剧的四个人物形象:"辞婚守义王俊民,捐生持节敫桂英。施奸取祸金日富,全恩救患种将军。"

首先出场的是王魁。他本济宁人士,出身名家,父母已故,尚无家室。只因科举不第,无颜回归故里,寄寓莱阳。有相士胡乱道,断其下科必中,且日后功名赫赫,贵不可言;眼下该有姻亲之喜,恰见一烟花女子有夫人之命,愿当作伐。王魁欣然从命(以上二出《相决》)。桂英敫姓,亦出身名家(为"门当户对"伏线,以免辱没了状元郎)。为葬父母而卖身,沦落为娼。娼家谢氏,终日相逼,桂英抵死不从(又为日后所嫁状元郎保持了贞节),只能"盈盈交泪掩双眸",镇日以泪洗面(三出《闺叹》）。王魁约胡相士造访谢家（四出《访姻》）。谢家主人谢惠德，其实就是妓院的老板，倒是个仁义之人，不愿强迫桂英接客，只求择一佳婿，自己亦终身有托，所以一见王魁一表人才，已自首肯。而谢妈妈，即鸨儿，见王魁出手阔绰，也便应允。问到桂英，回答是："若教桂英朝欢暮乐，送旧迎新，必不相从；若求户对门当，齐眉举案，这个只凭公公妈妈做主。"竟也一说即成，当即拜了天地（五出《允谐》）。豪富金垒迷恋桂英美貌，想通过使钱给谢妈，将桂英从王魁手中夺走（六出《设谋》）。又值大比之年，王魁与几位朋友相约，一起上京赶考（七出《赴试》）。

接连七出都是过场戏，众多人物，匆匆来去，似乎只在交代情节，全无戏可做，就以定情一场戏来说（即第五出《允谐》），在原传说中，桂英的见地、王魁的才情都有很鲜明的表现，这里却只剩下了一个要嫁一个要娶，不拍而合了。而且将王魁写成是挥金如土、一掷百金的阔佬，因而也就没有桂英的含辛茹苦，为王魁备办饮食衣物等有助于塑造桂英形象的情节，而王魁的应举，也只是床头金尽、为鸨儿所逐的嫖客行径了。急于交代情节而不注重刻写人物，便是开局之大病。

第八出以后始稍有可观。鸨儿厌贫求富，在收受了钱财之后，逼令桂英改节，撇了穷酸王魁，嫁给财主金垒。直到这时敫桂英才开始吐露对王魁的恋情："奴家若负了王俊民呵，教他哭穷途，何处归？"所以坚决抵制了鸨儿的无理要求，明确地回答："常言道，嫁鸡毕竟逐鸡飞。今日里若还苦逼分鸳侣，宁死在黄泉做怨鬼！"（八出《逼嫁》）这时，王魁告知桂英："目今黄榜招贤，我欲上京取应，一则成我终身事业，二来免受妈妈之气。"桂英却不以为然，说："官人说那里话。昨日又被妈妈逼打一场，要我改志从人，奴家以死自誓。如今官人在家，尚然如此；若不在家，教我怎生分理？却不堕他奸计？"设身处地，颇近情理。但王魁也另有一番人情世故，他说："娘子，你只知其一，不知其二。只为我如今贫贱，他敢欺凌你。纵使我常在家，只似这等模样，到底也捱他不过。倘此行侥幸中选，他那时焉敢欺负你？你之所见乃一时之情，我乃是远大之计。"在全剧中这也算是最为本色的宾白了。这时又有鸨儿乘机撺王魁离家赶考，桂英只得相从，但因担心命运有如"断梗飞蓬，虚舟飘瓦"，遂要求到海神祠焚香设誓，王魁则慨然应允（九出《离间》）。于是引出下一出的《盟誓》。

　　以上四出，桂英的刚烈性格方显出端倪，上引的王魁与桂英的一段对白，揣摩人情，最为本色，在全剧中也不多见。佚名在该出后的"总评"中曰："曲白色色欲真，妙手也！词坛有此，称化工矣。"虽有点言过其实，但总还有可称道之处。至于焚香设誓，虽系重要的关目、伏线，也不过起着与下文相呼应的作用罢了。"总评"说它："如此真咒，不可得矣。"既如此，已无艺术性可言。

随后就是谢家老小为王魁送行，其中着重表现桂英那依依惜别的情怀，特别是剪青丝以相赠一节，写得楚楚动人，乃成功之笔。试看〔五更转〕一曲。

> 我剪下发，肠俱断。（白：奴家闻得"身体发肤，受之父母"。）今日为君轻毁伤，千丝万丝搅得奴乱。（白：这头发与官人呵，）才结三年，一朝拆散。念乌云髻，白首情，与你分一半。（白：奴家有白头之时，若这发呵，）相看到老，到老颜不变。（白：看奴此发，似奴此心。但不知君心似奴家否？苦！常言道："知人知面不知心。"）怎能够剪却君心，试看果如君面？

以剪下的青丝寄希望于白头偕老，又以之比喻心之不变，这种表达爱情的方式也煞费妇女的心思，而道出这样贴切的寓意的, 在古代文学作品中却不多见(十二出《饯别》)。转眼已是深秋, 桂英赶制寒衣, 为的是要王魁"念奴着肉想, 贴体情", 却又担心别有新人, "道奴人旧衣新也不当新"。忐忑不安之情状, 如闻似见(十四出《立志》)。于是才有卜占命运之想, 先是自己算, 随后又让算命先生算, 于是把什么红颜薄命呵、起死回生呵、先离后合呵, 这类所谓的命运安排实则是全剧关目的安排先行预报出来。这样一来, 反倒把桂英那因心绪彷徨, 吉凶未卜而产生的求签问卜以求上苍保佑的心曲完全淡化了(十六出《卜筮》)。而王魁倒是一帆风顺。先是搭伴上路(十三出《登程》), 接着便是科场高中, 赶赴琼林宴了(十五出《看榜》)。偏巧又被韩琦丞相看中, 拟招为女婿, 指派官媒去说合(十七出《议亲》)。此时王魁已受命徐州金判, 正打算"一壁厢钦限难违, 疾当赴任; 一壁厢差人去取浑家, 以慰久别之思", 突然见官媒来议亲, 即严辞拒绝之(十八出《辞婚》)。不料, 韩丞相获知其已有妻而辞婚之后, 恬不为怪, 反"甚爱他才华德度"起来(十九出《羡德》), 进而为其上仟饯行(二十一出《荣饯》)。王魁于走马上任之前修书给桂英, 请其直抵徐州任上, 并托一熟悉路途的卖登科录人前往送信(二十出《托寄》)。自己则兴冲冲上任去了（二十三出《赴任》）。财主金垒从送信人手中骗过信来，改写成为王魁已入赘韩府，听凭桂英改嫁的休书，企图以此骗得桂英改嫁（二十二出《谗书》）。正自为王魁立节守志的桂英，见了休书，犹如五雷轰顶，当即昏死过去。一当醒来，决意到海神祠去投诉，"他欺人也索神不祐。王魁！你恶狠狠蛇心佛口，我便到黄泉，也须把你这歹魂儿勾，定与我倒断了前番咒！"（二十四出《构祸》）

这样一来，便把戏剧的冲突推向了高潮，而第二十六出《陈情》也无疑是全剧写得最为成功的一出。请听她在海神面前申诉自己遭遇的〔滚绣球〕一曲：

> 他困功名阻归，寄莱阳淹滞，（白：与奴家呵，）水萍逢遂谐匹配。从结发，几年间似水如鱼。我将心儿没尽藏的倾，意儿也满载的痴。谁想他暗藏着拖刀之计，一谜价口是心非。铁铮铮道生同欢笑死同悲，到如今富且易交，贵可易妻。（白：海神爷，）你道他薄幸何如！

声泪俱下，悲愤交加，真个是痴情女对薄情郎的痛快淋漓的控诉。随后的一支〔叨叨令〕也与此有异曲同工之妙：

这根由天知和地知，（白：他赴科场时，与奴家临别呵，）一同价在神前焚香誓。负盟的恰也在刀剑成粉齑。他惨模糊将心瞒昧，一旦的幸登选魁，就气昂昂忘了貂裘敝。别恋着红妆翠眉，笑吟吟满将糟糠弃。大王爷，他心儿兀的不狠杀人也么哥！大王爷，你赤紧的勾拿那厮，只索与咱两个明明白白的对。

在神灵前揭露薄情郎的违约背誓，是多么的义正词严；想见其喜纳新人、狠弃糟糠的张狂之态，又怎不咬牙切齿。几支曲子一气呵成，全系白描；模拟声口，绘声绘色；字字句句，直出胸臆；不堆砌辞藻，语言自美；不矫揉造作，神态愈真。这种本色派的表现手法，才更具沁人肺腑、催人泪下的艺术感染力。这一出戏成功地完成了桂英这一被污辱与被损害的痴心女子形象的塑造，是剧情发展的高潮，也体现出作者创作的才华。当然，这也只是相对而言，因为在成功地塑造桂英那刚烈形象时，正埋藏着最大的败笔，严重地影响着形象的感染力。

基于要为王魁做翻案文章，塑造"辞婚守义"的全新王魁形象的意图，剧中表现王魁对桂英也是一往情深，一当高中，首先想到的便是接取桂英"以慰久别之思"。

至于桂英接到休书，悲恸欲绝，那完全是中了金垒的掉包之计，怨不得王魁的。而桂英偏要怨、要恨、要求海神出面惩戒这无耻之徒。这强烈的悲愤感情竟发泄到一场误会上，随着剧情的进展已洞悉全过程的观众，从这悲剧中所受到的震撼不要大打折扣吗？而作者对桂英的感情做如此捉弄，不也过于残酷了吗？这就明显地露出了造作的痕迹。我们所说的成功之处尚且留下如此的破绽，至于后面的情节全是编织荒诞不经的故事，更无足观了。

先是海神托梦，告诉桂英：对于王魁的负心，因阴阳间隔，难以处分，"直待你阳寿终时，到我殿下，才与你明白折证"。为此，桂英只得用罗帕自绞而死。这时又有谢公来寻，发现心窝尚热，遂置之于神祠后殿待医。于是桂英阴魂再告到海神案前，海神即差鬼兵去摄取王魁魂灵（二十七出《明冤》）。王魁久不见桂英回信，正思再写信相催，桂英已领鬼兵来摄魂（二十八出《折证》）。当头对案，又有海神的秉公而断，真相自然大白。结果罚了金垒，着王、桂二人还阳（二十九出《辨非》）。桂英还魂，并告谢家公公妈妈，休书乃金垒伪造，一家人始恍然大悟（三十出《回生》）。

早在第十一出就凭空插入《藩篱》的一段戏，说贼将张元攻掠徐州，丞相韩琦特派种谔将军去镇守。第二十五出又插入种谔设宴为新上任的徐州金判王魁接风。到这时，贼将张元真个驱兵进犯徐州了（二十五出《驱敌》）。王魁还魂之后，明白了真相，忙修书派家人亲送给桂英。偏偏这时为抵御强敌，城门紧闭，信又因此耽搁。王魁与种谔，一个文韬一个武略，联合议定御敌之策（三十二出《传笺》）。种谔领兵杀得贼寇狼狈逃窜（三十三出《灭寇》）。徐州城外有一小卒，受了金垒的钱钞，编造了王魁死于乱军的谎言，报与桂英。桂英有感于"如今我得重生，你反归泉世"，"难道我偷生做了负义人，忍教你做无妻鬼"，决心以死报之。谢家人等百般劝导而后止（三十四出《虚报》）。贼将张元听说徐州一战出奇制胜的谋略出自王魁，遂率兵杀向莱阳，灭其家小以出气（三十五出《雪恨》）。得知这一情报，王魁说明原委，种谔乃决定亲自提兵赶去莱阳，并答应接取王魁家眷来徐（三十六出《军情》）。兵到贼退，种谔命王魁家人进城迎娶桂英（三十七出《收兵》）。桂英见了王魁手书，喜出望外，与谢公一家即刻起程（三十八出《往任》）。种谔军马先行，正好碰上四处流窜的金垒，拿下就打了一百军棍，金气绝身亡。而桂英一行则有二百亲兵护送，平安向徐州进发（三十九出《途中》）。最后则是《会合》，即大团圆，在喜庆中反复渲染的是"冥冥之中，鬼神难昧""恶有恶报，时辰未到"，在剧末的收场诗中还写着："贵贱穷通天自裁，莫施奸计巧安排。谁言善恶无昭报，祸福皆因积上来。"充斥了因果宿命的说教。反过来看，全剧大部分关目不也都是为图解这一说教而设置的吗？所以，一个个人物形象才显得那样的苍白，成为概念的化身；一支支曲牌只是概念的演绎，毫无性格特色，也就不足动人了。

《焚香记》希图将一个婚变的悲剧改变为大团圆式的喜剧，却因人物缺乏典型性，又片面强调误会、巧合和命运安排而失去了生活的依据，终成一部令人哭笑不得的闹剧。

四 王魁负桂英的故事至今上演不衰

在对待婚姻的问题上，王魁是失约负义之男，桂英是义不受辱之女，这已经成为群众的口碑，经过无数代人的口耳相传，定了案的，用文艺学概念说已经成为一个艺术典型，具有一定的社会意义、艺术价值，是不能随意更改的。传奇剧本《焚香记》试图改动，并没有成功，它之得以流传，并不因为它那荒唐关目的编排，倒是在它能保留和丰富足以反映桂英那义不受辱的刚烈性格的几出戏，如《陈情》《明冤》《折证》，至今在昆曲舞台上仍以《阳告》《阴告》《活捉》的折子戏名目演出。对于王魁《辞婚》这样的戏，却早已被忘得干干净净。

在花部声腔剧种中，据《焚香记》改编的剧目比比皆是，不过这种改编基本上是将传奇剧本翻的案又翻了回去，把王魁永远钉在忘恩负义的耻辱柱上，永世谴责唾骂。而之于桂英义不受辱的刚烈性格，则予以提炼升华。地方剧种中的《情探》是这样，《打神》《骂庙》《活捉》更是如此。那已经不是安于命运的摆布，更不是匍匐在神灵脚下乞求庇佑，而是指责其何以只接受焚香设誓，却对违背誓言的行径无动于衷，最后，完全将神灵视作泥塑木雕，打之骂之犹嫌不足。这里根本不存在对神灵的膜拜，又哪有一点宿命的影子。凡此说明，王魁和敫桂英的形象，在劳动人民心中恢复了其本来面目。痴心女备受同情，负心汉痛遭鞭笞，这才是生活的真谛。这也是我们从王魁桂英形象的演变中得到的启示。

（原载张燕瑾主编《中国历代爱情文学系列赏析辞典》，哈尔滨出版社，1991年）

道学家的黄粱梦
——《野叟曝言》

　　《野叟曝言》二十卷一百五十四回，清人夏敬渠撰。敬渠字二铭，一字懋修，生于康熙四十四年（1705），殁于乾隆五十二年（1787），江苏江阴人，光绪年间修的《江阴县志·文苑传》说他"英敏绩学，通经史，旁及诸子百家，礼兵乐刑、天文算数之学靡不淹贯"，足见是位饱学之士，且名噪一方。然终身未仕，据孙楷第先生《夏二铭与〈野叟曝言〉》一文考证，曾举博学鸿词科，不第；又被荐修《八旗通志》，不果；只得奔走名门，充当幕僚，亦得漫游南北，丰富阅历。《野叟曝言》一书即其晚年之作，平生才识学问、游踪见闻，尽俱编缀其中，唯怀才不遇一变而为心想事成、宏图大展耳。

　　是书成于乾隆年间，却未显于时。个中因由，据该书光绪壬午（1882）本西岷山樵序云，序者之五世祖曾拟将此书付梓，夏氏以"是书托于有明，穷极宦官、权相、妖僧道之祸，言多不祥，非所以鸣盛也"而拒之。对此，后世传说不少。一说夏氏欲向南巡的皇帝呈献此书，其妻以书中多秽语，遂于每册毁去四五纸，以至失其全——照此说，书还是献上去了；一说其女恐此书酿巨祸，径以白纸易之，匿原书于他处，其父见原书字迹已无，以为见忌于造物而遭羽化，郁郁作罢——是进献不成。凡此，不过是或为释其缺佚、或为释其晚出而编造出来的轶闻逸事，当然是靠不住的，但"非所以鸣盛""多秽语"，确也多少道出了该书不能显于时的大病。

书中展示的是一派乱世景象：皇帝昏庸无道，权相奸宦当政，淫僧妖道横行，幸有一位自谦为"吴江县生员文素臣"的道学先生，顶天立地，敢以"崇正辟邪""辟除佛老"为己任，砥柱中流。斯人虽系布衣，文韬武略无所不精，智能布兵，力可擒龙，抗衡权贵，横扫妖僧，制服蛮夷，荡平四海，搭救圣上出海岛，卫护新主于宫廷，不仅受到天下英杰的顶礼膜拜，东宫王储也以"素父"称之，炙手可热，位极人臣。更深得仕女之欢心，妻妾成群，子孙满堂。修身、齐家、治国、平天下，终成挽狂澜于既倒的一代伟人。全书结于一梦，梦中见儒家排座次的"传薪殿"上，其位竟居韩愈之右。总之，除去没有称上皇帝，大凡士人梦寐以求的功名利禄之事，都在斯人身上实现了。第一百零八回中，太子贴身太监覃吉即如是说："文爷乃古今第一儒者，程朱之外，不足道也。东宫贤达，文爷须扶助他为尧舜，三代以后贤君无一可学者。以文爷之本领，不止为一代兴治术，当为万世开太平。须把老佛之教除去，方不负天生文爷之意。一时之良相良将非吉之所望于文爷也！"拳拳诚心，殷殷厚望，把个文素臣捧上了救世主的宝座。鲁迅先生在《中国小说史略》论及此书的一篇中指出："崇程朱而斥陆（九渊）王（阳明），以'打僧骂道'为唯一盛业，故若文白言行际遇，非独作者一人之理想人物矣。"透过文素臣飞黄腾达的发迹史，读者看到的正是当时的理学家所醉心的理想。

清代学人大兴考据之风，其先行者如黄宗羲、王夫之、顾炎武辈之所以考订经史，实际是为了钻研儒家传统文化，激发民族意识，达到反满的目的。从儒学中焕发这种服务于现实政治的新精神，自然形成了与陆、王空谈心性之风的对立。但在清统治者收买和屠害双重政策的高压下，后来的学人大多沦为接受"招安"的顺民，干起了"翊圣"（辅佐君王）的帮闲生涯。政治上既已无能进取，只好转向：一方面皓首穷经，热衷于为考据而考据的雕虫小技；另一方面则像19世纪俄国大作家冈察洛夫笔下《奥伯罗莫夫》中的主人公整日躺在床上驰骋自己的想象那样，在"黄金屋""颜如玉"之中，构思着自己卫道发迹的蓝图。理学在他们的头脑中已完全失去了实践的价值。奔走于官宦之家、以讲经论史作为谋生手段的夏二铭，在《野叟曝言》中展现文素臣的行径，就是他谱写的一首绮丽的畅想曲。试听这一首畅想曲的主旋律，大致是由以下这三根弦索弹奏起来的：

一，炫学。鲁迅先生将《野叟曝言》列为"清之以小说见才学者"之首，而作者也确实是将平生得意之作尽量纳入书中，以炫耀其学，甚至将其专著如《纲目举正》《全史约论》《经史余论》《学古编文集》《唐诗臆解》中的一些考据文字整章整段地过录在小说里。第七十八回，文素臣力斥《三国志》帝魏不帝蜀之说，为陈寿辩诬，一口气胪列二十四事为证，这洋洋数千言，据孙楷第先生考证，与其现存文集《浣玉轩集》集二所载，竟一字不差。第一百五十一回，探问经书中有多少个"寿"字，不及文素臣回答，其孙文甲已脱口说出："《大学》《易经》《礼记》，一字俱无；《论语》《中庸》《孟子》，各只一字;《春秋》只两字;《书经》只五字;《诗经》只三十二字。"这种检索式的文字游戏,除去卖弄博闻强记,毫无意义。

二,卫道。文素臣作为理学家的理想人物,自然是以卫道者自居,启蒙开讲,答疑解惑,俨然一代宗师。但纵观其说,既迂腐又离奇。如第七十二回谈继父母之气,第七十三回谈阴阳遇合,第七十七回谈无夫生子,大多涉及人体生理、男女交媾之事,自称是"解人所不能解,言人所不能言"(见第一回),究其实,不过是把一知半解恣意铺染,变似是而非为信口雌黄罢了。请看第六十四回,家乡遭遇风灾,文素臣以奇门遁甲之术破之,其妾璇姑又以天人感应之理解之,说什么"人身一小天地。当未生以前是天,既生以后是人;未死以前是人,既死以后是天,天与人是一而二,二为一的,故人事舛于下则天象乖于上"。儒家固有"天人合一"之说,这里却把"天象"与"人事"完全混同起来,真是把程朱理学发挥到了极致。难怪回后总评认为这是他的发明:璇姑之论"直可载入集注。一洗前人注疏之陋"了。

三,伪道。书中主人公以程朱理学为宗,以辟除佛老为业,打僧骂道而外,术数、堪舆、神鬼之事,通通斥之为异端邪说，抨击可谓不遗余力。检诸文素臣一生所作所为，却又不难发现他对这些邪门异术无所不精，无所不用，用则无所不灵。且不说他能掐会算，料事如神，也不说他装神弄鬼，随意易容，只看第九十六回故事，文素臣为根除毒蟒之害，勘察山形，发现蟒之"龙脉"所在，遂责人挖断，再只身深入蟒穴，从而大获全胜。阴阳风水先生的伎俩，倒成了卫道者克敌制胜的法宝，何其滑稽？对此，在回后总评中又作了如下的辩解："挖断龙爪一论，似涉堪舆家言。然孟子曰：'天时不如地利。'《诗》云：'相其阴阳，观其流泉。'古人有行之者，特难为腐儒道耳。"谁敢非议，就是"腐儒"。"真儒"们的实用主义已到了恬不知耻的地步。此外，全书怪力乱神纷至沓来，叠换使用，什么神猿、神马、夜叉、骷髅、飞熊、妖狐、石女、荡妇，不一而足，且无不大显神通，屡使主人公转危为安，否极泰来。著者更喜谈风月、描春态、演淫戏，连篇累牍，不遗余力，下作不堪之甚。如果这也要标榜是"真儒"的作为，那只能是遭时人所讥的"伪道学"行止。

《野叟曝言》一书，以"奋武揆文、天下无双、正士镕经、铸史人间、第一奇书"二十字厘全书为二十卷，可见作者是多么自负。一百五十四回，一百四十余万言，在清代文人创作的小说中，也算是庞然巨制。自光绪八年（1882）申报馆铅印本问世以来，流传颇广。30年代，郁达夫与聂绀弩之间对此书之评价一褒一贬、仁智各见，有过一场笔墨官司；京剧大师周信芳还以《文素臣》为名，编演过连台本戏，都说明此书的影响。新中国成立以来，因全书充斥着陈腐的理学说教、露骨的风情描写，出版界曾不屑一顾，没有再重印过。八年前（1986年），人民文学出版社古典文学编辑室为给读者提供参考资料，约我点校此书，断断续续，今始完成，而这时，标点出版者已有五六家，竟成热门，实乃始料不及。

在我国古典文学宝库中，《野叟曝言》算不得经典之作。但从中可以了解道学先生其学其志、所思所想，即所谓其认识意义，应该说还是有的。此外，全书结构恢弘，想象奇特，上至弑君谋反、出将入相、权宦乱政的宫廷秘史，下到除暴安良、行侠仗义、赈灾济民的市井风情；内至母子、兄弟、妻妾、子孙之间的家庭温馨，外到漂洋过海、直达异域的"万国来朝"，不论是大场面，抑或小情趣，皆有可观，说明该书还是有一定欣赏价值的。不过，说教太多，读起来却要有非常的耐心，作者捻须得意之处，常是令读者昏昏欲睡、不堪卒读之时。看那吃不完的筵席、排不完的座次，繁文缛礼的交代；看那封不完的官职、生不完的子孙，六世同堂的夸诞，作者是多么希望程朱理学的传统发扬光大，道学先生的香烟不绝如缕呵！惜乎，在作者生前的康乾盛世，"真儒"们既已走进考据的牛角尖；作品问世之后，王朝已败落，卫道者的"翊圣"事业也成了七彩的肥皂泡，《野叟曝言》留下的，只能是道学先生的一场黄粱美梦。

以上仅是点校过程中的随笔，管窥之见，自多偏颇，谨就正于方家。

此次点校，以光绪八年（1882）申报馆铅字本（一百五十四卷）为底本，参校光绪七年昆陵汇珍楼木活字本（一百五十二卷）。申报馆本的长处是"全"，除删去行间小字注之外，凡汇珍楼本所缺，一一俱全，且多次刷印，每次均有校正，挖改误植，所以竟也有了重印本的差异，参差订之，始成此读本。至于其中秽笔，尽管作者以"心中无妓"矜持其正人君子的形象，尽管"每至荡魄销魂之际辄能克制"（孙楷第先生评语），仍难逃诲淫之咎，故做部分删节，借此说明之。

我的点校工作，多得弥松颐先生、刘国辉先生指点匡正，减少了许多差错，这是十分感念的。然于"昏昏"之时，鲁鱼亥豕，失误之处依复难免，还望读者批评指正。

（人民文学出版社，1997年，此文为该书之点校
后记）

娱心　劝善
——《忠烈侠义传》的再认识

　　《忠烈侠义传》在我国算得上是一部古老的白话武侠小说。小说分三部分，早出的《三侠五义》，初刻于清光绪五年（1879）；随后的《小五义》《续小五义》，刊行于光绪十六年（1890），距今均已过百年。这期间，经先贤的大力推荐并加揄扬，使其在不甚景气的晚清小说中脱颖而出，在文学史上占了一席之地。

　　俞樾（曲园）在1889年撰写的《三侠五义》序文中，肯定《三侠五义》"事迹新奇，笔意酣恣，描写既细入毫芒，点染又曲中筋节"，"如此笔墨，方许作平话小说；如此平话小说，方算得天地间另是一种笔墨"。

　　胡适在1925年的《三侠五义》序文中，将《三侠五义》与其据以改编的《龙图公案》加以比较，认为《三侠五义》使"神话变成了人话，志怪之书变成了写侠义之书了。

这样的改变真是'翻旧出新',可算是一种极大的进步"。

鲁迅在1930年出版的《中国小说史略·清之武侠小说及公案》一节中,更明确地肯定"《三侠五义》为市井细民写心,乃似较有《水浒》遗韵,然亦仅其外貌,而非精神"。

或"平话",或"人话",或"写心",都从不同角度、不同深度上揭示了《三侠五义》的价值及其生命力之所在。因此,不论时代的变迁,还是文化的发展,都不曾影响其流传。以至近二三十年来,虽新武侠小说风靡于世,波诡云谲,光怪陆离,惹人耳目,而关于三侠和五义的古老故事依然传播不息,维系着自己的听众、观众和读者群。

下面,仅就《忠烈侠义传》的成书过程、欣赏价值,试作探讨。

包公断案的故事,在元人编撰的《宋史》本传中便已经附以强烈的民间传说的色彩,诸如:"人以包拯笑比黄河清,童稚妇女亦知其名,呼曰'包待制'。京师为之语曰:'关节不到,有阎罗包老。'"一个在人们理想中居官刚正、不畏权势、不徇私情、为民做主,甚至能够日断阳、夜断阴的清官形象就这样诞生了。到了元代,在争奇斗艳的杂剧舞台上，包公断案故事更成了演绎的大宗。口耳相传的包公断案故事也在不断地编织之中，而且越编越多，越传越神，最终在明代刊印出来一部集大成式的小说《龙图公案》。

《龙图公案》又名《包公案》，存明刊本，不著编撰人。书中零零散散而又洋洋洒洒地记述了一系列包公断案的故事，既无一定章法，也无一定联系，惟篇目凑足一百之数。值得注意的是，其中一则名《玉面猫》，写的是"五鼠闹东京"的奇闻。所谓"五鼠"，原来是五个耗子精，它们变幻成人形，惑乱视听，使人真伪难辨，一时间，丞相、太后、皇上，连同包公都出现了"双包案"，朝野陷入一片混乱。最后是真包公奏明玉皇大帝，从西方雷音寺借来一只"玉面猫"，始将五鼠一网打尽。而我们在《三侠五义》里看到的"五鼠闹东京"故事，除了借用其名目，内容已全然不同。所谓"五鼠"，不过是五位义士的绰号；所谓的"玉面猫"也成了"御猫"，不过是皇上对艺高人的随口赞誉；而所谓的"五鼠闹东京"，也只是江湖上的义气之争，且在误会消除之后形成了三侠五义的结合，一起从事仗义行侠的壮举。于是，一个荒诞不经的妖魔鬼怪的神话传说，就这样被巧妙地改造成为入情入理而又有血有肉的绿林故事，从天上拉到了人间，具备了真实的属性。这番改造功夫，实乃点石成金、化腐朽为神奇之笔，难怪胡适是那样激赏，说它"在近百回的大文章里竟没有一点神话的踪迹，这真可算是完全的'人话化'，这也是很值得表彰的一点了"。

那么，这位值得表彰的改编者是谁呢？他就是活跃于清季咸丰、同治年间京城书场以弹唱西城调子弟书闻名的石玉昆。

石玉昆，生平事迹不详，只知他是天津人，大约生于嘉庆十五年（1810），卒于同治十年（1871）。据说这位说书艺人于演唱诗词赋赞之中多施"巧腔"，能够赢得"诸公一句一夸一字一赞，合心同悦众口同音"（转引自金梯云钞本《子弟书·叹石玉昆》），今日单弦曲牌《石韵书》相传就是石氏之遗韵。《叹石玉昆》还特别提到："编来宋代包公案，成就当时石玉昆。"可见当时的听众即已将成功地改编《包公案》视作他的最高成就。

石玉昆改编《包公案》的名声如此之大，以至有文良等人在其说书的现场做了笔录。该笔录只取白文，略去唱词部分，成为一部完整的白话小说，定名为《龙图耳录》，至今仍有钞本传世。20世纪80年代，上海古籍出版社出版的《龙图耳录》，就是采用同治六年钞本与谢蓝斋钞本详加比勘的本子。由此至少可以断定，《耳录》之完稿不会晚于同治六年（1867），此其一；其二，将光绪五年（1879）刊行的《三侠五义》与《龙图耳录》相较，其关目情节、语言风格基本相同，说明《龙图耳录》正是《三侠五义》的工作底本。

对此，还可以通过另外的线索得到印证。一，《三侠五义》卷首题署"石玉昆述"。既有"述"者，自应有"录"者，始能成书，这已隐约透露了所依据的是《龙图耳录》，只是隐去了录者之名。二，在谢蓝斋钞本《龙图耳录》的正文前有一引言，即上起"《龙图公案》一书，原有成稿，说部中演了三十余回，野史内续了六十多本（按：正合原《龙图公案》共计一百则之数）。虽则传奇志异，难免鬼怪妖邪。今将此书翻旧出新，不但删去异端邪说之事，另具一番慧妙，却又攒出惊天动地之文"，下到"莫若先君后臣，将仁宗的根由叙明，然后再叙包公，方不紊乱；就是后文草桥遇后，也觉省笔，听书也觉明白"的一段。如此讲述改编初衷、全书大义，乃至情节安排，颇不合平话体例，亦不类说书人口吻，更像是整理者——即"耳录"者的说明文字，故而才被别的《耳录》

钞本（即同治六年钞本）视作可有可无而不取。耐人寻味的是，这一引言经过改头换面、修改补充后，竟成了《三侠五义》问竹主人的序文。如此看来，这位"问竹主人"很可能就是"耳录"者文良等人的名号。虽然也可能是出版者的伪托，但绝不可能是石玉昆本人的夫子自道。理由很简单，石氏早于《三侠五义》出版前已经谢世，焉能再为该书写序？

至此，我们大致可以清楚了《三侠五义》整理出版的过程。

先是文良等人根据石玉昆的平话记录整理完成了《龙图耳录》，时在同治年间。之后是入迷道人于"辛未春（同治十年，1871），由友人问竹主人处得是书（即《龙图耳录》）"，"草录一部而珍藏之。乙亥（光绪元年，1875）司榷淮安，公余时重新校阅，另录成编，订为四函，年余始获告成。去冬（光绪四年，1878）有世好友人退思主人者，亦癖于斯，因携去。久假不归……竟已付于珍版矣"（引文俱见书前入迷道人序）。可见入迷道人也是《耳录》的校订整理人。

而退思主人于序中则云："戊寅（光绪四年，1878）冬，于友人入迷道人处得是书之写本，知为（疑脱'与'

字）友人问竹主人互相参合删定，汇而成卷。携归卒读，爱不释手，缘商两友……云尔。"知其不只为该书之出版者，且透露了该书之定稿是经过入迷道人与问竹主人二人互相参合删定的。

孙楷第在比较了《三侠五义》的刊本和《龙图耳录》的钞本之后，认为刊本"大抵袭用钞本，而或增其未备，或删其浮文，或更易字句，而短长互见，亦未易遽定其高低。而自活字本流布，钞本遂湮而不传，虽借印行之力，要其刮垢磨光编次厘定之功，亦有足尚者焉"（见《戏曲小说书录解题》），更充分肯定了《龙图耳录》在《三侠五义》成书过程中不可泯灭的贡献。

前文既及，"耳录"的过程就是对平话语言加工的过程，随后又经与入迷道人的互相参合删定，因之《三侠五义》叙事干净利落，文字明白晓畅，不仅保持了平话的艺术特色，也避免了一般平话常有的冗赘絮叨的毛病，具有颇高的文学欣赏价值。相较而言，其续书《小五义》则没有这样的幸运。诚如出版者文光楼主人（即名石振之者。以此而知"石玉昆字振之"之不确）所言，其友人从石玉昆门徒那里"将石玉昆原稿携来，共三百余回，计七八十本，三千多篇，分上中下三部，总名《忠烈侠义传》"。"余故不惜重资，购求到手。本拟全刻，奈资财不足，一时难于并成。因有前刻《三侠五义》，不便再为重刊，兹特将中部急付之剞劂，以公世之同好云"。这大致是准确的。惟因其"急"，也就不及做何加工，致其文字水平差之《三侠五义》远甚。除此以外，尚有可说者数端。

一，既然未对原稿进行加工，自然就保留了《小五义》的某些"初生态"。即如原稿系说唱本，本有大量的歌词赋赞点染其间，《三侠五义》中已悉数删去，《小五义》则多予保留。其中多的是英雄谱赞，如第一回赞白玉堂，第二十二回赞智化、欧阳春二侠，第一百一十四回赞云中鹤魏真；也有铺演紧张气氛的，如第六十一回遇虎，第七十四回动刑；也有抒发闲情逸兴的，如第二十三回对君山胜境，第五十四回对牧牛童子，皆"有赞为证"。凡此，反映出石玉昆表演的风格特色。不过，这份原稿又经其门徒的修订补充，也是可以肯定的，这也符合平话艺术师徒相授、口耳相传、不断润色、不断丰富的规律。试看第八十九回的开头语："光绪四年二月间，正在王府说《小五义》，有人专要听听孝顺歌。余下自可顺口开河，自纂一段，添在《小五义》内，另起口调，将柳真人（似指明末著名说书艺人柳敬亭）所传之孝敬（疑下脱'歌'字），焚香说起。"这段文字系在石玉昆身后，其门徒所为。连同第七十六回回首所引的"戒赌歌"，很可能都是当年石玉昆的保留节目，经常被听众要求点唱的，在这里被门徒继承了下来。

二，《小五义》中还有一部分极为陈腐的内容，即常于卷首进行将今比古、以古鉴今的说教。第八十五回便有这样一段话："这套书虽是小说，可是以忠烈侠义为主，所以将今比古，往往隔几回搜讨故典，作为榜样。"依其顺序，搜讨到的故典就有刘邦自称不如其臣、蔡京诱君侈靡、女娟救父、绿珠坠楼、无盐女、唐玄宗选县令、晏子之御者、义婢葵枝、母师守信、宿瘤女采桑遇闵王、节乳母护魏太子、魏征曲谏等十数则。这些故事不同于宋元话本的"得胜头回"，亦不同于一般平话的"入话"，或用作定场，或用作起兴，以引入正题，而是凭空插入对忠孝节义的图解，且半文不白，完全不类全书的风格、平话的语气。这种情况在前之《三侠五义》、后之《续小五义》中皆不曾出现过，何以为《小五义》所独有呢？知非子序言中写道："书既成，（我友文光楼主人）即告余曰：'此《小五义》一书，皆忠烈侠义之事，并附以节孝、戒淫、戒赌诸则，原为劝人，非专网利。'"庆森宝书氏的序言写得更明确:"稿中凡有忠义者,存之;淫邪者,汰之;间附己说,不尽原稿也。"前者"并附以节孝、戒淫、戒赌诸则",乃文光楼主人的自供;后者"间附己说,不尽原稿",乃时人之认定,这就完全坐实了文光楼主人(即"振之石君")始作俑者的真面目,其"搜讨故典"掺杂于各回目中的也都是自家的私货。《忠烈侠义传》本来不乏"忠烈侠义"的渲染,但大部还是从人物性格、故事情节中自然流露出来,尚具一定的感动人、激励人、光彩照人之处,而《小五义》的出版者竟如此大贴标签,进行赤裸裸的封建说教,这无疑是赘瘤,是对全书风格的扭曲。

三,关于《小五义》不与《三侠五义》衔接的问题。对此,《小五义》曾附署名风迷道人《〈小五义〉辨》一文加以说明。风迷道人,无考,从辨文语气判断,似即"与石玉昆门徒素相往来"的文光楼主人的"友人",他也应是文光楼主人不惜重金购求此书的中介人。这种特殊身份决定了他更迫切地为《小五义》的真伪价值辩护。他在辨文中是这样写的:"或问于余曰:《小五义》一书,宜紧接君山续刻,君独于颜按院查办荆襄起首,何哉?余曰:'似子之说,余讵不谓然?但前套《忠烈侠义传》与余所得石玉昆原稿,详略不同,人名稍异,知非出于一人之手.'"以下具体说明文字，毋宁赘引。他说"前套《忠烈侠义传》"即《三侠五义》与"石玉昆原稿"非出自一人之手，这一判断应是对的。不会有人怀疑"石玉昆原稿"的存在——说书人总有自己的底本。同样，也不会有人怀疑《三侠五义》有别于"石玉昆原稿"的相应部分——因为他所依据的是《龙图耳录》，而《龙图耳录》乃是石玉昆说书的现场笔录，其中既有说书人的临场发挥以及笔录人的加工整理，继之又经过多人的"参合删定"，最终完成的《三侠五义》势必与"石玉昆原稿"已多出入（诸如"详略不同，人名稍异"之属），从而造成了"非出自一人之手"的事实。应该说，这是完全可能的。如今却要将"非出自一人之手"的两部作品磨合到一起，意即让《三侠五义》与"石玉昆原稿"的中、后两部——《小五义》《续小五义》接榫，这又是完全不可能的了。既然如此，出版者索性不顾部分情节的重叠，把"始末根由"交代给读者，以保持自身故事的完整，也算是合情合理的决断。

《续小五义》于正文起首处有一引言，写道："因上部《小五义》未破铜网阵，看书之人纷纷议论，屡续到本铺购买下部者，不下数百人。……故此，本坊急续刊刻，以快人心。"出版者急功近利，使之来不及像《小五义》那样强行加入许多词曰、诗曰以及典故说教之类的赘物,这样一来反倒使得续书读起来更为细致传神,直白通畅。恰如鲁迅所评价的那样:"较之上部(指《三侠五义》),则中部(指《小五义》)荒率殊甚,入下(指《续小五义》)又稍细,因疑草创或出一个,润色则由众手,其伎俩有工拙,故正、续遂差异也。"其中,"草创或出一个"自然是指石玉昆,"润色则由众手"应指石氏门徒。

草创之后不断地润色加工,终而形成定本,完全符合说唱文学的发展轨迹。《忠烈侠义传》的问世,说明这一轨迹一直延续到近代。

孙楷第先生在论及李笠翁及其《十二楼》的文章中,曾提到文学史上这样一个有趣的现象,"明清两代的戏曲与小说文学,最发达;清朝中叶以后,戏曲小说最不发达。直到清末,因为一般人思想之转变,小说一类的书才稍稍抬起头来"。对于戏曲小说"最发达"与"最不发达"的原因,孙先生的解释是:明朝人"不喜考证",而清朝人"好读古书,好讲考据","学者默想到嘉道间朴学如何之盛,便知道戏曲小说在当时有不得不低微的理由了"。此说提示了认识问题的一个方面是毋庸置疑的,而且,照此逻辑,到了清末,"因为一般人思想之转变,小说一类的书才稍稍抬起头来"。这种"思想之转变"自然也和对待读书、考据的态度不无关系了。事实上，嘉、道以降，面对国家颓势之日显，内忧外侮之频仍，士大夫已很难鸵鸟般处世，继续在故纸堆里讨生活。以龚自珍、魏源为代表的思想先驱，跳脱"稽古穷经"的窠臼，倡导经世致用，即取经世之益，将"实用""救时"视为作文的准绳。一时间，议论政事得失，探讨治国方略，以求清廷纳谏，成为朝野上下的时尚。于道光六年（1826）成书、由魏源等编纂的多达一百二十卷的《皇朝经世文编》，就是从清初以来经世文章的集大成者。到了光绪中期，继《皇朝经世文编》之后，更有"新增""续编"乃至"二编""三编"的相继问世，一时之盛直开戊戌变法的先河。凡此，不都说明"思想之转变"吗？

思想的转变固然来自社会生活的变迁，反过来，思想的转变也促使生活志趣、审美观念发生了变化，这在对小说、戏曲的态度上也突出地表现出来。比如一向为人所重的昆曲的音律文采，已渐为人所轻，倒是逐渐演化出来的皮黄戏却成了公卿士大夫的新宠。此外，一向难登大雅之堂的说唱文学也引起了士大夫们的浓厚兴趣，成了达官贵人堂会上不可或缺的节目。当时的经学大师俞樾对《三侠五义》的揄扬提掖，其意义更非同小可。且看其《重编〈七侠五义传〉序》起首的一段文字：

> 往年潘郑庵尚书奉讳家居，与余吴下寓庐相距甚近，时相过从。偶与言及今人学问远不如昔，无论所作诗文，即院本传奇、平话小说，凡出于近时者，皆不如乾、嘉以前所出者远甚。尚书云："有《三侠五义》一书，虽近时所出，而颇可观。"余携归阅之，笑曰："此《龙图公案》耳，何足辱郑庵之一盼？"及阅至终篇，见其事迹新奇，笔意酣恣，描写既细入毫芒，点染又曲中筋节。正如柳麻子说《武松打店》，初到店内无人，蓦地一吼，店中空缸空盆皆瓮瓮有声。闲中着色，精神百倍。如此笔墨，方许作平话小说；如此平话小说，方算得天地间另是一种笔墨。乃叹郑庵尚书欣赏之不虚也。

这是一篇极为生动的夫子自道。一部《三侠五义》把他征服了，而且是心服口服，让他改变了传统偏见，变不屑一顾而为醉心其间，甚至比之如听明末著名说书艺人柳敬亭的表演，赞美之情可谓无以复加。

此说出自俞樾之口，意义非比寻常。俞樾乃经学大师，也是经世文的倡导者；既维持旧说，又推动新学，此双重身份更确立了其在学术、舆论导向方面的权威地位。因而，其欣赏趣味的转变、其对《三侠五义》的揄扬，也就具有了不同一般的分量。自俞的改订本——《七侠五义》问世后，这部以北方说话艺人口气写成的"其中方言俚字连篇累牍"的小说竟大盛于南方，不仅与《三侠五义》并行，且有取代之势。应该说，俞樾在《三侠五义》的传播并使之在文学史上占有一席地位方面，是功不可没的。

然而，对以下三事，他又犯了考据穿凿的老毛病，始证"狸猫换太子"故事殊涉不经，次计"三侠"之数名实不副，三疑"颜查散"乃"颜眘敏"之形近而讹。看来经学大师技痒难耐，把一部平话又错当成了儒家经典。

颜查散，即或颜眘敏，皆史无其人，所以名讳并不重要。书中交代："你道这小主人是谁？乃是姓颜名查散。"（《三侠五义》第三十二回）可见"查散"既不是字，也不是号，仅名而已。一般来说，字与号是从名的涵义上衍生出来的，而名就没有必要像谥号那样依其生前作为封以美名，甚至拉来古字以附会。更何况，书中的这位颜巡按，除了任人构陷，害得众侠客义士为他忙得团团转之外，几毫无作为，更无"睿"（"慎"的古字）、"敏"官声可言，倒显得俞老先生随意为之改名是过于执缪了。

三侠，指北侠、南侠和双侠。双侠者，一侠也。《三侠五义》第六十回，大爷丁兆兰说过这样的话："今晚马到成功，也叫他（指北侠欧阳春）知道知道我双侠的本领人物。"可见丁氏兄弟即或在单独行事时也是以"双侠"自命的。俞氏却以数出了四位而认为不确，非要再加上三位，成"七侠"之数。对此，当年黄摩西在《小说小话》中已进行了如下揶揄："常笑曲园赅博而不知有三王（禹、汤、文、武亦四人，三侠盖用其例），岂非怪事？"

至于以"狸猫"换太子的故事虽属无稽，但也应看到正史确实也有这样的记载：即宋仁宗乃李宸妃所生，而仁宗一直以章献太后为生母；直至章献太后崩，宸妃亦薨逝多年之后，仁宗始明真相，成为宋廷一个很大的疑团。照此看来，狸猫换太子之说也不算空穴来风。而俞氏在对换太子故事进行了一番考证之后，"奋笔便改"了第一回，自以为得意，却反使这一动人心魄的宫廷揭秘变成兴味索然的考据文章了。难怪胡适先生做了如下评说："其实《三侠五义》原本确有胜过曲园先生改本之处。就是曲园先生最不满意的第一回也远胜于改本。"

俞氏原来对《三侠五义》的笔墨文字是那样激赏："如此笔墨,方许作平话小说;如此平话小说,方算得天地间另是一种笔墨。"但就其不以为然的三事来看,恰恰说明它对平话小说笔墨认识的模糊。

郑樵在《通志·乐略》关于琴操的后记中有这样一段话:

> 又如稗官之流,其理只在唇舌间,而其事亦有记载。虞舜之父、杞梁之妻,于经传所言者不过数十言耳,彼则演成千万言。东方朔三山之求、诸葛亮九曲之势,于史籍无其事,彼则肆为出入。

所谓"稗官之流",即指说话艺人,对他们来说,史籍有其事,固然可以将三言两语敷演成篇;即或史籍无其事,亦可于唇舌之间编排出有声有色的故事来,这正是说话艺人的看家本事。即如南宋耐得翁《都城纪胜·瓦舍众伎》的评述:"最畏小说人。盖小说者能以一朝一代故事,顷刻间提破(提破,吴自牧《梦粱录》作'捏合')。"凡此,都是宋人当时对说话艺人所达到的艺术水平的盛情礼赞，也是对说话艺术特点应有的基本了解。鲁迅先生在肯定了"《三侠五义》及其续书，绘声状物甚有平话习气"之后，也是从上述特色评价其在文学史上的地位的，"侠义小说之在清，正接宋人话本正脉，固平民文学之历七百余年而再兴者也"。

进而言之，石玉昆创作的《三侠五义》不仅接续宋元话本的正脉，且在题材的开拓、语言的运用等方面还有新的发展，致使"侠义小说"成了小说的新门类，虽被史家讥为小说之"末流"，却能在小说史上堂堂正正居一席之地，其意义也是不可低估的。

包拯于北宋太宗朝曾任天章阁待制、龙图阁直学士，不过是从四品、从三品的官吏，但以其为人刚毅、风骨清介、不畏权贵而声震朝野，无告的百姓更视之为青天，于是形象越传越神，故事也越传越多。这在南宋已有小说传诵，如《醉翁谈录》即载有《三现身》。元代自会更多，惜少见载籍，仅有《清平山堂话本》和《平妖传》各载一种；倒是当时盛行的杂剧多搬演包公故事，计有十六种之多，成了热门题材。至明代，小说集《龙图公案》已荟集包公故事百种，但经前人考订，"此书论其事则假冒赝造，除八篇以外，其余无论在史实根据上或故事源流上说，都和包公无关系"（引自孙楷第《包公案与包公案故事》）。既然如此，那么，《三侠五义》在包公故事上删繁就简、去芜取精的功夫就尤属难能可贵了。《三侠五义》中的包公依旧保持了刚正不阿、嫉恶如仇的清官形象，也依旧拥有在断案的关键时刻借助诸如游仙枕、古今盆、照胆镜等超自然的法力，这种如有神助的安排，实际反映的是百姓为弥补清官执法能力的局限，借助超自然法力的崇拜，以实现其匡扶正义、平反冤狱的愿望。

凡此，皆说明《三侠五义》尚未脱离传统的包公断案故事的窠臼。在无告的草民看来，包公凭借超自然的法力终使善恶有报，虽然痛快淋漓，一扫胸中积郁，聊以慰藉心灵创伤，但这毕竟缺乏真实的属性。平话的作者也不满足于此，故而在只用了不及全书四分之一篇幅、交代了半人半神的包公断案故事之后，随即腾出手来，另辟蹊径，展开了有血有肉、有声有色的三侠五义的忠烈故事。这样一来，在清官和侠义之间，既保持了情节上的连贯性，又具有形象上的互补性。

三侠五义的故事并非包公断案的续编，而是早有伏线，且已杂糅其间。包公于入道之初——赶考途中即邂逅南侠展熊飞，并得其搭救，事在第三回。罢官定远县又遇落草为寇的王朝、马汉、张龙、赵虎，这就是日后身边得力的四勇士，事在第六回。待到展南侠屡次破案有功，被包公荐至金殿试艺，得到"御猫"的绰号时，包公断案故事已近尾声，引出的则是"五鼠闹东京"的大关目，事在第二十二回。至此，说话人有段插话："只因圣上金口说了'御猫'二字，南侠从此就得了这个绰号，人人称他为御猫。此号一传不大紧要，便惹起了多少英雄好汉，人人奇才，个个豪杰。也是大宋洪福齐天，若非这些异人出世，如何平定襄阳的大事。后文慢表。"这段话犹如"楔子"，将前后故事的连贯性和阶段性已表述得十分清楚。不仅如此，书中的包公也不断为侠义之士的作用及行事张目。第八十六回，仁宗见襄阳王已露反迹，决心及早剿除，包公有一密奏："若要发兵，彰明罗著，惟恐将他激起，反为不美。莫若派人暗暗查访，须剪了他的羽翼，然后一鼓擒之，方保无虞。"其中提出的暗访查、剪羽翼的策略，正是侠义之士的拿手好戏，可以像侦察兵、别动队那样，为大队人马的一鼓擒之拓清道路。有此密奏，诸如智破铜网阵、活捉襄阳王的行为也就成了天子所恩准的忠烈侠义之举。

于是，清官与侠义之士在书中形成了相辅相成的两种形象。清官因着侠义之士的辅佐使案情得以顺利侦破，从而维护了自己执法的公正；倘仅凭"官法如炉"的严峻，则常易招致主观妄断。侠义之士又因着有了清官的支持，使其济困扶危、剪恶除奸的绿林行径得以合法；而在过去，"侠以武犯禁"，侠义行为是为法不容的。可见，二者之间分开来各有局限，合起来则相得益彰。书中不乏这样的例证。自第七十二回起，写包公的门生倪继祖外任杭州太守，甫及上任即被横行乡里的恶霸马强所执，及被北侠救出，马强恶人先告状，倪太守反遭解任，并牵及北侠。此时马强依仗叔父在宫中当差，自是有恃无恐，而包公却须回避，难做关照。明摆着忠臣义士含冤，朝廷一时难断，这才惊动了一辈绿林好汉，引出了黑妖狐智化充河工进皇城偷盗九龙冠置入马强府中，再由小侠艾虎冒死出手，告发主人马强窝藏九龙冠的滔天罪行这一系列惊心动魄的关目（事在第七十九至八十四回）。鸡鸣狗盗的绿林手段尽管写得十分精彩，却也掩饰不住栽赃陷害的事实，惟因陷害的对象是作恶多端的马强叔侄，所以非但不会招致非议，反而可视为忠烈侠义的壮举，智化的胆大心细、足智多谋，艾虎的年少智高、英勇刚烈，又曾让多少听众赞叹不已。对于天理难容而清官又难断之案，经侠义之士出手，竟能办得如此出奇制胜，大快人心，是对清官形象的补充？抑或是对绿林形象的肯定？岂不颇值得玩味吗？《三侠五义》的续书《小五义》，在第一百一十回的回首，作者题有《西江月》一首：

> 世上般般皆盗，何必独怪绿林。盗名盗节盗金银，心比大盗更狠。　　为子偏思盗父，为臣偏要盗君。人前一派假斯文，不及绿林身份。

这虽是说书人的愤世嫉俗之论，但其肯定绿林行为的鲜明倾向，也恰好可以作为以上看法的佐证。清官也好，侠义也罢，究其实，体现的只是一种理想、一种愿望。鲁迅先生在《中国小说史略》中提出的"《三侠五义》为市井细民写心"的命题，盖亦指此。在市井细民即平头百姓看来，官府应具备公正廉明的品格和除暴安良的手段。公正廉明固然可以使其得到公正的待遇，手段的得力才能使这待遇落到实处。但因官府之铁面，加以手段之不力，百姓对其只能心存畏惧，故有清官难遇之叹。而侠义之士就亲切得多了，路见不平，拔刀相助，来得何等迅捷。官府对侠义的支持，不仅使官府如虎添翼，也拉近了其与市井细民的距离。

市井细民对清官和侠义之士的这样一种较为普遍的心态，这样一种十分可怜的愿望，却也曾受到责难。原因是：清官作为统治者的忠臣，侠义作为忠臣的爪牙，他们除暴安良，救人于急难，实际上维持了封建秩序，起着调和阶级矛盾、抹煞阶级斗争的作用，所以，他们只应在批判之列，而不能对之抱以幻想。不过，我们似乎也应该搞清这样一个道理，即国家作为统治阶级对被统治阶级专政的工具，其职能就是在缓和阶级矛盾，控制阶级矛盾不被激化——这也是马列主义国家学说的基本常识。清官，连同他豢养的侠义之士固然是封建正常秩序的维护者，但若这个社会的阶级矛盾尚未达到激化的程度，百姓对之抱以期望，愿意在正常秩序下继续生活，又有什么可责难的呢？毕竟，打碎国家机器是无产阶级革命的历史使命，我们怎能苛求于先民？

鲁迅先生的一段话颇具震撼力量："以意度之，则俗文学之兴，当由二端，一为娱心，一为劝善，而尤以劝善为大宗。"（《中国小说史略·宋之话本》）对这一客观而平实的见解本不该大惊小怪。但在相当长的一段时间里，俗文学的娱心作用被忽视，劝善的功能又遭怀疑，似乎市井细民绝无"娱心"的需要，而俗文学的"劝善"作用也只能麻痹斗志，所以对鲁迅先生的话今天很有重新领会的必要。在我看来，娱心是手段，劝善是目的，市井细民在享受艺术快感的同时，才能接受劝善的启示，这是俗文学（包括平话小说）创作的初衷和一贯的传统，也是我中华民族善良而达观的品格所决定的。

事实上，平话界始终以娱心和劝善为本，因为平话艺人深知，不以此招徕听众，也就失去了自身存在的价值。曾见《王少堂传》一书，这位著名的扬州评话艺人提到他的前辈对他的一段教导："我想，我们这一行的始祖当日所以要兴此道，其用意就是布醒世之道，作良言以醒世，道邪恶以扶正气，评忠奸以净官心，褒善贬恶以导民念，这就是吾道之宗旨，再苦再穷，死而无悔，只顾一心求道。"从中不难发现评书艺人"醒世"的责任感与文学史家"劝善"论断的一致性。如果再将这段话与宋人罗烨赞赏小说家艺术造诣的那段话"说国贼怀奸纵佞，遣愚夫等辈生嗔；说忠臣负屈衔冤，铁心肠也须下泪"（《醉翁谈录·小说开辟》）联系起来，足以表明，"娱心"与"劝善"犹如两个车轮，承载着平话小说滚滚向前。

王少堂所师从的前辈艺人大多以演说《水浒传》为

宗，王少堂更以说《武松》著称，有"活武松"之美誉，自属侠义一类。《忠烈侠义传》亦是如此。《忠烈侠义传》首先以《三侠五义》面世，刻印发行在光绪八年（1883），距今不过一百一十余年。说书界向有"墨刻""道活"之分。前者指说书人依据书局印售的本子再做铺演，因有刻本可循，其受听众欢迎的程度大打折扣，因此一般听众更喜欢听说书人根据私藏秘本的"道活"。可是云游客（即著名评书艺人连阔如）所著《江湖丛谈》却提到一个例外，那就是说《包公案》的著名评书艺人王杰魁。他列举从清末起就能在天桥"王八茶馆"（即"福海居"）叫座的说书艺人中已有王杰魁，并强调"王杰魁在该馆献艺有三十余年，可保能叫座儿"。《江湖丛谈》成书于20世纪30年代，当时的王杰魁即已负盛名三十载，即或在后来，不管是在水深火热的40年代，还是翻身做主的解放初，北京的市井细民于茶前饭后围坐在收音机旁，仍把收听他那苍劲的声波当成赏心乐事。一部《包公案》竟使这位评书艺人名扬半个多世纪。直至进入新时期的今日，在荧屏、在电台，也依然播放着从《忠烈侠义传》演绎出来的诸如"英杰小五义"之类的评书节目，使我们不能不惊叹其恒久的艺术魅力。由娱心与劝善驱动的欣赏情趣和道义力量，即或从接受美学的角度上，也是值得我们做深一步探讨的。

（原载《忠烈侠义传》，人民文学出版社，2001年，此文为该书之代序，《文史知识》亦曾转载）

触类旁通话《旁证》

孙楷第先生是我景仰的前辈学者。较之他的同辈，孙先生或许没有那么显赫的声名，这或许与他老来病魔缠身，少有写作，而又疏于交际有关；但是，凭着一部专著《中国通俗小说书目》，两部文集《沧州集》《沧州后集》，其在通俗小说研究及版本校勘领域的国学大师的地位，依旧是不可动摇的。特别于通俗小说一门，筚路蓝缕，锐意进取，其奠基之力，开创之功，以及所取得的成就，至今虽从之者众，成果亦丰，似尚无人能达到他的水平。他的《小说旁证》就足以说明这一点。

近日由人民文学出版社出版的《小说旁证》，实乃孙先生完成于1935年的旧著。这样说的根据是1935年出版的《国立北平图书馆馆刊》第九卷第一号上首次发表的《小说旁证》八则。在文前《自序》中言明其大旨："上起六朝，下逮清初杂书、小记、传奇、记异之编，凡所载事为通俗小说所本，或可以互证者皆录之。"就其恢宏的架构、整体的规模言之，均是完竣的语气，只是未见全帙。

"文革"之后，虽在《文献》《文学评论》《文学遗产》等刊物上又有零星发表，也不见全书的出版。这在学术界不能不算是个谜。

直到得见原稿，看过那一处处并非写自一时的夹注、按语，方始有所明悟。《拗相公饮恨半山堂》话本，引《效颦集·钟离叟妪传》作为故事之本源，兹后有按语："此文犀利，章法谨严。然刻露已甚，必元党家所作也。"文末注明写于"1972年6月17日"，"老病无聊，聊以自遣而已"。这就意味着，从1935年到1972年，近四十年都在经常地整理、修订着这部书稿。如果再算上20世纪80年代初，于垂暮之年，还对重新抄录过的原稿通读一遍，且做了若干处的修订补充，那么，可以毫不夸张地说，孙先生为此书是倾尽毕生心血的。之所以迟迟没有出手，自然不是什么待价而沽，而恰恰在字斟句酌、精雕细刻般的修修补补之间，每在版本上有所发现、字义上有所诠释、史料上有所征实，均一一纳入，数十年间乐此不疲。前辈学者的这种精益求精的水磨工夫、不成熟不肯轻易示人的执著精神，已足令而今浅尝辄止、浮躁有如我侪汗颜的了。

通俗小说乃相对古代文言小说而言，指的是兴起于宋元间的话本、拟话本一类的白话小说。因其内容更贴近社会底层，语言也更市井化，易读好懂，遂迅速成为文章之大宗。不过，囿于传统偏见，向被视为文章之末流，研究之小道，似乎难登大雅之堂。在孙先生之前，除胡适、鲁迅等大家外，尚少人染指，而以治此学为专工，则应是从孙先生始。至于孙先生何以从事起通俗小说研究的，我倒有幸听先生讲过一些趣事。孙先生1928年毕业于辅仁大学中文系，本热衷于朴学，据说读书时即已逐渐掌握了乾嘉学人治经考据的方法，师友之间也常做学术上的切磋。杨树达先生曾将手校的《刘子》一书的未竟稿让他继续整理，待完成后，杨先生喜其成果丰硕，不仅多次在讲课时征引，最后竟连同自己的校勘成果一并付之，这就是后来收入《沧州后集》的《刘子新论校释》。孙先生因学习成绩优异，又有志于校勘之学，即留校做钱玄同先生的助教。是一个偶然的机遇，改变了他学业的坐标。孙先生家境较为贫寒，亟欲谋新职以充家用。当其时，黎锦熙先生在北京图书馆组织"中国大辞典编纂处"，经钱玄同先生郑重推荐，孙先生遂在编纂处任编辑之职。

鉴于小说戏曲等俗文学语汇无人照应，孙先生受命专司其职，并从此开始了对通俗小说的研究。第一步自然是为这方面语汇的搜集而展开的对版本的广为涉猎和探求。傅增湘先生是对他有过知遇之恩的，又是京城著名藏书家，其丰富藏书自可任先生随意浏览；马隅卿先生致力建设的孔德学校图书馆，以典藏通俗文学资料见长，亦向先生开放；更不必说编纂处所依仗的北图书库了。有此优越的条件，先生得以博览群书，在当时尚少人问津的通俗小说领域进行开拓耕耘。

直到晚年，孙先生对这段生活仍留有美好的记忆。每天晚饭后，携带着需要精选细读的书籍，漫步走回下榻之处。当时"中国大辞典编纂处"的办公地点就在中南海运米门内西四所。五六十间大房只他一人居住。白天，除了整理大内档案的工作人员，人迹罕至；晚上，一派死寂，更是荒凉，在高高的宫墙下，黑黝黝、静悄悄，蹚行在没膝的荒草中，不时可以踢到个刺猬，只能隐约看到从厢房里发出的朦朦胧胧的灯光。听差已经为主人沏好了一壶茶水，放在暖笼里，见主人回来，道一声"您早点歇着"就离去了。孙先生边喝茶边看书，继而躺在床上吸着雪茄再读，直至更深夜半。日复一日，从不间断。

孙先生说，他的工作习惯是，凡所需资料，即夹上浮签，注明章节段落，次日交付抄写员过录，然后自己复阅、断句、归类备用。凡有参照、校勘、注释、案语，就在此过录本上不断丰富着。至今，能够看到的《小说旁证》的原稿，还都是当年抄写员的工整小楷，即在我看到的当时，也已经是五十年前的旧物了。

经过数年整理爬梳，遍览京城通俗小说藏书，已嫌不足；为了开阔眼界，更广泛地了解和掌握这方面的版本情况，遂有赴日访书之议。由编纂处出资，傅增湘等师友解囊相助，孙先生乃于1933年成行。在东京的日子，因语言不通，少有人际往还，正好集中精力访书。出入各图书馆之间，面包就着开水充饥，一待就是一天，边翻阅边抄录，锲而不舍，恣意游刃其中。辛勤劳作的成果就是那部《日本东京所见小说书目》，以及随后的《大连图书馆所见小说书目》。

其实，早在赴日前，孙先生在通俗小说研究方面即已崭露头角，毕业后的第一篇论文就是《包公案故事考》，随后的《三言二拍源流考》更是他的成名之作（据说抵达东京时有两位日本青年学者来接，寒暄之后便是对《源

触类旁通话《旁证》　　309

流》一文的盛赞），从此也确立了孙先生以故事考源为主的研究方向。他从目录学入手，编辑书目，比较异同，进而探讨源流。孙先生以这种乾嘉学派校勘经史的方法进行通俗小说资料的整理，可谓是厚积薄发，举重若轻，因而才有《小说旁证》的旋即问世。

如今我们看到的《小说旁证》全书，依"旧话本""古今小说（即《喻世明言》）""警世通言""醒世恒言""初刻拍案惊奇""二刻拍案惊奇""其他话本"的顺序，已厘为七卷，考证求源的话本达一百六十三种之多。"征其故实，考其原委，以见文章变化损益之所在"（见自序），此固为全书之大旨。不过，话本之所本，大率在传奇、野史、笔记之类的杂书，涉及面既宽，版本亦精芜俱陈，竟有不堪卒读者。倘为故事考源，发现一端，照录征引，已然足够。孙著似不以此为满足，对征引之文，不仅要进行版本的校勘，而且对其中的漫漶错讹、同音假借乃至史实舛谬者，皆一一指出，或补充以史料，或参照以别书，加以订正，直至成一完整可靠的读本。卷二《古今小说·汪信之一死救全家》，引岳珂《桯史》卷六"汪革谣谶"条作为出处。文末案语曰："《桯史》此篇，文起简古，且有假借字，余再三斟酌校定之，始可读。"囿于成见，人们轻视通俗小说，认为好认易读，所以在处理上常失于粗率，反而容易出毛病。孙先生以治经史的方法治通俗小说，认真推敲，一丝不苟，终使通俗变为通达，颇有运斤成风、牛刀小试的气概。

孙著不只注重版本的校勘，其于通俗小说中经常碰到的一些特殊语汇也多有诠释。即如"汪信之"一篇，在"骒"字下即有这样的夹注："《尔雅·释畜·马属》：牝曰骒。郭注：草马名。郝氏疏：今东齐人以牡马为儿马，牝为骒马。唯牝驴呼草驴。余按：天津以南人呼牝马为骒马，与东齐人同。"这样就把"骒"确切解释为牝马。次又考"校"即"枷"。校，枷械刑具的统称，从这意义上说，"校"即"枷"不算什么字义的新阐释，但因引证丰富，比并清晰，使人读来一目了然。始引明人赵弼《效颦集·钟离叟妪传》所叙故事：王安石罢相归金陵，云子王雱死后，公"尝见雱荷巨校为重囚"。继引《警世通言·拗相公饮恨半山堂》故事，云"荆公（以王安石封荆国公而得名）恍恍忽忽，见雱荷巨枷约重百斤"。后又引《河南邵氏闻见录》，言"荆公在钟山尝恍惚见雱荷铁枷杻械如重囚者"。既然是同一故事，"荷巨校""荷巨枷""荷铁枷"三词语中的"校"与"枷"通义，就显而易见了。再如卷六

《二刻拍案惊奇》中《王渔翁舍镜崇三宝白水僧盗物丧双生》故事，引《夷坚志补》"丰乐楼"条作为本证，文中提到："临安市民沈一，酒拍户也。"于"酒拍户"下加注："《都城纪胜·酒肆》篇：'除官库、子库、脚店之外，余皆谓之拍户。'"原来酒拍户就是小酒店。这类在通俗小说里常见的特殊语汇，并非方言俗语，也不见字书，作者以其广博的见识，信手注来，为读者答疑解惑，也是功德无量的事。此外，如卷三《警世通言》"俞伯牙摔琴谢知音"，作者引《吕氏春秋》高诱注："伯，姓；牙，名，或作雅。"以证"伯牙"前面加"俞"姓，叠床架屋，乃小说家言，是不足为训的。再如卷二《古今小说》"陈御史巧勘金钗钿"，其入话部分证之以元人杨瑀《山居新话》，正文部分则证之以明人黄瑜《双槐岁钞》，甚至参考正史以证陈御史其人其事。凡此，皆说明其引证材料之丰富，连金石、方志也多涉及；证人、证事、证年代、证地域，更不一而足，不胜枚举。

我曾天真地想过，该书既是为话本考源，何以不名之"本证""本事考"之类，而偏偏以"旁证"冠之呢？记得曾以此疑惑请教过孙先生："书名'旁证'，是您的自谦吧？"先生莞尔不答。至今我深悔自己的唐突。若是自谦，"旁"与"本"相对，乃取左道旁门、旁生枝节之义，固有一定道理。但观其丰赡的内涵，多方的考索，手到之处皆是学问，其"旁"的正义，不正是名副其实的触类旁通吗？旁通其他，较之单纯的正本求源，其信息量、含金量，又大之多多矣。前人有"工夫在诗外"之说，意思大约是诗的灵感、意境无法刻意求之，需要的是多方充实、感悟，才有诗兴的激发，为诗而诗，实不可取。《小说旁证》一书，虽重在故事考源，但笔下生辉，于不经意间给我们远比考源要多的知识。这种工夫，确实不是一般专事故事考源之作可望其项背的。

在孙先生这位大儒的专著面前，我哪敢说三道四，拉杂写来，不过是自己读后的点滴体会，还不敢说搔到痒处未。如果我记忆不错的话，孙先生当是本世纪的同龄人，此文权当对这位冥寿百岁的前辈学者的纪念吧。

（孙楷第《小说旁证》，人民文学出版社，2000年，此文作为对该书的评介附于正文之后）

"中国小说研究史上的哥伦布"
——孙楷第先生其人其事

　　1972年，我从中国剧协调到中华书局，仍从事编辑工作。当其时，外界还在"批林批孔"，这里却聚集了从全国各地"牛棚"中抢救出来的史学界的耆宿，心无旁骛地校点起"二十四史"。随后文学方面的编辑工作也逐步恢复，阅读稿件、联系作者，我也开始熟悉起新的工作。在这书香四溢的世外净土，"谈笑有鸿儒，往来无白丁"的环境中，使我既得到学习锻炼，也得以先后结识如朱东润、王季思、顾学颉等学者名家，孙楷第先生就是其中之一。

　　第一次拜望孙先生是受命于时任文学编辑室负责人的程毅中先生，他让我去问问孙先生正研究些什么，有什么书稿可供出版。那是在1979年前后，中华书局与商务印书馆刚刚分开办公，而中华书局先期工作之一就是结清"文革"前已出书却不及支付的作者稿酬。孙先生

《沧州集》稿酬四千余元，就是几天前先生之公子泰来兄取走的。听说孙先生对中华书局此举十分感念。程先生顺便告诉我：《沧州集》原收文六十篇，囿于当时的形势，删去了其中的十五篇，现在可以考虑作为续集出版。说来有趣，在骑车去永安南里10号楼孙宅的路上，我竟算起了这样一笔小九九：《沧州集》分上下册，定价2元8角，印数是2750册，全部售出的话，总码洋也不过是7700元，刨去新华书店收取的百分之三十的经销费2310元，书局实得5390元；《沧州集》共41万5千字，按稿酬的最高标准千字10元计，应付4150元。这样算下来，书局全部所剩不过1240元，只及作者稿酬的四分之一。中华书局尊重知识、尊重专家的一贯作风，由此可见一斑。我边算边想，这种尊重也该是我们作为书局工作人员对专家所持的态度吧。

我见到的孙先生已是年近八旬的耄耋老人，一身中式黑色对襟裤褂儿，拖着一双千层底皂鞋，裤角还绑着腿带儿，瘦削的方脸庞见棱见角，但精神矍铄，别是一番"仙风道骨"。他操着河北口音（后来见过他的一枚闲章，刻着"小旋风故里人也"，知是沧州乡音），谈话中不时捻动下巴上稀疏的几根短须，颇显亲切而自得。因有稿费事在先，所以对中华书局来人十分客气。当时先生正为去干校前把藏书当废纸卖给中国书店再讨不回来而懊恼不迭："手使的书，我藏有十之八九，大致够用了，现在都没了，还怎么工作呢！"切肤之痛溢于言表。当我问及还有什么存稿时，他立即检出那十五篇原稿，并一一陈述其价值。我无以对，唯诺诺称是，将原稿取回。

回来向程先生汇报，程先生说：孙先生的文章大部分是新中国成立前发表的，所评介的一些小说如《野叟曝言》《十二楼》《醒世姻缘》《警富新书》（即坊间印本《九命奇冤》），新中国成立后均在禁书之列；其他文章也多考据文字，在批判胡适运动之后已为世人所不容，删去若干篇在所难免。可是孙先生长时间游身世外，对此很有意见，也是可以理解的吧。

我遂将孙先生文章一一细读，在欣赏其考据精到的同时，也更体会到编辑者于取舍之间的苦衷。且以《唐章怀太子贤所生母稽疑》一文为例，看孙先生是如何发现问题、解决问题的。

章怀太子如今已是为人所熟悉的唐代前期的著名人物，不只是因为他曾令张大安注《后汉书》留传后世，1972年于其墓中发掘出的壁画，更具有很高的文化史料价值。

然对于其卒年，史书却说法不一，《旧唐书》载"文明元年自杀，年三十二"，《新唐书》载"文明元年自杀，年三十四"。这就很奇怪。武后共生四子，依序为弘、贤、显（中宗）、旦（睿宗），倘依前书，李贤与其兄弘生于同年；倘依后书，则弟长于兄，俱与理不合。当初，太子弘因数忤武后旨而遭鸩杀，遂按序立贤为太子，事在上元二年（673）。不七载，永龙元年（680），这位太子即被废为庶人，次年徙巴州，待武后临朝，更派员抄检其宅，逼其自杀。

如果说太子弘遭鸩杀尚因数忤后旨而获罪，太子贤并无罪名，何以如此赶尽杀绝、必置之死地而后快呢？《资治通鉴》和两《唐书》透露的个中信息是："太子贤闻宫中窃议，以贤为天后姊韩国夫人所生，内自疑惧。""宫中窃议"已传到当事人耳中，可见已是人所共知的事了，所以，巫士明崇俨才敢在武后跟前恶意挑拨，说什么太子贤"不堪承嗣"，倒是显"类太宗"、旦"相最贵"。孙先生的文章因此断言："（明）崇俨必知太子非武后出，揣摩后旨而为此言。则贤为后姊韩国夫人所生，殆事实也。"《通鉴》继言：武士彟有三女，长女适越王府法曹贺兰越石，号韩国夫人，次女即武后。"韩国夫人及其女以后故出入禁中，皆得幸于上。"而韩国生子，高宗讳之，于是佯称武后之子。时武后未得势，仅为昭仪，正图为后，为讨高宗欢心，故而纵之，也在情理之中；一旦得势，旋即除之，故徐敬业讨武后檄文中列"杀姊"之罪。孙文引《旧唐书·高宗纪》：永徽五年（654），高宗发京师谒昭陵，在路生皇子贤。至文明元年（684）被逼自杀，恰三十一岁。连该书贤本传都误写成"年三十二"，更不用说《新唐书》本传中的"年三十四"了。从史书所记年龄之误，引出贤非武后所生的凿凿公案，至此告成。

设想如果这一命题在政坛又掀阶级斗争巨浪的上个世纪六十年代的文坛或史学界重新发表，说章怀太子非武后所生，而是高宗与其大姨子——武后姐姐的私生子，旧文岂不变成了无聊的繁琐考据的新证据，又要授人以讥柄，搅得"周天寒彻"了？

抛开闲话，这篇考据精到的旧文于数十年后竟得到了证实。1972年，在陕西乾陵挖掘章怀太子墓，出土了两块墓志铭，当时史树青先生给孙先生提供了墓志铭文，其一作"薨于巴州之别馆，年三十有一"，另一作"终于巴州之公馆，春秋三十有一"，皆坐实了李贤卒年三十一岁的考据成果。对此，孙先生1982年8月30日于此文"附记"中不无欣慰地写道："两《墓志铭序》皆云文明元年贤终，年三十一。与余1947年所论贤文明元年卒年三十一之言合。"科学而缜密的考据终究是能禁得住历史推敲的。

　　纵观十五篇余文也不过十数万字，作为《沧州集》后续部分单独出书，稍嫌单薄。这时孙先生又拿出两篇手稿，其中有写于1944年的《清内府书与北京西什库北堂图书馆所藏汉籍》，还有一篇《包公案与包公案故事》。这后一篇很可能是先生的处女作。听先生介绍，早在师大读书时，《世界日报·国学副刊》便向他组稿，既曾写过关于《包公案》的小文，这篇长达数万字的长文可能就是在此基础上扩展而成的。孙先生还将拟增选文章事向刘修业先生征求意见。修业先生是王重民先生的夫人，重民先生则是孙先生北师大低一年的同学，二人学术契合，相交至深，彼此情况也都熟悉。修业先生回信说：她记得发表在《国立北平图书馆馆刊》上的文章，好像还有没收进的。于是我就到中华书局斜对门的社科院图书馆等处去查找，不仅找到了《刘子新论校释》《王先慎韩非子集解补正》，还从《中法汉学研究所图书馆馆刊》发现了《重话旧山楼》《评联绵字典》等文。记得当我把《评联绵字典》的复印件拿给先生看时，还引出他的一番感叹，说这虽然是1944年的文章，但得罪了符定一，那可是毛主席的老师呀，所以一直没敢提它。老先生有时流露的想法，真让人觉得有点莫名其妙。此外，他还提到《与胡适之论〈醒世姻缘〉书》，说这原是写给胡适的一封信，既未见回音，也没有发表，却在后来上海亚东书局出版该书时置于卷首。亚东书局（当时称亚东图书馆）出版了一套先后有十四种古典白话小说的新式标点和分段本，这在二三十年代是出版界的首创，每种小说前均请专家为序，胡适的第一篇红学文章《红楼梦考证》，就是这一套小说中《红楼梦》的卷首文字；孙先生的文章当然也由自胡适的推荐。另一篇论《今古奇观》，则是专门请他写的序文。孙先生还提到一篇《汉魏晋南北朝诗选序例》，说内容也挺有意思，但不记得发表在何处了。为找这篇文章，可真叫我犯了难，只先生一句"光复后写的"，便在1946年版的刊物中寻觅，数度到皇城根北图报刊部翻检，终于在《新思潮》期刊中查获，原来是北京红蓝出版社的出版物。孙先生见了也是喜出望外，向我连道"辛苦"。至此，又得文章十二篇，加上十五篇余文总共三十多万字，已超过《沧州集》字数之半矣，并定名《沧州后集》。对此，孙先生一再表示感谢，在给我的信中竟说："我的书是在废墟中搭建起来的。"待收到稿酬后，先生特意写信约我去，当着师母的面把厚厚的一个信封交到我手中，我预感到将要发生的事情，大骇，并婉言拒之。这时先生面有难色，竟说了一句："长者赐……"似乎是嗔怪我有失礼数了。当时情景，至今犹让我感动不已。

孙先生对我一直心存感激，这使我很是惭愧不安。记得1986年我编发先生的手稿《写在〈沧州后集〉出版之后》在《书品》第二期上。先生文中还特别提到："此次编《沧州后集》，文章搜集工作，由黄克同志完全负责。他不辞辛苦，在不甚长的时期内完成任务，为《后集》编订工作立下基础。"并于文末注明："一九八五年十二月二十日孙楷第，时年八十有七"。意想不到的是，这竟是先生的绝笔。是年（1986年）6月22日，惊悉先生病危住院，我当即骑车赶往协和医院住院部。先生似乎尚未被安排进病房，病床停在楼上的过厅。时在午后，光线很足，也挺安静，先生仰卧在床，一脸的嶙峋瘦骨，显得尤为鲜明，只有一位保姆在旁照料。先生此时已不能言，但神智清醒，两眼有神；见我来了，隔着被单，竟做抱拳作揖之状；我大恸，上前握住他那干枯的手，亦无言对之。不想，翌日凌晨，先生即撒手西归。这一弥留之际的拱手，这一特殊形式的诀别，使我久久难以释怀。

其实，为学者编集而搜集资料，本是程先生分派给我的任务，也是责任编辑分内之事，本不足为道。何况对于我这后学晚辈来说，也从中长见识、增学问；更何况，于交往中，跟孙先生已结下无所不谈的忘年之交，使我获益匪浅呢！

说来也是缘分，孙先生原来是我的研究生导师许政扬先生在燕大读研时的导师。照此论起来，我该是他的徒孙辈了。问起许先生，孙先生说，那是个白白净净的书生，苏州人，用功甚勤；我问他结婚没有，他说没有。一旁的温先生插话：可过不多久，就把他的太太带来了，还说是他表妹，真有意思。说话间，充满对自己学生的怜爱。而我，面对这位大学者，则于敬重之外，又多了些亲切之情。

不谈先生的专著，只从其论文中看其治学范围之所及，除了宋元明清小说戏曲为其所专攻，从战国到隋唐，或文或史，都有涉猎；凡有染指，又都有新的发挥，且文笔清健、论辩谨严，即或考据文章，下笔也毫不枯燥乏味，反是兴致盎然，令人叹为观止。尝闻清人论学讲究的是"义理、考据、词章"（译成白话就是理论、资料、文采）。孙先生可谓三者得兼，不愧为当代之大儒。我越是崇拜，越想探其究竟，他是如何达到这一高不可攀的境界的？当时，正同杨牧之同志一起编辑《文史知识》月刊，其中辟有"治学之道"专栏，我也很想听到他的治学经历以从中受益，于是斗胆向老人家提出了要求。先生沉思片刻，说那就找时间谈谈吧。对此，我是很有信心的，因为先生记忆力特好，头脑清楚，常以"所学还能记得十之七八"自诩。我料想一件大工程终归可以进行了。

大约就在《沧州后集》编成发稿之后，1981年年初的一天，我带着当时时兴的"一块砖"样的录放机，又请《文史知识》编辑部同事余喆同志帮忙，接好电源，揿下录音键，轧轧的磁带转动声响彻那静谧的书房，我们的录制工作就开始了。

且听先生坐在藤椅上娓娓道来：

戊戌变法那年（光绪二十四年，公元1898年）农历腊月初一，我生在距离沧州县城东南七十里王寺镇上的一个念书人家。村里都是一般农户，只有几个举人，没有中进士、做大官的。祖父虽没有进过学，念书还不错。家境贫寒，请不起先生，我父亲就到我外祖父家里去进学，那里比较宽绰，也不用花钱。后来他在本县简易师范教书，不管饭，一年挣个百十块钱，我上学就是父亲供给的。

我小时候大概很聪明，五岁起开始跟着祖父上学，能够一个月背会一本《诗经》，又一个月背会一本《书经》。后来跟着父亲在师范上学，每天晚上祖父还给我讲《左传》，讲多少，我能背会多少。这样，在正式上学以前，"五经"我差不多都念了。

戊戌变法后，沧州城里开办了新式学堂，名之为"高等学校"，其实只相当于现在的高小。宣统二年（1910），我十三岁，上了这个新式学堂。一天，直隶提学使傅增湘（"五四"运动时任教育总长）来校察学，赶上我们的国文课，他见我作文，不起草，写得还挺快，就注意了。回到他下榻的警察局，下个条子：传高校学生孙楷第。校长就带着我去了。见面我给他作了个揖，恭恭敬敬地听他的"训词"，他说："看你做国文，挺不错；要好好念书，不要学报纸上写的那些空论。"又说了些勉励我继续深造的话，让我留下几篇作文，校长便带我回来了。这位提学使仔细看了我做的文章，还写了批语，记得有一句是"气势畅旺"。

中学毕业后，生了一场病。那时，用功不得法，累着了，犯头痛，只好在家休养。

　　离我们王寺镇十二里的孙清屯有个小学堂请我父亲去教书，知道我还没上学，也把我带去了。这个村是国民党著名元老张继的老家，他的父亲张化臣还住在村里，跟傅增湘是保定莲池书院的同学。他常提起："老傅（指傅增湘）常跟我提起，说你们沧州有个小孩可是聪明极了，问我知道不知道。我常年不出门，沧州地方大啦，一个小孩儿我怎么知道？"正在这时，我去了。有人就指着我说：就是他。他说：我要见见。我就做了篇文给他。他看了很满意。过了几年，我的病好了，要到北平去上大学，就去找他。他说：我给你写个信，到北平就去找老傅吧。我就拿了信到北平找到了傅增湘。傅先生赋闲在家，正闷得慌，见了我，很高兴。我后来很得他的帮助。

　　就在民国十一年（1922），已经二十四岁了，我进了北平师范大学国文系。过去大学是四年，我念的时候改成了六年。当时大学是自费，家里供给不起，都靠朋友帮助。有个老乡在北平开古玩店，答应一年借我五十块钱。好在开销不大，也就凑合了。后来，傅先生让我给他的三儿子补习功课，每月给我三十块钱的酬金。我又去故宫编制图书卡片，每月能挣三十块钱，日子才好过一些。六年大学，就在半工半读中度过的。

师大国文系主任是杨遇夫（树达）教授。不久，他让我帮他点儿忙，搞刘昼的《刘子新论》。刘昼这个人，书读得很熟，能把很多成语联在一起，但没有标明出处。杨先生注了一些，让我帮他再看看，我答应了。他用的是《汉魏丛书》本。傅增湘先生是著名的藏书家，知道了这件事，找出了他所珍藏的明代子惠本、吉府二十子本，专程让他儿子给我送来。我有了好的本子作为参证，把校勘出来的错字一一改正了过来。杨先生的人品是有口皆碑的。他对我做的校勘很满意，就对我说："你做得很有成绩，自己独立吧，就不算帮我了。"于是，杨先生的这部稿子就成了我的第一次治学实践。

在校勘《刘子新论》的过程中，我把《广韵》、段玉裁的《说文解字注》、王念孙的《读书杂志》及其《经籍述闻》都仔细研读，开始掌握了清人训诂校勘之学的门路。当时班上没人喜欢这种学问，《广韵》这样的书更没有人看；唯独我对它产生了浓厚的兴趣。我认为清朝的大儒们最大的贡献在于发现了古书中的同音通假，乾嘉诸老解书就是在肯定了同音的字都可借用的基础上进行的。用今天的话来说，就是解决了古书中的错别字问题，所以古书难读、难讲之义，在他们手中迎刃而解，变得文通字顺了。王念孙的方法就是不论形体，专在同音异字上下工夫。

继《刘子新论》之后，我又校勘《韩非子》。当时，杨先生正为我们开这门课，师生可谓不谋而合。杨先生看我校得很好，时常在课堂上直引我的研究成果，说孙楷第君是怎样认为的。这是很稀罕的事，反映了杨先生对我的提携和器重。

与此同时，钱玄同先生也很器重我。他为我们开《说文》课——当然，不能都讲，只能讲讲部首。一次，讲到"豈"部，释义是："升也。"他无法解释，说："'豈'字怎么能作'升'呢？"课后，我对他说："《吕氏春秋》把这字读作'凯'。'豈者，高也。''第者，大也。''豈第君子'嘛。"我还进一步引用《左传》，齐景公去看望晏婴，觉得他的住所过于低矮，说：我给你换个"爽垲"的地方。由此看来，解"豈"作"升"是有来历的。钱先生认为很对。又一次，碰到"嬬闹"这个词，"媿"是"懒怠"的意思，怎么能和"闹"字联在一起呢？钱先生搞不明白。我就跟他说："《广韵》中的'搅'字，音'呼毛反'，而'媿'字也是'呼毛反'，用同音假借来解释，'媿闹'就是'搅闹'，《水浒传》中常见'媿闹村坊'的话，也只能这样解释。"钱先生听了很欣赏，觉得很有道理。

高阆仙先生给我们开《文选》课，提到反切的创始人，引《颜氏家训》"魏孙炎始作反切"。我认为不确，因为《文选注》里引李登的《声类》，其中就有反切，元代大儒袁桷的《清容集》也肯定过这种说法。时间虽相差不远，总是李登更靠前些。高先生对我的看法大为称赞，在课堂上公开讲："还是北大、师大有好学生。"

当时，黎锦熙先生主编《中国大辞典》，又给我们讲"国语"课。我在跟他通信中讨论现代白话和古语相通的问题。其中提到"厮杀""耳鬓厮磨"的"厮"，就是"互相"的"相"，并举陆游的《老学庵笔记》为例证。还提到"是勿""是物"做何解的问题，我以《汉书·祢衡传》《新唐书·玄宗本纪》为例，说明"是勿""是物"就是"甚么"的同声异字。如唐玄宗问黄幡绰："是勿儿得人怜？"意即什么样的孩儿招人疼呀？回答说："自己儿得人怜。"自己的孩儿才招人疼呢！黎先生认为我搞训诂，不仅能通古文字，俗文字也能通，是难得的。跟黎先生的这段交往，为我毕业后调到"中国大辞典编纂处"，以至搞起了俗文字，都起了决定性作用。

从民国十一年到十七年（1922—1928），我整整在师大读了六年，打下了训诂校勘之学的基础。后来王重民（比我低一年的同学）到法国见到敦煌卷子本《刘子新论》，曾把我的校勘本与之相校，发现与唐钞本完全相合。说明校勘之学，在大学学习期间，我已基本上掌握了。

民国十七年（1928）暑假，我毕业了，同时被聘作师大（钱玄同先生的）助教和"中国大辞典编纂处"的编辑。

我对校勘训诂之学虽然有兴趣，也摸索到一些门径，但因为这门学科在当时还很窄，我也不能确定今后的方向，所以一度陷入彷徨。

早在大学读书时，《世界日报》的"国学副刊"就约我写稿，我也曾写了有关《包公案》等小文。不过，自己很不满意，也算不得什么学术研究。我的第一篇学术论文是寄给胡适先生的关于《醒世姻缘》的一封信，当时并未发表，只是后来在胡适主编的古典白话小说系列并由上海亚东书局印发的《醒世姻缘》中把它排在了卷首，名字就叫《论〈醒世姻缘〉》。

正式发表学术论文，还是在跟王重民等几个师大同学自筹资金创办的一个小刊物《学文》上，写的是《宋朝说话人的家数问题》，时间大致在民国十九年（1930）。

这篇文章发表后不久，赵万里先生主编的《大公报·图书副刊》约我写稿，我写了《夏二铭与〈野叟曝言〉》。发表后，郑振铎从上海来信表示欣赏，浦江清先生看了也说写得很"雅致"。

随后又在北平图书馆馆刊上发表了我的《关于〈儿女英雄传〉》《三言二拍源流考》和《〈三国志评传〉与〈三国志通俗演义〉》的文章。其中《三言二拍源流考》一篇，深得胡适的赏识。

关于小说的这几篇论文多是毕业以后的两三年内写成的。但是明确我将走小说研究道路的，那还是缘自"中国大辞典编纂处"的工作。

黎锦熙先生是编纂处主任，他觉得小说戏曲方面的词条在过去辞书上很少列入，基本上是个空白；而我在这方面是有基础的，就让我从小说书目入手，先辑录"中国小说书目"。我遂以北平图书馆有关藏书为根据，开始了工作。此后，黎先生又给我介绍了马廉（隅卿）先生。

马先生是当时国内唯一讲究戏曲小说版本的学者，时任孔德学校的主任。这座学校也很注意这方面图书的收集。我就通过马先生到孔德学校去看小说，马先生自己收藏的小说也借给我看。这样，我就正式搞起小说来了。

我用了一年的时间读完了孔德学校的小说藏书。这时，见到日本长泽规矩也先生记述日本小说板刻的著作，提及日本藏有中国小说若干种，闻之一喜。可是长泽氏的记载很简略，一种非读到不可的愿望，在我心头油然而生，而又苦于不得其门而入。正巧长泽规矩也先生来华，承蒙慨然相助，我遂于民国二十年（1931）九月，东渡日本。至于路费，则由北图出二百、编纂处出一百、傅增湘先生赠五十，这样凑起来的。

到了东京，住进牛込区的一所公寓（据说孙中山先生曾旅居于此）。一切都是由热情好客的长泽先生安排的。他带我见了汉学专家盐谷温先生，盐谷温先生对我那篇《三言二拍源流考》的文章倍加赞赏。我还结识了东洋文库的干事（相当于馆长）石田干之助先生和研究员、东洋史专家河田清先生。记得河田清先生一见面就称赞说："你的《关于〈儿女英雄传〉》的文章写得很不错呵！"随后，长泽先生带我去了内阁文库的阅览室，我便开始了紧张的抄录各种中国小说版本的工作。在阅览室看书是很随便的，进进出出，甚至午饭也可以叫饭馆送进来吃。我不敢那样自在，中午到外面买点蛋糕或面包，草草填饱肚子，继续抄录，晚上回公寓吃饭。从上午七点多钟到下午六点多钟，时间还是很完整的。我虽不会讲日语，但日文书尚能读下来，特别是汉学著作，汉字多，片假名少，只要粗通文法，就不难看懂。听不懂日语，反倒使我少受干扰，更专心看书。不出个把月，内阁文库里有关小说方面的藏书，我已浏览无余。当然，翻阅全书，抄录序跋、回目和重要眉批、评语，工作量还是相当大的。

在东京，傅增湘先生的一位好友田中庆太郎先生对我也很帮忙。他是"文求堂"的主人，也十分讲究宋元板。他告诉我前田侯爵的"尊经阁"藏书颇丰，便带我前去阅览。明版《古今小说》，我就是在那时看到的。

看来，东京访书之行是成功的，收获也不算小。不过，这时已经发生了"九·一八"事变，日本侵略军侵占了东三省，我也再没心思待下去，看完书就回来了。长泽先生、田中先生，还有几位大学生，都到东京车站为我送行。我取道门市（即马关），转乘轮船，回到了大连。

长泽先生写信介绍我到大连图书馆看书。馆方很优待我，在书库里为我安置了书桌，各类书籍可以随意翻检。没有借还书的繁琐手续，我的工作方便多了。加以工作时间长，从上午九时可以看到晚十时，一天的工作比得上在东京的两天，因此，不过五天，我已将大连馆的小说版本翻阅一过。工作内容也无外上面提到的那一些。

十一月抵达北平，开始专心整理东京、大连两地抄录的笔记，编撰成《日本东京所见小说书目》六卷，《大连图书馆所见小说书目》一卷；并于民国二十一年（1932）正式出版。胡适专为此书的出版写了长篇序言，给我的工作以很高的评价："他每记载一种书，总要设法访求借观，依据亲身的观察，详细记载板刻的形式与内容的异同。这种记载便是为中国小说史立下目录学的根基。这是最稳固可靠的根基，因为七八百年中的小说发达史都可以在这些版本变迁沿革的痕迹上看出来。所以，孙先生本意不过是要编一部小说书目，而结果却是建立了科学的中国小说史学，而他自己也因此成为中国研究小说史的专门学者。他在北平所亲见的小说，已很多了。但他还不满足，所以去年九月亲到日本去看中国小说。专为了看小说而渡海出洋，孙先生真可算是中国小说研究史上的哥伦布了！"

第二年，我又把北平所见小说书目连同上书，编为《中国通俗小说书目》十卷，举凡现存和已佚未见书的小说书目，大致收罗殆尽。只是晚清部分小说书目，因为不曾南下去上海调查，还算不得完全。中国小说历来没有目录，这方面我试作了一些开拓奠基的工作。

这时，因为师大的长期欠薪，我不得不辞去助教的职务，而专任北图的研究员和编纂处的编辑。北图给我两百元的月薪，使我的生活稍微富裕起来，也可以买点书了。但更为优越的是，我得了一个理想的读书环境。

自从应聘做了"中国大辞典编纂处"的编辑，我就搬到编纂处去住了，直到民国二十四年（1935）跟温芳云结婚，七八年间一直不曾离开那里。编纂处的地址就在中南海运米门内西四所。当时，国立北平图书馆还没盖起来，就占用了西四所的北半，南半则属编纂处。五六十间大房，晚上却只有我一个人住；有一个老听差，每天晚饭后给我沏上一壶茶也走了，"茕茕子立，形影相吊"，环境是再安静不过了。不过也很荒凉，从大门到住所，一路杂草丛生，几乎成了刺猬的世界。刺猬老大，多得出奇，有时从外面吃晚饭回来，黑灯瞎火，抬脚就能踢到一个。不管刺猬如何动作，卧室还是我的天下。我这个人，除去吸烟、喝茶，别无嗜好，只喜读书。晚上，大约六点多钟，我就躺在床上看起书来，直到深夜十二点方罢。一杯杯浓茶、一枝枝吕宋烟，是读书时的唯一消遣，而喝茶、吸烟又使我长精神读书。说句笑话，躺着看书虽然不是好习惯，可我的学问几乎都是躺着得来的。我发觉一晚上的读书效率常比白天上班还要高。这期间，我什么书都看，不只看正史，诸如"前四史"、《晋书》、两《唐书》、《元史》、《明史》，还看佛经、《高僧传》、《弘明集》、《广弘明集》、《慈恩法师传》、《大唐西域记》，以及《小说大观》、《经堂诗话》、《四库全书总目提要》、《藏书目录》，还有清人的文集，如《曝书亭集》、《抱经堂集》等等。我读《元曲选》，还做了朱笔校勘。躺在床上看书，当然不方便提笔写什么，一般都是折角，或夹张纸条注明，第二天交给抄书员誊录，我再做整理。

知识的积累、视野的开阔，使我逐渐明确并提出了小说的源流问题。这一观点，大约民国二十年（1931）开始形成，并且得到了越来越多的印证。一般说来，好的小说，大都有本事依据，从正史、笔记中来，移步换形，再加生发铺演，成了小说的规模。我仿照刘向《七略》之学，发凡举例，逐一探讨小说的源流变迁。《三言二拍源流考》以及后来的《小说旁证》，就是依据这一路数的研究成果。

我的读书范围涉猎到敦煌变文，并于民国二十六年（1937）先后写出了《敦煌写本张怀深变文跋》和《敦煌写本张义潮变文跋》，两篇文章分别发表在傅斯年先生主编的《历史语言研究所季刊》和赵万里先生主编的《大公报·图书副刊》上。文章得到胡适的绝口称赞，因为写的不是一般的跋语，而是考证了有唐一代的历史。如果没有对正史、笔记的广为浏览，想来我也是无从下笔的。

果然，从此声名大噪。胡适也一反门户之见，聘我做了北京大学的教授。

以上文字是根据1981年2月18日和3月27日两次录音记录整理的。录制过程中，学长弥松颐先生还为我和孙先生合影留念。这篇文字姑且名之为孙先生的"口述自传"吧。

不过，孙先生的"口述自传"到此也就戛然而止。以后去看孙先生，见他仰卧床上闭目养神（据说是在练一套自编的气功），师母一般不去叫他；即或叫醒他，也不再谈"口述自传"的事。先生每餐只吃一小块馒头和半碗小米粥，体力衰微，我也不忍心多消耗他的心力。何况，把他的录音变为文字也非易事。虽然有先生口述时随手写出难懂的字词帮我理解，可具体整理起来也少不了查书翻资料。总算整理完毕，呈先生审阅，先生在退还给我时对整理稿只字未动，只是说了声"谢谢"，再没提继续"口述"的事，我以为事情也就这样放下了。

过了许久，突然，孙先生交给我一份用社科院500字稿纸大字手书的"五十年来我的学术研究"，一看落款上注明"1982年3月"，我很高兴，这肯定是我记录的"口述自传"引发了他的思绪而写成的，姑且名之为"业务自传"吧。就时间段而言，如果以"七·七事变"划线的话，"业务自传"正接"口述自传"；就内容而言，如果说"口述自传"尚嫌拉杂零碎的话，"业务自传"则对其治学成就的方方面面做了系统的归纳，二者合起来，恰好反映了先生其人其事以及其治学的全貌。现将"业务自传"稍事整理修订迻录如下：

五十年来我的学术研究

一　本人略历

我是河北省沧县人。名楷第，字子书。1928年北平师范大学国文系毕业。1929—1931年任北平师范大学国文系助教兼"中国大辞典编纂处"编辑。1930—1937年任北平图书馆编辑、写经组组长，北平师范大学、北平私立辅仁大学、北京大学讲师。1937年夏受聘为北京大学国文系副教授。值"七·七事变"起，北平各国立大学不能开学，而北平图书馆以常年经费用美国退还庚子赔款关系，仍继续办理，我复回北平图书馆任职。1941年日本宪兵接收北平图书馆，我弃职家居。是时北平图书馆职员百余人，日本宪兵接收北平图书馆后，独我一人愤而离开，徐森玉先生曾慨然说我是"二十四郡，唯颜鲁公"。1942年，值辅仁大学教授储皖峰病逝，校长陈援庵先生遂介绍我入辅仁大学做讲师。北平在敌伪时期物价高涨，生活困难，我深有感于元遗山诗"敌贫如敌寇"之言，读书著作甚勤，毫不气馁。1938年春，日本京都大学计划编写中国《小说戏曲辞典》，命专人到北平和我商洽，欲邀我做编辑，我力辞。1938年秋，日本东京大学教授盐谷温博士来北平参加"日中文化协议会成立会"。这个会设盛宴于北海漪澜堂，盐谷温博士命其弟子持他的亲笔函到北平图书馆邀我赴宴，我回信说："有病不能与会。"1942年，盐谷温博士来北平开"日中文化协议会"例会，命其弟子到我寓请我为其在北平诸弟子讲"也是园古今杂剧"，我仍以病辞。在后方的中国朋友都认为我在北平生活艰苦，有气节。而十年内乱中，"四人帮"的徒党反说我是"文化汉奸""汉奸文人"。这是"四人帮"的徒党从他们的祖师爷处学来的言语，我亦不以为怪。

1945年，日本投降，旧北平各大学皆复员。我再受北京大学当局聘为国文系教授。1948年，改入私立燕京大学为国文系教授。1949年春，北平和平解放。

1949年10月1日，中华人民共和国成立。1952年，院校合并，我被调入中国社会科学院文学研究所做研究员，任职至今。

我生于1898年，今年八十四岁。

<h2 style="text-align:center">二　研　究</h2>

我早年研究训诂校勘之学，中年以后，我因为工作需要，研究"小说史""戏曲史""变文""楚辞"以及"汉魏晋南北朝乐府歌词"。由于不断努力，有相当成就。分叙如下：

（一）诸子研究

我在师范大学上学时，看《广韵》《集韵》，看段玉裁的《说文解字注》，王念孙的《广雅疏证》《读书杂志》，王引之的《经义述闻》。从王氏父子学会了校勘古书的理论和方法。在我的老师杨遇夫（树达）先生指导下，我著有《王先慎〈韩非子集解〉补正》《〈刘子新论〉校释》《读〈庄子〉〈淮南子〉札记》。我著的《王先慎〈韩非子集解〉补正》，我的老师杨遇夫先生在师大讲《韩非子》曾数次引我的话。我的《读〈庄子〉〈淮南子〉札记》，杨遇夫先生看了，亲笔加批说："做得好，可喜也。"我的《〈刘子新论〉校释》，1935年间，我的同学王有三（重民）在巴黎曾从箧中取出来与敦煌写本《刘子》看详一遍，发觉我的校释成果是正确的，和敦煌本《刘子》是符合的。

（二）小说史研究

中国通俗小说自来无专门书目。我于1932年撰《日本东京所见小说书目提要》六卷，《大连图书馆所见小说书目提要》一卷；1933年撰《中国通俗小说书目》十卷，对通俗小说版本做了详细的调查，有系统地写成了书目，为中国通俗小说的版本目录学奠定了基础。

从1929年到1933年的四五年间，我发觉四部群书中故事多有为短篇白话小说所本者，辄手录之，约百余篇，厘为七卷，题曰《小说旁证》。以后读书有得，随时增添，积成七卷二百余篇三十万字的《小说旁证》稿本。对于征引四部群书之文，有校勘，有注解，有考证。清朝的大学者钱大昕先生说："读书要知道底本。"我的《小说旁证》，就是考出短篇白话小说的底本，为研究短篇白话小说开辟了一条蹊径。

我的小说史研究，除以上所举外，尚有《说话考》《词话考》《宋朝说话人的家数问题》《中国短篇白话小说的发展与艺术特点》及考论"三言二拍"、《今古奇观》、《十二楼》、《三国志平话》与《三国志通俗演义》、《水浒传》、《包公案》、《醒世姻缘传》、《野叟曝言》、《儿女英雄传》等小说论文十余篇,于1929年到1964年在国内各期刊发表(《论〈今古奇观〉》、《醒世姻缘传》,见上海亚东图书馆印本《醒世姻缘传》《今古奇观》卷首),今不细论。

(三)戏曲史研究

我于三十四五岁时开始做戏曲研究工作,垂老不倦。有"读曲记"十余册,记在北京、南京、上海所阅的明、清人曲近千种,皆有解题。从诸家传记、图书志、地方志,抄出明、清曲家事迹数百条(明、清曲家事迹是我和我的朋友朱福荣先生在北平图书馆共同搜集的)。自1932年至1935年间,校《元曲选》四五遍,知《元曲选》是改本,证明前人说臧晋叔是"功之首,罪之魁"是对的。所著《述〈也是园古今杂剧〉》(后易名为《〈也是园古今杂剧〉考》),论元曲版本极详。以元曲家事迹多晦,勤读元人集、明初人集,与《元史》结合,著《元曲家考略》,随其材料多少各为立传,得百余人。援据虽博,而文字雅洁,抑扬有味。论者以为有功元曲,得未曾有。著名戏曲老专家王季烈先生为商务印书馆选《孤本元明杂剧》，其书末册所附元杂剧提要，曾有数处引用我的《考略》成果。王先生时年八十，曾亲到北平图书馆造访，与我谈元杂剧的问题。为前辈所知重如此。

又注意傀儡戏影戏，著《近代戏曲原出傀儡戏影戏考》（《辅仁学志》第十一卷1、2合期，1943年）及《傀儡戏考原》（《汉学》第一辑，1944年）。这两篇论文，1953年上杂出版社曾辑印为一书，名《傀儡戏考原》。傀儡戏影戏为中国古老戏，其兴起远在南北曲之前。而自来学者对傀儡戏影戏无系统研究，自从我这两篇文章出来，始有专门论著。又著《元曲新考》，研究元杂剧扮演诸事项及社会组织，所拈多小题目，而有超出王静安、吴瞿安二先生所论之外者，兼对二先生所论有所补充（《元曲新考》本是《述〈也是园古今杂剧〉》第六"品题"篇之文，以所考诸项可以独立，遂摘出别行。《新考》有1953年上杂出版社印《也是园古今杂剧考》附录本，所考凡七事。有1965年中华书局印《沧州集》本，所考比旧本多三事，对旧本文字亦加以修饰）。著《吴昌龄与杂剧〈西游记〉》（1939年《国立北平图书馆季刊（昆明版）》第一卷第二期），辨日本盐谷温博士所印《西游记》是杨景贤曲，非吴昌龄曲。其言确凿有据，足以解数十年来中外学者之惑。此外，所著又有《元佚曲故事考》稿、《天一阁本〈录鬼簿〉校注》稿（即《曲录新编》稿的元曲部分），均拟补充整理，缮写为定本。

（四）变文研究

敦煌写本变文是唐朝人转变说话时所用的本子。转变说话，唐朝亦谓之"俗讲"。这种敦煌写本"俗讲变文"，六十年前早有人注意，但对于俗讲仪式以及俗讲本的体裁，当时无人研究。我于1933年撰《唐代俗讲轨范与其本之体裁》（原1936年北京大学小说史讲义，后载入1937年《北京大学国学季刊》第六卷第二号），始对唐代俗讲的讲经仪式做了详细的研究。其俗讲转变时有图像设备，谓之"立铺"；及变文每段吟词的结语"若为陈说"或"当尔之时有何语言"之解，则又别见于1940年我作的《近代戏曲原出傀儡戏影戏考》第四章、第五章（载1943年《辅仁学志》第十一卷第1、2合期）。"变文"的"变"字，当奇异非常解。非常事之属于妖异者，叫"怪变""妖变"；非常事之属于灵异者，叫"神变""灵变"，单言则只作"变"。见于1933年我作的《读变文杂识》（原1936年北京大学小说史讲义，后载入1951年《现代佛学》第一卷第十期）。我的《唐代俗讲轨范与其本之体裁》，1937年胡适之见了称善，当面对我说："你心细。"并且邀我在北大开变文课。以卢沟桥事变起，北大停办，未实现。过了十年，我的朋友向觉明（达）撰《补说唐代俗讲二三事答周一良关德栋两先生》一文（载《大公报·图书周刊》第十八期，1947年），承他谬奖说："孙子书先生所著《唐代俗讲之科范与体裁》体大思精，发明甚多。俗讲的研究，至是逐渐露出一线光明。"过了四十五年，我的朋友王有三遗稿《敦煌变文研究》（《中华文史论丛》第2期，1981年），其中第二"变文释义章"说："从汉语释义的，以孙楷第的变文之解为最好。"又说："孙楷第作《说话考》（原载1933年《师大月刊》第十期，后收入1953年棠棣出版社印的《论中国短篇白话小说》）正确指出'话'字应作'故事'解。"第四"变文的仪式和方法"章说："孙楷第先生写的《唐代俗讲轨范与其本之体裁》一文，详细地探求旧日讲经的仪式，用来说明俗讲的轨范。对于这个问题，是一篇极有价值的论文。"我论唐代俗讲轨范与其本之体裁，为我的朋友向觉明、王有三两先生谈起，这充分说明两先生的谦冲自牧和不掩人善的精神。我于十年内乱后反复读了我的朋友向、王两位先生的文章，十分感谢，却又无限感慨。

（五）楚辞及汉魏两晋南北朝乐府歌词研究

四十年代，我留意楚辞，并写有论文《〈九歌〉为汉歌辞考》及《读楚辞九辩》。这两篇论文都具有考辨性质。

《九歌》是"楚辞"之一篇，论者或以为系屈原自撰，或竟以为在屈原之前。我认为《九歌》乃汉歌词，立三证以明之：（1）东君、云中君、司命，皆北方之神，汉高祖于宫中置祠祀官女巫所祀。（2）《九歌·云中》篇云："蹇将憺兮寿宫。"据《史记·封禅书》，汉武帝常于甘泉宫、寿宫及寿宫北宫奉神君，其神君即泰一司命之属。（3）《汉书·艺文志》歌诗类有"《泰一杂甘泉寿宫歌诗》十四篇"，疑《九歌》十一篇即在其中。因佚其三，后遂题为《九歌》。此论至今似乎没有受到应有的注意。

在《读楚辞九辩》中提出：传宋玉所著《九辩》应为汉时作品。根据是：其中"然"字作"乃"字解，这是汉赋的用法；第五章有整段抄自东方朔《七谏》的；所云"遵命"是汉代纬书盛行后才出现的概念。

研究乐府歌辞的文章有《清商曲小史》《绝句是怎样起来的》《晋杂舞歌的章句》《〈宋书·乐志〉今鼓吹铙歌词考》《〈宋书·乐志〉铎舞歌诗二篇考》《梁鼓角横吹曲用北歌解》等篇，对清商乐的解释、清商曲的原委、绝句的起源，都有具体的细致考辨。如《宋书·乐志》的"今鼓吹铙歌词"三篇（第一《上邪曲》、第二《晚芝曲》、第三《艾如张曲》）和《宋书·乐志》的《铎舞》歌诗二篇中的第一篇《圣人制礼乐篇》，声辞合写，字讹谬，不但后人看不懂，连沈约也看不懂，不知是谁作的。我细心考出，这四篇都是晋朝傅玄的辞。再举对绝句来历为例。传统的看法，绝句出于律诗，绝句即"截句"。这是难以令人信服的。其实，早在五、七言律诗出现之前就有"绝句"了。我细考乐府歌辞，证实绝句出于歌辞"摘遍"——即演唱乐府时，不唱全曲，只摘出其中的"一解"唱。这样，就把绝句的出现上溯到汉魏分章分解的乐府了。

整理完孙先生的"口述自传"和"业务自传"，已是两年前的事了。期间，"口述自传"部分还曾在学友中传阅。

我虽受到鼓励,但掩卷思之,感喟良多,想归纳几句以终篇而不可得。

先生1928年毕业于北师大,至其逝世的1986年,几近六十年间取得如此丰硕的研究成果,着实令人敬佩。如果考虑到新中国成立后长期身体不适,只能从事旧文的整理工作,其钻研进取则只集中于毕业后的二十年间,其成就尤显惊人。这在国学走红的今天,颇具警世作用,那就是国学是门苦学问,需要有坐冷板凳的笨工夫,无法膨化、速成,像摸彩似的一夜暴富,非下十年二十年苦功,是很难窥其堂奥的。此其一。

我与先生的交往,已在先生的迟暮之年,先生之于学术所成依然葆有那样清晰的记忆力,连文章发表在何年何月、何报何刊皆毫发无爽,如此超强的记忆也突显了先生一步一步走上国学大师宝座的深深足迹。此其二。

此外,不论是在"口述自传"中的悠闲谈吐,抑或是在"业务自传"中的字斟句酌,细心的读者也不难体会到其中所流露的一种情绪,那就是自我陶醉式的张扬、唯恐人不知似的矜持。这虽有悖于孔圣人"人不知而不愠"的古训,但如果探究一下这种情绪的底蕴,却也不会求全责备于这位老人家。

我不妨从主观、客观两个方面来说说。

孙先生身体状况一直欠佳，这固然由自幼时"读书不得法"留下的宿疾，故而很少参加社会活动，只于家中卧床静养。《沧州后集》出版时拟在扉页刊一张他的近影，先生拿出一张陈旧的"标准像"，对我说，这还是1956年照的，是他唯一一次去照相馆照的像，那是家里人陪着，坐上三轮车去的王府井。这张照片在书上印出后，他在给我的信中还特别提到："照片照得很清楚。我教我的孙子孙女和朋友看，问他们这是谁，他们都说'是你！'以今日之我看昔日之我，似曾相识。每开卷展视，甚感高兴。"一张旧照片竟引起如此兴致勃勃的回味，顾影自怜，先生于世间是否太过隔膜了？

长时间的离群索居，性格愈见落寞孤僻，加上"文革"浩劫，又被泼了脏水，深感为社会所遗弃，其苦痛自不可名状。于"文革"摧残文化之后，拨乱反正之初，心情舒畅了，积郁终得排遣，个性终得张扬，故一发而不可收拾。可以为证的是，在亲笔书写了"业务自传"之后，先生又请人写了一篇"孙楷第先生学术研究五十年"的文章。我说的"请人写"，其实是照抄"业务自传"的内容，只是变自述的口气为别人的客观评介而已。先生对该文进行了反复的修改和补充，显然是非常重视的。这篇文字，虽有署名（已涂掉），却并未发表。但是先生急欲将自己的学术成果昭告世人，这种心情越近暮年越是强烈，却也是不争的事实。

有一段在"业务自传"中的话，在这篇文章中又改作如下的表述：

> 向觉明（达）、王有三（重民）两位先生都是有国际影响的敦煌学家，孙先生这篇关于变文的论文为他们肯定、称许，并以为是"发明甚多""极有价值"，这充分说明向觉明、王有三两位先生具有谦冲自牧、不掩人善的精神。为此，孙先生颇含深意地对人说："我于十年动乱后反复读了我的朋友向觉明、王有三两位先生的文章，我十分感谢，却又有无限感慨。"

孙先生的"无限感慨"又是什么呢？一言以蔽之：终有知我者在。所以，他反复引述杨树达、钱玄同、高阆仙、黎锦熙、郑振铎、浦江清、胡适之、王季烈诸前辈对其学术成就的赞赏与知重，也就不足为奇了。于"文化大革命"之后，把自己的积郁与不平抒发出来，让人们重新认识自己的价值，自我张扬一番，其所反映的不也是当时一代学者的普遍情绪吗！

今年春，在广州见到邓绍基先生，特意问起对孙先生的评价，邓先生说，孙先生的学术成就有目共睹，在他去世十周年时，曾专门写文章纪念。邓先生还提到大约是上个世纪八十年代，文学所要推举"十大学者"，孙先生是在其内的；但最终只列七人，把孙先生排除在外。邓先生曾询之有关部门：是否还是因为敌伪时期的事？对方没有明说，也没有否认。听了邓先生的介绍，我确实很震惊。这分明是"文革"留下的尾巴，是软刀子还在杀人。这一外界袭来的阴影，孙先生肯定是感觉到了，所以，通过"业务自传"历述自己在日寇屠刀下那种种不屈不挠而又斑斑可考的事迹；即或当年旅日访书时结下情谊的同道友人，也因江山变色而杜绝交往，表明了虽遭沦陷仍坚持操守的高贵品质。故于"业务自传"中奋笔直书："而十年内乱中，'四人帮'的徒党反说我是'文化汉奸''汉奸文人'。这是'四人帮'的徒党从他们的祖师爷处学来的言语，我亦不以为怪。"愤激之情，十分强烈。然而不平之鸣又不能不发。

于今，距离先生辞世已过二十个春秋，先生的学术成就铸就起自己的国学大师的形象，其通俗小说开山鼻祖的地位已不容撼动。即或今天读他的文章、看他的自传，也不会感到如明日黄花般陈旧过时，反倒像存储的佳酿日久弥香，直令今人从中受到启迪。我想，这该就是国学的魅力所在吧。而这也正是促使我将孙先生两篇"自传"式的旧文重新整理并公之于世的动力所在。

2006年末于红北诚斋，2008年岁首再作修订

（原载《文学遗产》2010年第4期，题目为《建立科学的中国小说史学——孙楷第先生晚年"自述"及其他》）

感念振甫师
——兼怀钱锺书先生

个头不高，白白胖胖，千层底鞋，步态很轻，待人接物总是满含慈祥的微笑，浓重的吴音或许难懂，却让你从中倍感亲切，这恐怕就是人们印象中周振甫先生的定格。

在1972年初分配到中华书局之前，我没有机会认识周先生，只有幸读过他的《诗词例话》。这本十来万字的普及读物，在当时的莘莘学子中拥有广泛的影响，是引导一代文学青年遨游诗词艺术世界的向导，读来使我终身受益。所以在中华书局初见周先生，即有一种心仪已久的激动，只是他埋头于"二十四史"的校点，接触机会并不多。

一

当其时，领导分派徐调孚先生、方南生同志和我一起标点王琦注《李太白全集》。徐老乃饱学之士，"文革"前担任文学编辑室组长，自是整理古籍的行家里手，可他远在四川江油，只分工标点《全集》的散文部分，不及对全书标点做统筹安排。我和方南生则属于门外，特别是我，过去不曾受过古籍整理的专业教育，这又是我第一次从事古籍整理工作，所以做起来颇感茫然无绪。只是不满足于标标点点，想趁机熟悉古籍，遂决心将王琦注中所引文字与原书对看一遍，不料竟是如此的繁复。王琦是乾隆年间的著名学者，所引古籍大都现存，收藏线装古籍比较丰富的中华书局图书馆就可借到，这并不难，难的是，引文与原书文字出现差异就不知如何处置了；碰到书中引书的情况连下引号都不知放在哪里，常出现双引，甚是三引、四引的情况，不知如何是好。只能用当时商务印书馆的审稿签一一标出，以便求教。而求教的对象，现成的莫过于正参加校点"二十四史"的老先生了。在标点了几卷之后，我分别呈送给了张政烺先生、启功先生和周振甫先生，请求指正。张、启两位先生退还给我时，不曾着一字，只是鼓励有加。周先生则不然了，在我提出的问题的旁边，用蝇头圆珠笔字密密麻麻几乎写满。答疑解惑，凡我所不明白的问题，都给予充分的解释；匡谬正俗，凡标点上的错误，也都一一指出，还特别标明标点工作应注意的规则，给我以极大的启发。我也像吃出甜头似的，标点完一卷就直接送他审定，前后不下十卷之多，直至"评法批儒"运动开始，《全集》标点工作不得不停下来为止。

后来我获知，原来徐调孚先生对周先生有知遇之恩，周先生从无锡国专到开明书店工作就是徐先生引荐的。周先生对我的尽心帮助又何尝不是为代履行辅导后学的义务。从此，周先生也就成了对我施行古籍整理教育的启蒙师。

二

周先生在结束了"二十四史"的校点工作之后，正式调到了中华书局，参加的又是文学编辑室的工作，使我得以有更多的机会向他请教。

一次，我在修订《关汉卿戏剧人物论》稿时，碰到妇女守节的问题，我认为宋代理学家程颢、程颐兄弟虽提出"饿死事极小，失节事极大"的命题（见《河南程氏遗书》），但似乎只在贻害后世，于当时并无太大影响，甚至连他本人也不大在意，并举例程颐本人因其姐之女新寡，"公惧女兄之悲思，又取甥女以归，嫁之"的故事以明之，只是不知此外还有什么可以佐证的资料。我向周先生请教，周先生说这问题很有意思，但我对宋代资料不熟，容我考虑一下。不几天，先生给我写了一封回信，信上还剪贴了一块信笺，告诉我这是钱锺书先生给我的回答。我仔细阅读，这是钱先生给周先生回信的一部分，只有用钢笔写的几行字，意思是自"干校"回来，书徒四壁，无从查考，黄克同志所询，不妨查查下列几种笔记，定有收获，下面写出四种宋人笔记名。我逐一翻找，最终在彭秉《墨客挥麈》卷三中查到了"王太祝生前嫁妇，侯工部死后休妻"的掌故。其中，王太祝，名雱，乃王安石之次子，素有心疾，且与其妻不和，王安石知其子失心，念其妻无罪，欲离异之，又恐其徒担罪名，遂为其择婿而嫁之，这就是"生前嫁妇"的由来。至于侯工部，名叔献，乃王安石门人，其妻凶悍，王安石遂于侯某亡后，逐其妻归本家，"死后休妻"缘此。凡此说明，所谓妇人守节说，时人并不拘泥恪守的。这一掌故我过去也看到过，惜乎是二手材料，不知引自何书，查阅钱先生提供的几种宋人笔记，终于找到出处，自是喜出望外。我既为钱先生惊人的记忆力而叹服，更对周先生为解决我的疑难而惊动钱先生这样的大家而惶愧不已。

三

1983年夏，局领导王春同志调我到总编室工作。有的同志提出，周振甫先生已经六十多岁，从事编辑工作已有五十年之久，可否为之庆祝一下。原来周先生30年代就读于无锡国专，因家境困难，不及毕业，就经徐调孚先生介绍到开明书店做校对工作，好像核校《词通》就是他完成的第一个任务，而钱锺书先生的初版《谈艺录》也是经他编辑出版的，终成校对起家的资深编辑。我们的建议不仅书局领导认可，出版局的领导也很支持，并决定庆祝会在出版局礼堂举行。

周先生知道我在操办此事，曾找过我，说自己没做什么贡献，不值得如此"兴师动众"，其谦虚坦诚，令我感动。我也十分诚恳地说，这是领导的决定，不只是您个人的荣誉，也是我们编辑同仁的骄傲，您数十年如一日为人作嫁，甘心于默默无闻的编辑事业，本身就彰显着您的成就，更为我们树立了榜样。

事实上，为编辑举行庆贺活动，不仅在中华书局，即或出版界也是首次。对此，参加庆祝会的许多同志都有发言，不必我来赘述。给我影响深刻的是与会的三位专家。一位是叶至善先生，他代表圣陶老人大谈开明书店和开明人的工作精神，而周先生就是开明人的杰出代表。一位是启功先生，他极其诙谐地谈及共事校点"二十四史"，周先生的任劳任怨让他钦佩，不禁要"口窦大开"地说一说。还有一位就是钱锺书先生，他忆及新中国成立前在开明书店出版《谈艺录》，责任编辑就是周先生，从此结下深厚友谊。重版《谈艺录》、新编《管锥编》都由中华书局出版，是因为周先生在中华书局，著作人追着编辑出书算是出版界的佳话，也足见前者对后者的充分信任。听说当时社科院本来安排了这位副院长的外事活动，钱先生却径直参加此会，其珍视友情如此。

会上，还有书局几位同志的发言，其中我的发言整理成《编辑的楷模》一文，发表在《光明日报》上。而我更有一奇遇，是会后跟钱先生握手时，他竟提起"你到我家来过，那时你好像不戴眼镜"的话。他的非凡记忆使我回想起发生在1975年的一段故事。那时，书局突然接到江青的"指示"，要求影印出版"五朝诗别裁集"，大家只知有沈德潜编选的《唐诗别裁集》《明诗别裁集》和《国朝（清）诗别裁集》，从不见宋元诗也有什么"别裁集"。知道钱先生是宋诗专家，20世纪60年代就出版过《宋诗选注》，于是派我去向钱先生求教。钱先生当时住在干面胡同社科院宿舍，去时见其桌面上摆满卡片，说是为赴法文物展览审定展品法语说明文字。我提出问题之后，钱先生明确说了句："宋诗版本我都看过的，不知有什么'别裁'的选本。"一句"宋诗版本我都看过"，大家听了说只有钱先生敢说这样的话。顺便说一下，"五朝诗别裁集"最后还是影印出版了，其中宋元诗的"别裁"是以清人张景星等人的《宋诗百一钞》和《元诗百一钞》来充数。此二书也只是坊间的巾箱刻本，难怪不入钱先生的法眼。

四

拙著《关汉卿戏剧人物论》出版了，很想送给钱先生一册以求指正，但又担心得不到回音——其实，送人"哂正"的东西，有几个能够得到认真的回复，更何况之于大学者，更不该心存奢望。这些世故，自己也不是不明白，主要是怕自己的冒失、唐突，反为不妥。我把自己的忐忑和犹豫告之周先生，先生倒是挺豁达，认为不必顾虑那么多，既是虚心求教就不存在什么"丢面子"的问题。马蓉同志知道了这件事，因其夫君栾贵明兄常在钱先生处帮忙，也鼓励我说：钱先生虽然眼光很高，但对晚辈还是乐于提携的。有鉴于此，我就斗胆把书寄给了钱先生。

不两天，1984年9月9日，马蓉同志带给我一信，是栾兄让她转来的。信没封口，信封上用毛笔字书写着：

烦致黄克同志（下面是钱先生特殊字体的签名）
拜托

我兴奋之极，急忙取读：

周先生寿会上一晤，又两易寒暑，伏想佳胜。忽奉惠赐新著，竟承齿及贱名，附骥之幸，韩退之所谓："其荣也所以为愧也！"弟老至耄及，于后起英髦，益乐厥成。容当细读。先此布谢。

中国社会科学院文学研究所

克先文几：

周先生来舍上顾，又为足下寄

暑伏想佳胜。忽奉惠赐

新著，交承盛意感荷，拊骥之

幸，辞出之所谓贝学史术所为

媲也！中先生尊及，拙作起举

览，盖乐观厥成。名当细读，先

睹为快，即颂

秋安。

钱锺书上 九月

钱锺书先生致作者信件（一）

反复吟读，激动之情无以言之。信中提到的"齿及贱名"，是指书的"后记"有云："记得钱锺书先生的《宋诗选注·序》在实事求是地评价了宋诗的成就之后，写了这样一段话：'鄙薄宋诗的明代学者对（宋诗的）这点推陈出新都皱眉摇头，恰像做算学，他们不但不许另排公式，而且对前人除不尽的数目，也不肯在小数点后多除几位。'"我借用钱先生的比方，意在说明我的关汉卿研究也不过做了些"小数点后多除几位"的工作罢了。不想竟被钱先生注意到，实是始料未及。

于是，我诚恳而又工整地给钱先生写了一封回信，感念回报而已，并不敢幻想什么"容当细读"，进一步作答，因为我已经很知足了。

不期好运接踵而至，本不敢幻想的事情竟成了现实。那是10月4日，距离上次回信不足一个月，先生的复信就到了，当时真个如获至宝。唯因先生在鼓励我时多有溢美之词，让我惶恐不安，反倒应了先生引用韩昌黎的那句话"其荣也所以为愧也"，竟然不好意思出以示人，以免有拉大旗做虎皮之诮，故而沉于箱底，一放就是二十多年。如今年事稍长，回想此事只觉自己过于当真和幼稚，分明是先生对后生的奖掖之语，却错当成自己的实际水平，产生那种洋洋自得的心态，恰好说明自己不仅缺乏自知之明，也忒不通达人情世故了。

抛开个人的小算盘，秉公而论，先生信中于文学之道提出了十分精辟的见解，足有发人警醒处。内容如下：

> 尊著已快读一过。清人论学，以"义理、考据、词章"鼎足。窃谓文学即"词章"，而自有其"考据"，版本、生卒、来历是也；亦自有其"义理"，文艺理论是也。文心诗眼，赏新析异，斯则"词章"之本分。当世所谓"文学研究"者多致力于前二事，忽略词章本分，其故由于天分不足，乏文心诗眼也。于是"文学研究"遂成历史学、美学之附庸，而不能自立门户。

针砭时弊，可谓一针见血。在文学家辈出之今日，似乎还不曾见如此揭示"文学研究"真谛者。文学即"词章"，而"词章"本身即已自有"义理""考据"的内容，故而文学研究应以"词章"为本分，方不再成为历史学和美学之附庸。诸如此类的命题不都是很值得学术界探讨的奥秘吗？本人也曾见过一些硕士生、博士生的论文，动辄数十万言，洋洋洒洒的义理发挥，重重叠叠的考据堆砌，

钱锺书先生致作者信（二）

为什么就不能在击打键盘、搜检资料之时，在文字上也稍作推敲，删繁就简，疑义相析，显示一些别具只眼的词章本色呢？

我自己也是如此，没有按先生的要求去做，有负于先生的期望。谨利用怀念周先生的机会，将钱先生对后学的谆谆教诲公之于众，以与我侪共勉。

五

跟钱先生交往，还有一事也和周先生分不开，那是关于《谈艺录》的出版。这部旷世杰作虽早已享誉海内外，但新中国成立后一直没有重印过，现由钱先生大量补充，周先生大力编辑，终由中华书局出版了增订本，一时在学术界引起轰动。我在拜读之后，也不自量力地生发出写篇书评记述自己心得体会的冲动。我把这个意思跟周先生讲了，周先生说："那很好啊。"只过两天又代钱先生捎话给我说，书评就不必了，写写书的销售情况就行了。这也就是我写《初读〈谈艺录〉》开头先写在中华书局读者服务部争购的热闹场面的因由。这篇不足千字的文字先在《联合书讯》上发表，这是由中华、商务、人民、人民文

论文，以及荷如孚生花妙笔的文章，多情地即如楼，你
些月的，欢先生御英语很好，但是南用绍些梯班的
和他同班梯班的遗好，就是萝萄同志，那时
期好

候萝萄明天单遇，深藏春虑，事逼英语

班上散不同著他回

拟著佑即重即此减程都个人受列的魔力，一些不
进相识的老同志（例的王已摆同志）和有些交情的
潘鬼子都挽得起业坦，荐现内物家眼，荐荐一孫，
上月我区遇各地青年订我代购的汇款共九次，
本月已有四次，所得都的司机替我去邮局新理，
但只长人处遇得信差郑，这麽重即只要您改正錡
字，为我为了，但苏消此败錡叶（都新子角）请鉴智
散此直谢，并连辞说，惭愧，即此

文祉！

锺书上十九日夜

克无：

得信迟感。我久想写信向你道歉，一来谢
你为拙著出版而费心费力，二来谢你饶放我在
电视上亮相。其意我领，想想朋友（所
谓文化部）
直把院委派流图，家电视要把我列入摄访播
形之列，我也坚振了违方党的难，我说我拒绝这
此利时来国电视处的诸取，有某可否，或例难推，
还这【囗】其义一举载如如应作挥，中外电广一种平多名
益客许我不补推举……

我念国此而折福减寿的福遇灾生难要造
谱望我只想在用，镜花绿涨生围来酸秀才的
谁况此见忆他，切莫言之，你若言之我边相城
【印】 就又
读拔只觉惭愧，秘你那样温

钱锺书先生致作者信（三）

学四家联办的小报，一家占一版，轮流占头版，实际刊登的是各家新书广告。想不到的是，我的小文竟引起同事的兴趣，这给了我勇气，下决心铺演开来。偏在这时得到人文社弥松颐学长展示的美籍学者余英时书赠钱先生的一段文字，启发我最终完成了以《龙的飞舞——钱锺书先生及其〈谈艺录〉》为名的书评，发表在1985年10月9日《人民日报（海外版）》，此后又全文转载于《新华文摘》。

我随即给钱先生寄了一份报纸，请求指正。于是我又得到一封珍贵的回函：

大文一登载，《大公报》的吕德润同志就剪寄，后来《人民日报》海外版的舒展同志寄给我全报三份，昨天又接到美国寄来的复制简报。我读后只觉惭愧，承你那样过奖，实不敢当，我会因此而折福减寿的！福过灾生，誉过谤至，我只想套用《镜花缘》淑士国里酸秀才的话："兄也兄也，切莫言之！尔若言之，我甚怕哉！"就文论文，你写了一篇妙笔生花的好文章，可惜题目太糟，你以为何如？颜先生的英语很好，他是南开转学插班的，和他同时插班的还有两位，其一就是曹禺同志，那时候曹禺的才华还"深藏若虚"，单凭英语排列，班上数不着他。

信中提到的"英语很好"的颜先生，即颜毓蘅，他在南开大学外文系任教，"肃反"运动中遭迫害而自尽。据云清华外文系有"三杰"，即钱锺书先生、曹禺先生和颜毓蘅先生，且喻之以龙虎狗。南开园中有人叹惋颜之大才：狗尚如此，何况龙虎！钱先生后来跟舒展同志谈话，将这种比喻讥之为"现代神话"。但时人趋俗，均以为是，其初衷则完全出自对钱先生的高山仰止。

六

有人会有错觉，似乎我与钱先生交往很多，其实不然，只是书信往还，连个电话都不敢打，唯恐突然去电，打断对方思绪，惹人生厌。但仍渴望一见以致谢忱的想法还是有的。不敢贸然登门，只好请出周先生来引见。据说钱先生听了不仅表示欢迎，还请周先生带上夫人，说好久没见了，从而确定了这次见面的温馨的氛围。就在这一年深秋的一个上午，我陪同周先生和师母到了三里河钱先生的新居。

钱锺书先生(中)与周振甫先生(右)、作者(左)合影

记得正值法国驻华大使馆刚刚送来一部《金瓶梅》的法译本,于是话题也就从这两大册法译本说起。原来译者翻译过程中碰到的难题都一一向钱先生请教,所以出版后专门拜托驻华使馆代呈。说起《金瓶梅》里描画人物,钱先生颇多高论,记得他说写"紫膛色瓜子脸"美人,跟《玉蒲团》写"麻子脸"美人一样,都为前人所未道,比之《红楼梦》写服饰长相的千篇一律强多了。当然在饮食文化上,《金瓶梅》又远远不及《石头记》了。

虽都是闲话,处处显其独到之见。难怪周先生曾发出这样的感慨:钱先生平素一定很寂寞,因为很少有能交谈的人。今天是真的体验到了。听得两位先生的问答，我自无插嘴的份儿，然亲承謦欬，如沐春风，又自感念不尽。这时，同行的王秋生同志打开了照相机，为我记录下这幸福的瞬间。

一晃二十多年过去了，两位先生均已驾鹤西游，离我们而去，然其音容笑貌仍时时浮现眼前。周先生对我的提携与教育，钱先生对我的关怀与鼓励，如今都成了甜美的回忆，不时发我深省，予我鞭策，足资纪念。

2011年溽热中于红北诚斋

（原载《想念周振甫》，此书为新世界出版社所编文集，2011年）

龙的飞舞
——钱锺书先生和他的《谈艺录》

在中华书局的小小读者服务部里，你会深深为读者踊跃购买《谈艺录》的热情所感动。日前，为了满足读者的急需，服务部直接从装订厂进了一百部《谈艺录》。他们估计形势，没敢上架，而是存放在书架下面的柜子里，非特意询购者不予，颇有"货卖与识家"的气派。就这样，一个上午还是全部售出。后来的读者只有留名登记以待来日，不及半天，登记者又过百人。到现在，所进八百部，已全部告罄。作为书局的一名工作人员，望着一个个因没有买到所希冀的书而失望离去的读者的背影，与其说是感到负疚，毋宁说引起了一种激动。引颈以待，一有消息便往询购，屡不奏效而不辞，这充分体现了一种对知识的追求；对于《谈艺录》一书来说，还多着一层意思，那就是对学术的兴趣，对学者的崇拜，青年读者更是急于从中接受启迪。感同身受，因为对钱锺书先生及其著作，我也同样崇拜久矣。

50年代，在南开大学读书，听我老师讲过这样一段轶事。外文系颜毓蘅教授，"肃反"运动中被迫害致死，大才不遇，时人叹惋。有云颜教授就读清华大学时乃同学"三杰"中被戏称为"狗"者，南开园里遂盛传"狗尚如此，何况龙虎"之雅谑。据知，"虎"指的是当今戏剧家曹禺先生，而"龙"即是钱锺书先生。闻之此事，对钱先生的一种仰慕之情油然而生。

时值钱先生的《宋诗选注》出版，我就是怀着有如今日青年读者购买《谈艺录》那样的激情，务求先睹为快。翻读序言，我就被那领异标新的审美观点、妙趣横生的语言风格深深吸引住了。此书虽名之为"选注"，却完全摆脱了一般选注拘泥于联缀名家名篇、诠释一词一典的俗套，而是从一代诗史乃至整部诗史的高度，就作品在题材的扩展、意境的开拓、修辞的艺术等方面有无进取而决定取舍，并逐一予以评说，使之在《宋诗选注》这部简明宋代诗史中各就各位。记得书中论及"宋代里气概最阔大的诗人"王令，说他"仿佛能够昂头天外，把地球当皮球踢着似的"。当时我就想，这位读遍万卷书的学者，将有宋一代诗人玩于股掌之上，一一掂量着他们的斤两、评定他们的短长，不也同样反映了学者那拥有权衡一切、把地球当皮球踢的胆识和伟力吗？此书一出，恐于宋诗选注再难觅续貂之人。

俗话说，真龙见首不见尾。《谈艺录》补订文字里则说："远龙亦不见鳞爪。"读罢《宋诗选注》，真使我恍惚触摸到龙的一鳞半爪。它上下其间，把人领入艺术的殿堂，扩大人们的知识视野，提高人们的欣赏境界，开启人们的睿智，激发人们的兴趣。读其书无疑是种享受，致使你流连忘返。但是，它高瞻远瞩，出境入化，又绝不让你滞留于狭小的象牙之塔。因而这本书至今放置案头，供我随时师法。

20世纪60年代初，钱先生又将艺术的光束投入文坛，发表了题为《通感》的名文，引起了文学艺术界的震动，修辞学为之增添了新概念。我的老师对此文倍加推崇，并以生活用语中的"通感"实例，布置给我做练习。我也兴致勃勃地找来诸如"刺耳""触目"，以至"炙手可热""春意阑珊"等词语玩味。诚如文中指出的那样，"通感"这种描写手法虽然在我国诗文里时有出现，不过，"古代的批评家和讲修辞学的人似乎都没有拈出"。空谷足音，先生乃第一个发现者。人们常把"妙不可言"的遣词造句视作神助，而先生竟然能够将其之所以为妙有根有据地娓娓道来，于古今中外的名篇佳什之中理出共通之理，实足振聋发聩。"红杏枝头春意闹"的名句，千百年来给人以美妙而又朦胧的感受，经先生以"通感"点拨，始豁然开朗，升华成为理性认识。一种可知、可道而又可驾驭的表现手段，从此登上修辞字典。

在此，我们似乎又看到了龙在飞舞时的一鳞半爪。但我又总有这样一种感知，这龙并不只是在美的云雾中恣意游行，而是像希腊神话中的缪斯那样，致力于把艺术之美的奥秘揭示给人间。人们因备受着启发而对之倍感亲切，从而也就缩小了人们所崇拜的他和崇拜他的人们之间的距离。

近年来，先生更以《管锥编》名世。闻高等学府已有开设《管锥编》专修课者，可见研究它已成为专门的学问。该书从隋唐以前包括《周易》《诗经》《史记》《老子》《楚辞》在内的文史要籍中，发掘出数以百计的审美议题，复以英、德、法、意、拉丁五种文字的西方名著与之相较，目的则在于归纳在文艺学、修辞学、美学、哲学、语言学等方面各民族哲人的共通的认识和实践，并予以理论上的总结和阐发，言之凿凿，令人心折。先生作为学贯中西的专家，以凌驾于古今中外学者之上的胆识，终而得出科学的结论。这对于那些把言必称希腊当时髦、拾洋人牙慧作经典，而又妄自菲薄我中华文化的"半瓶醋"者流来说，是一面值得好好照一照的镜子。我们的民族自尊心、自信心，不是从盲目排外、抱残守缺、故步自封中得来的，而只能通过实事求是的科学比较才能得到加强。这或许就是先生的巨著给予我们的启示吧。

摆在我们面前的《谈艺录》，同样是先生的力著。此书早于1948年由上海开明书店出版，便使先生蜚声文坛。三十余年过去，先生又作补订，篇幅增加了一倍，愈显其博大精深。引人兴味的是，前后著作者固是一人，而两度担任此书责任编辑的也是一人，即周振甫先生。钱先生在补订本引言中记述了这件事："审定全稿者，为周君振甫。当时原书付印，君实理董之，余始得与定交。三十五年间，人物浪淘，著述薪积，何意陈编未遭弃置？切磋拂拭，犹仰故人。诵'印须我友'之句，欣慨交心矣。"眷眷之忱，溢于言表。想当年他们合作之初，都只是三十开外的壮年，如今俱已年过古稀，然此期间，他们切磋技艺，不止友谊日进，而且造诣日深，各自在自己所从事的领域享有极高的威望。现在，当我们看到钱先生亲自来到中华书局，拿着《谈艺录》补订本的书稿，郑重送交周先生面前；当我们看到出版之后，钱先生又亲自来到中华书局，当面向周先生致谢，这种对编辑工作者的充分尊重，正反映了谦虚的学者风范。学者与编者，数十年交谊，情笃意深至此，也算得出版史上一段佳话。

如果说《管锥编》的写法是以典籍为纲，那末，《谈艺录》则是以人物为纲写成的。举凡我国诗史上的名家，如陶渊明、李长吉、韩昌黎、王安石、梅尧臣、苏东坡、陆放翁，以至袁子才、龚自珍、黄遵宪、王国维等，书中对他们的诗作以及围绕着他们的历代诗话，都一一予以评说。所以我是把这部书当作诗品、诗话、诗史来读的。下面试作摘引，以证我言之不虚。

《谈艺录》一书，可作诗品读。作者自序，是书乃"赏析之作"。赏析文字，似易而难。拈来一诗，注释串解，并就修辞对仗、意境风格，演绎成篇，人可为之。但若能言人所未言，见人所未见，赏新析异，发覆探幽，犹如先生在《管锥编增订·序》中所言，达到"惬心以求当"的地步，则又孰能轻取？然于《谈艺录》竟是目不暇给，俯拾即是。品诗何以能臻于如此境界？倒用得着先生在该书第二八节中的一个比喻，那是在谈及"解悟"与"证悟"都离不开思与学时说的：

> 犹夫欲越深涧，非足踏实地，得所凭借，不能跃至彼岸；顾若步步而行，趾不离地，及岸尽裹足，唯有盈盈隔水，脉脉相望而已。

这一"踏"和一"跃"，实乃治学之三昧，对于品诗来说，尤为至要。"踏"之不实（即学思之不广不深），自然无从"跃"起（即不能"悟"）；但如果仅知"踏"来"踏"去，趾不离地，也只能做人云亦云的文章，也是无以至"跃"——揭示妙的真谛的。可见，"跃"即"悟"，没有广博的学、深入的思，所谓"解悟""证悟"是不可能达到的。此一境界固非可以一蹴而就，不过，我辈后学可以观摩，可以借鉴，而《谈艺录》正是极好的范本。

书中品诗，真可谓满纸珠玑，使读者在惊叹先生妙语的同时，从中得到艺术上的满足。如在第三三节比较南宋诗坛上两位大家陆游和杨万里的诗作，先生的见解是那样的精到：

以入画之景作画、宜诗之景赋诗，如铺锦增华，事半而功则倍，虽然非拓境宇、启山林手也。诚斋、放翁正当以此轩轾之。人所曾言，我善言之：放翁之与古为新也；人所未言，我能言之：诚斋之化生为熟也。放翁善写景，而诚斋擅写生。放翁如画图之工笔，诚斋则如摄影之快镜。兔起鹘落，鸢飞鱼跃，稍纵即逝而及其未逝，转瞬即改而当其未改，眼明手捷，踪矢蹑风，此诚斋之所独也。

此种只眼别具的卓绝见地亦为先生之所独也。受此启发，再翻读杨万里的《诚斋集》、陆放翁的《剑南诗钞》，无不一一验证，愈加钦佩先生的文心诗眼。而其中所提到的诸如"与古为新"和"化生为熟"，纵然有其难易之分，却都是诗的审美的新标尺，为前人所未道。

品诗当然不排斥品诗人的偏爱，但也不能爱屋及乌。陆游是南宋诗坛之大宗，先生亦曾言："放翁诗余所喜诵。"却并不为之护短，指出其诗"有二痴事：好誉儿，好说梦。儿实庸材，梦太得意，已令人生倦矣。复有二官腔：好谈匡救之略，心性之学；一则矜诞无当，一则酸腐可厌。"在第132页〔补订二〕中，论及放翁谈兵，"自负甚高，视事甚易"，并引培根的话"空谈高论，阔于事情，正如一士言战术，名将闻而嗤为梦呓荒唐"以讥之。在第三五节中还指出放翁诗意境少变化，"古来大家，心思句法，复出重见，无如渠之多者"。令人吃惊的是，先生一论既出，随即以百证随之。博学强记如此，直令读者怀疑，放翁老人是否故意作来授先生以讥柄的。对与陆游同时的另外一位大诗人杨万里，先生则多处称道，那是因为"诚斋体"确有独到处而不为后人所知者。乾隆朝大才子袁枚是极力推崇杨万里的，他在《随园诗话》中称杨为"一代作手"，赞其诗"非人间凡音"，可谓礼拜有加。然而，先生却发现杨氏的真正妙处袁枚却一无所见。比如袁枚肯定邵元直诗"车前细雨织成帘"，认为是能写路中雨景者，先生加了这样的按语："诚斋写雨绝句，几无篇不妙，其《小雨》一首云：'雨来细细复疏疏，纵不能多不肯无。似妒诗人山入眼，千峰故隔一帘珠。'"则意境杨氏早得，袁枚却不加援引。又称引赵云松诗"一蚊便搅人终夕，宵小由来不在多"，视为押"多"字之妙句。先生按语中指出诚斋《宿潮州海阳馆独夜不寐》诗中已有"一支搅人终夕睡，此声原自不须多"之句。复制的痕迹十分明显，袁才子又何以不见？于是先生一针见血地指出：随园于诚斋篇什，"恐只看担上之花，拾牙余之慧，实未细读"（第八三节）。言之有据，即或袁枚在世，亦不能辩。顾前所述，则袁子才之所以不能"解悟""证悟"，正粗于学、粗于思之故也。

《谈艺录》一书，亦可作诗话读。历代诗话众多，或胪列轶事，或评点篇什，大都囿于门户之见。而是书却能博采众长，以高屋建瓴之势，纵论诗坛是非，甚至对历代的诗话也施以针砭，进而提出自己的独到见解。试以历代诗话对李贺的评价为例，自杜牧《李昌谷诗序》立"牛鬼蛇神"之说，王明清《麈史》作"鬼才"之诮，皆意在言其求奇而少理。此后的诗话多曲意为之辩解。《谈艺录》第七节里就列举了清初姚觐湖《昌谷诗注》（它认为贺诗"无奇篇，无不可解处"，故其注悉取时事附会之）；朱轼《笺注长吉诗》（它认为贺诗"可以兴观，可以群怨"，故其注尽与《诗经》相扣）；陈本礼《协律钩元》（它认为贺诗"咸感切当时，目击心伤"，遂"托于咏物写景，使人不易窥其意旨"），都于贺诗无解处牵强附会时事以解之。先生明确指出：这是"将涉世未深、刻意为诗之长吉，说成寄意于诗之屈平"。这些迂夫子们一面痛惜诗人之夭折，一面又无视诗人正年轻的弱点，强作解人，以致把涉世未深的青年的好作奇语，错当成城府森严的长者的老谋深算。似乎今日治李贺诗者，依然不免此病。先生一语，迷路指津，足以警人。

《谈艺录》对一些诗话的偏颇更多评说。王士祯者，乃康熙名士，其《渔洋诗话》师宗严羽《沧浪诗话》，力主神韵之说，《四库全书总目》谓其"于近人诗话之中，终为翘楚"，于当时乃至后世都有大影响。《谈艺录》第二七节在细论其诗作之依傍故事、营造痕迹之后，得出如下结论：

> 渔洋天赋不厚，才力颇薄，乃遁而言神韵妙悟，以自掩饰。一吞半吐，撮摩虚空，往往并未悟人，已作点头微笑，闭目猛醒，出口无从，会心不远之态。故余谓渔洋诗病在误解沧浪，而所以误解沧浪，亦正为文饰才薄。将意在言外，认为言中不必有意；将弦外余音，认为弦上无音；将有话不说，认为无话可说。

揣摩其人、其诗、其说，惟妙惟肖到如此地步，非精研至深者莫属。

《谈艺录》一书，还可作诗史读。这不仅是因为上自先秦下至民初，诗坛之佼佼者都在书中按部就班，各就各位，得到了确当的评价；尤在于一代诗风的形成，一个诗人的影响，在这里都能从史的角度得到全面的认识，使读者可以把握住嬗变的线索。比如第二四节论述陶潜诗在后代的影响。"渊明文名，至宋而极"，这诚然是确切的史实，但何以不为前代所重呢？书中随即以大量的诗篇展示了有唐一代诗家认识陶氏的过程。始者，"喜其饮酒，与己有同好，非赏其诗"；继而，"每赋重九、归来、县令、隐居诸题，偶同陶公故事"；后来，虽及渊明之诗，"皆空泛语"，即或有"效陶"之作，亦"并未能劣得形似"。直至张说之、柳宗元出，之于陶诗始得"涉笔成趣焉耳"。至于杜甫、皎然、白居易、薛大拙诸家，"虽道渊明，而未识其出类拔萃"。唐人的这种偏见，显然是受了六朝评论家的影响：刘勰《文心雕龙·才略》篇"独遗渊明"，钟嵘《诗品》则"列渊明于中驷"，因而得出了"渊明在六代三唐，正以知希为贵"的结论，就令人十分信服了。就这样，为"至宋而极"，理出了一部陶渊明身后声名之显晦的发展史。先生随后指出：近人有笺注《诗品》者，鉴于钟嵘列陶氏于中品多予人口实而曲意为之回护，竟立陶氏本在上品，今居中品乃后人窜乱之说，并以自得古本为证。

先生详作考证，根据《诗品》体例之所本、钟嵘眼力之所重，力驳其非，指出："不知其人之事，不究其书之全，专恃斠勘异文，安足以论定古人？况并斠勘之未备乎！"先生所否定的岂不也是我辈为文为史、考据文章之大忌吗？而先生所致力的知人论事、实事求是的学风，才使其所述成为信史，为我后学之楷模。

　　《谈艺录》一书，内容宏富无涯，远非抄引只言片语可以概括者。近闻海外学者余英时先生评论钱先生之谈艺学说，曰："文心精髓，体法深细，片言杂语无不启人神智，神龙略现片鳞于云间也。"读之神会。《谈艺录》是个窗口，透过这一窗口，我们不是又得见神龙飞舞时的一鳞半爪吗？

　　（原载《人民日报》海外版1985年10月9日，《新华文摘》曾予转载，略加增补而成此文）

追怀良师益友守俨同志

故人常会引起心底的怀念，尤其是跟自己的成长密切相关的故人，更会经常萦系心头。这种怀念并不因着故人的远行而淡化，反倒会愈益感到亲近和鲜明，犹如经历了岁月的提炼更趋完成感情的升华和记忆的定格。守俨同志之于我，就是如此。

1972年春节刚过，我从文化部团泊洼五七干校来到中华书局。从"批林批孔"的前线来到这块"谈笑有鸿儒，往来无白丁"的净土，好像进了一个陌生的世界。身虽在这陌生的世界，可真的把我的心也领进去的，则亏得是守俨同志。

当其时，他还不在领导岗位，可他是周总理主持召开的整理出版"二十四史"和《清史稿》工作会议的参加者，是得到专家学者尊敬的"二十四史"校点本的实际总编辑，比起仍在"五七"路上挣扎的大多数人才来，他是幸运的，正可"春风得意"。然而他却没有一点架子，总是那样谦和平易，容易亲近。或许是因为我们都是北京人，都讲一口京片子，我虽无缘参加"二十四史"的服务工作，在他属下效力，却有缘常跟他闲谈，听他说"古"。即或是"拉练"，夜宿在百花山脚下；即或是春游，伫立于八达岭长城，也都有谈不完的话题，而谈得最多的莫过于中华书局，以及再造中华书局的金灿然。

当时，中华和商务是一家，主持《辞源》编纂工作的吴泽炎先生常到守俨同志办公室来坐。我作为后生，有幸侍坐其间，他们谈话也从不回避我。一次，不知怎么的，这位吴老把张元济和金灿然扯在了一起，说张元济本是"戊戌事变"的漏网之鱼，不是李鸿章网开一面，就义的就不只"六君子"，这样，张才逃到上海，主持商务印书馆，终于成为中国第一出版家。而金灿然，原是出版局的领导，反右运动险些被划成右派，是周总理把他调离领导机关，来主持中华书局工作的，结果成就了中华书局。这番话给我的启发是，遭遇坎坷，常为人生开辟施展才能的新机遇，这也是不争的事实。守俨同志则说起，新中国成立前的中华和商务虽也有事业上的竞争，但中华一直难望商务之项背，到新中国成立前夕，中华书局已是印钞票，做油墨生意，不务正业，难乎为继了。即使与商务一起迁京，明确了两家的分工，中华也很长时间搞不出自己的特色来。真正的重塑形象，还是在灿然同志来了以后。吴泽老说守俨是他举荐给金老板的。守俨同志说到了中华，灿然同志曾领他遍访专家学者征求意见，组织稿件。灿然同志也曾远赴广州看望陈寅恪先生。一时间，灿然同志以革命家的气魄，在中宣部副部长齐燕铭同志的有力支持下，筚路蓝缕，创业图新，全身心投入古籍整理出版事业，终于打开了中华书局欣欣向荣的新局面。书局作为国务院古籍整理出版规划小组的办事机构，在灿然同志主持下，不仅制定了宏伟的十年规划，而且与北京大学合作，在中文系开办了古典文献专业，明确为书局培养编辑人才，反映了他战略眼光的远大。当时，就连商务的老总、著名翻译家陈翰伯同志都有"平生羡慕金灿然"的赞叹。

中华的老人都说，"文革"前几年间，守俨同志就连升三级工资。我曾当面问过，他承认有此事而又感慨无限。一位党外人士得此殊荣，充分说明灿然同志忠实执行党的政策，爱惜人才，重用人才。守俨同志提起过沈玉成。这位同志当时还是青年，论学问、论文笔都是不可多得的人才，只是说话随便些，灿然同志几次要为他"脱帽"，都因其口无遮拦，招人非议而未果。但依旧信任他，放手让他筹备《文史》。这个刊物虽因"崇尚实学，去绝浮言"使他雪上加霜，又添受批判的新罪名，但是作为具有中华风格的综合性学术刊物，着实赢得了海内外学者的重视。从沈才子积极性的调动，再联系灿然同志那"人弃我取，乘时进用"的名言，当其时，能做到这一点，需要怎样的胆识和气魄呵！

金灿然的名字我还是从范文澜主编的延安版的《中国通史简编》里知道的，那里注明叶蠖生、金灿然、唐国庆、范文澜分任第三编（即占全书三分之二的唐至清部分）的执笔人。当时也只知道他是范老的得意门生，是个学者，不想，这个名字竟有如此丰富的动人心弦的内涵。我常想，这样一位出色的学者，原可著作等身，但为了党的古籍整理出版事业，宁肯做出牺牲，甘当铺路石，这是多么可贵的品质、多么宽阔的胸怀呵！同样，守俨同志也是学富五车，深谙国故，从他整理的《朝野佥载》《登科记考》可以一瞥这位唐史专家的深厚功力。他献身于中华的编辑事业，很少时间再搞自己的著作，但他的头脑却是个活的资料库，无私地向他人敞开着，有问必答，指点迷津，奉为人生圭臬。这是不是为了报答灿然同志的知遇之恩，着意效法他那毫不为己、专门利人、为事业而献身的共产党人的风范呢？以我的切身感受，总觉得这不算是捕风捉影的无稽之谈。

我只见过金灿然同志一面，还是在跟他遗体告别的时候。我认识中华书局就是从认识他开始的，对他并不觉着陌生，反而产生一种又亲切又敬仰的情意。追悼会在八宝山殡仪馆一室，开得十分隆重，赶来的不仅有从事"二十四史"校点工作的专家、北京大学的老师，干校也派来了代表参加。那是70年代初期，人们还处在"文革"噩梦之中，老干部也大都没有得到解脱，竟来悼念这位曾被打倒的"走资派"，这在当时确实是十分难得的。看到大家沉痛哀悼这位为工作积劳成疾，以致两度开颅取瘤的老领导、老朋友的场面，我深深受到感动，也深深为成为经他重塑的中华书局的新成员而自豪。我理应全身心地投入灿然同志开拓的事业中去——这是在送行的行列中，我油然而生的信念。

然而，从事古籍整理出版工作需要功底、需要精心、需要付出艰苦的努力，又岂能一蹴而就。我虽然是学古典文学的，但于文献学却十分隔膜。记得在南开大学读书时，曾听杨佩铭先生讲授文献学，他说他的老师余嘉锡开课第一句话就是"不读遍宋以前书，不可妄谈校勘"，一下子使我兴味索然，视此道为畏途，再不敢问津。如今到了中华书局，将以古籍整理为专业，就真的是赶鸭子上架了。幸好当时文学组初建，成员只有方南生、杨牧之、我等二三子，工作也无外分看为数不多的来稿，实际上还未涉及具体业务。后来，任务真的下达了：标点王琦注本《李太白全集》。由远在四川江油的徐调孚先生点散文部分，方南生和我分点韵文部分。这可让我费了难：正文好点，注文怎么办？常是书中引书、话里引话，这下引号就不好定。这就需要查对原书，可引书那么多，哪儿去查找呵。我真的被吓住了，连忙去请教守俨同志。他的话很警人，第一句就是："清人注书，引用的资料，今天差不多都能见到。"举重若轻，一句话就给我吃了定心丸。然后就说起怎么查找，说咱们的图书馆有二十多万册线装书，虽不算多，但手头常用的大致齐备。当初陆续添置起来，也是花了很大力气的。所幸的是运动一开始就封存了起来，至今保护得很好。你需要看的一些书，那里差不多都有。有的书可能没有单行本，收到了丛书里，查一查《图书综录》就行了。一番话，使我茅塞顿开，似乎获得了思想解放，畏难情绪亦为之一扫。从此，开始了一本书一本书的核对，对于书中引文的疏漏、错讹、漫漶之处，竟然也能有所发现。

搞出了两卷之后，心里没底，很想请守俨同志鉴定一下，但看到他是那么忙，又不好开口。守俨同志看出我的心思，说：有的老先生在等着看校样，比较闲，你不妨找找看。是呵，周围都是校点"二十四史"和《清史稿》的专家，不都是现成的老师吗？这是难得的机遇。于是，我把陆续标点好的部分，分卷装订起来，疑难处贴上浮签，注明问题所在，先后送给了几位老先生。想不到他们审阅得十分认真，答疑解惑，使我获益匪浅。一次，碰到一首五言诗，只注出自《文选》，翻了半天《文选》也没找到出处，就去请教张政烺先生，他思考了一会儿，说：这是郭璞的《游仙诗》吧。一查，果然。才知道，老先生们国学底子厚，一部《文选》几乎背诵于胸。启功先生看得最快，一般第二天就退还给我。我曾请教他，注中常有大段引文，经核对，常发现一些疏漏，这是怎么回事。启先生说：前人注书，并不一一查抄原书，常常凭记忆写来，所以也常容易出错；有时为了突出中心意思，前后约略也是有的，不必过于拘泥。还有个为注而注的毛病，一字一词都溯本求源，卖弄学问，可是是否符合作者的原意，他就不管了，对于理解原作也毫无意义，这种钉饳之学，并不可取。这又给我极大的启示。而审读得最为认真细致的，莫过于周振甫先生——解答我提出的疑难问题自不必说，即或是没有发现的、标点有误的，也都用便笺逐一标出，花费的工力比我付出的还多，令我汗颜。至今我还保留着这些一沓儿一沓儿的写满密密麻麻小字的便笺，作为自己努力的鞭策。回想起来，那两年翻查的古书真是不少，虽不及细读，但作为第一次实践，还是尝到了古籍整理工作的艰辛，特别是老先生的言传身教，更使我终生受益。想及此，我也更为感念为我引见的守俨同志。

记得那时他常念及的一个名字是程毅中，说他要回来就好了，文学方面他熟，对你也更有帮助，并说已多次向上级提出，要求把他调回。后来，毅中同志从干校归来，文学编辑室的工作才得以步入正轨。毅中同志那严谨认真的治学态度，以身作则的工作作风，以及对后进的提携帮助，使我从中获益良多。我常想，他和守俨同志都是长期在中华书局工作中锤炼出来的精英，一文一史，一时间堪称中华书局的灵魂。后来听说，启功先生是举荐他们两位为中央文史馆员的，到了毅中同志履新时，守俨同志竟已仙逝，对此，毅中同志也叹惋不已。惜乎！

　　《书品》的同志多次让我写创办《书品》的经过，这真没什么好说的。倒是守俨同志与《书品》，颇有可道。一言以蔽之，《书品》凝聚了他的心血，一如当年他之于《文史》。虽说是我提出的刍议，但能够组到那么多名流大才为它撰写有分量的书评文字，使之成为颇为精致的学术小品集，这除去依仗了中华书局的金字招牌、中华出版的文史要籍的系列规模而外，设若没有守俨同志的"出谋划策"——诸如开名单、列题目，办起来也是不可能的。当时我已调到总编室，宣传本版书是我分内之责。一年一度在《光明日报》上登大半版的出书要目，费用是七八千元。我想，倘办个小刊物，专门评介本版书，免费赠阅，即或一年出四期，所费也不过如此，而宣传效果较之到手即成"明日黄花"的报纸又强之多多矣。这一报告得到了总编辑李侃同志的批准，遂开始筹办起来。初时借助当年跟牧之同志一起办《文史知识》的方法，拟就了许多栏目，七拼八凑也定不下来，最后还是守俨同志指出：本来就是小册子，再设这么多栏目，期期还要照顾到，日后会尾大不掉、作茧自缚的。这警告很及时，所以《书品》面世时就不设栏目，这也丝毫没影响它的丰富多彩，异彩纷呈。记忆所及，张忱石兄谈《永乐大典》之谜、谢方兄谈《大唐西域记校注》、李思敬兄谈《龙虫并雕斋文集》、严绍璗兄谈日本访书，在前几期上都是颇能引人兴味的学术小品，更不用说杨伯峻、孙楷第、唐长孺、胡厚宣、罗继祖等名儒的鸿文了。

值得注意的是，历来述而少作的守俨同志唯对《书品》情有独钟，发表文章七篇之多，计《〈古逸丛书〉今昔谈》、《三点希望》（纪念《文史》复刊十年感言）、《随笔和〈唐宋史料笔记丛刊〉》、《〈二十四史研究资料丛刊〉的回顾与建议》、《〈清稗类钞〉小议》、《从〈登科记考〉谈到古籍整理的格式问题》、《学术笔记的整理出版与评议》，几乎涉及了他主持的古籍整理、出版、研究的方方面面，是总结，是希望，是他心血的结晶。而在《书品》上发表，说明是将它当作自己的园地，精心培育的。

守俨同志任《书品》主编八年（即1986年创刊至1994年他辞世），为《书品》倾注了许多心血，使《书品》一直保持着学术性强、品位高、平实厚重的特色。它既不是老王卖瓜自卖自夸，也不是拉读者当"托儿"一味吹捧，而是着力总结古籍整理的经验教训，刻意追求图书评论的实事求是。那末，在新形势下，把本版书推及外版书，把兄弟出版社也联合进来，共同探讨古籍整理的改进和提高之道，在更广阔的范围内将古籍整理和研究的新成果反映出来，于现在于将来、于整理者（作者）于编者于读者，其功德无量又是当年搞个宣传品的初衷所不敢企及的。

拿起追忆的笔，才感到对守俨同志了解得实在太少。多少学问的事没有向他请教，多少感兴趣的话题没有向他提出，这才后悔自己生活得太无心，以至现在追忆起来，多的是随意闲谈，而少的是刨根问底儿。不过，这倒符合他那严谨谦和的本色，自炫于人也从来不是他的做派。

最后一次见他工作是在我上班的地点。那时我已调到文化艺术出版社，社址就在恭王府内。我见他正随人群步入，忙问究竟，他悄悄跟我说：是来撵你们搬家的。原来是全国人大代表来视察。我说：您可是旧地重游呵。他笑了，说：是好久没来了。守俨同志毕业于辅仁大学，而他的夫人王珍女士就读的该校女生部，就在恭王府内，直到守俨同志去世，她还念叨着当时他们一起漫步北海公园的情景。这一带的人文景观，守俨同志当然最熟悉不过了。

我为孙楷第先生编《沧州后集》时，他听说中华出了

《余嘉锡论学杂著》，曾跟我说：余嘉锡教过你们那里的赵守俨呵！当时赵尔巽请他教家馆，薪水却由"清史馆"开。此事不曾向守俨同志核实，但于此不难看出他的国学根基固然家学有自，并曾得到名师传授，确实有着得天独厚的条件。听吴树平兄说，他曾见过娃娃（守俨家公子赵珩的乳名）在练习标点《汉书》。他对自己的孩子也是如此严格要求的。

直到很晚，我才仿佛知道守俨同志生活负担挺重，日子过得颇为拮据。据说住在他家对门的原中华老总陈之向同志就曾为他家的粗茶淡饭而吃惊。在我调离中华后，守俨同志曾热情请我到他家做客，为此，王珍女士还特意到华侨商店买了食品，大约是条件已有所改善吧。但谁也不曾把"清寒"二字跟守俨同志联系起来，守俨同志也不曾向谁提及。有人说他这北京人太好面子，其实这又是多么令人尊敬的严以律己的情操。

守俨同志病得很突然，一经发现已是不治。我是怀着悲痛的心情赶到安贞医院的。心里难过，却还要装着没事的笑脸去开慰他，那滋味实在不好受。过了半年，听说医生已让准备后事了，我又赶去做最后的诀别。见了我，他拔了氧气管，下床坐到了椅子上，气定神闲地说："出了点小反复，没什么，没什么。"是在安慰我，抑或是在安慰自己？连我都怀疑这样总想着别人的人怎么可能明天会上路？后来话题还是转到了对赵珩工作的牵挂上，岂不是料知自己不久人世在"托孤"吗？遗憾的是，那时我正运交华盖，自身难保，已经照顾不了别人，但不愿让他失望，只能喏喏敷衍，这就更增加了内心的悲痛。

已经写到了人生的诀别，还有什么可写的？什么都无可挽回地过去了，我不想再牵动自己的以及别人的悲辛，唯有在心底默默地怀念这位永远活在我心中的良师益友。

我在中华工作了十五年，光阴荏苒，离开它也已过十载。中华培养了我，我也把最好的年华奉献给了它。这就成为我难以割舍的情结。这次也想通过追怀守俨同志，将此情结做一了断，却又了断不了，如之奈何？

（原载《书品》1998年第2期）

一瞥劫后灿烂
——记校点"二十四史"及《清史稿》的先生

　　"二十四史"及《清史稿》是贯通我中华民族五千年发展史的文化血脉，它经络分明，连绵不断，举世无双。整理它，修订它，也是历代史家义不容辞而又坚持不懈的责任。前贤明言，校书犹如扫落叶，从来不是一蹴而就的事。于是就出现了20世纪70年代大规模整理之后、而今中华书局又要重新修订的事情。这自然是浩大的工程，不朽之盛事。我在闻之兴奋之余，不由得怀念起当年从事此项工作的几位老先生。

　　其实，那次校点工作早在20世纪50年代即已开始，"前四史"就是从50年代末陆续出版的，待后来又把专家集中起来校点其他各史。那时中华书局还在海淀区翠微路办公，特为专家们提供了丰富的资料、优渥的条件、周到的服务，因此工作亦颇有进展。只是因为"文革"狂潮的不期而至，人走了，单位散了，一切都戛然而止。直到1971年，校点工作奉命重新开始，中华书局为此重新开业，几位刚刚被摘下"反动学术权威"桂冠的专家才得以再度聚首，那已是劫后重逢的幸存者了。

当时的中华书局已搬至地处闹市的王府井大街，较之外界乱哄哄的"斗批改"来，这里却另是一番景象：群贤毕至，史家云集，鸿儒出入，学者往来，两耳不闻窗外事，竟一门子搞起业务来，真是好一个世外桃源，清凉世界！我恰于此时调来书局，因为不是搞历史的，更不曾学过古籍整理专业，所以无缘窥其堂奥；但低头不见抬头见，不时亲聆謦欬，和一些老先生也逐渐熟稔起来。其间，虽不见甚惊世骇俗之举，不闻甚振聋发聩之声，但耳闻目睹也有不少趣事，颇值一记。

要说学术人品，最为当时中华同仁所称道的，当推唐长孺先生。唐先生来自武汉大学，是治唐史的专家。他戴着一副深度近视镜，看书时得用手捧着，脸几乎要贴到书本上。一次见他患了感冒，流涕不止，一边鼻涕吸着，一边手帕擦着，仍手不释卷，那情景十分感人。唐先生只身来京，全亏同行的陈仲安先生照料。每日清晨，师徒二人，一人拿一块湿抹布，从所住的五层递阶而下，一层一层地擦干净楼梯的扶手，为全楼做出表率。唐先生每月都从工资中拿出150元交纳党费，自己却捧着个小饭碗到食堂打饭。他负责校点的《周书》是出版发行的第一种。发售那天，王府井新华书店门前排起了长队，有的人买到手一看是记载西魏和北周历史的，又全系文言，看不懂，只好又去退。当年，只听说排队买《红旗》的笑话，却不知还有又买又退《周书》的趣闻。书荒一至于斯！平素略显木讷的唐先生听说此事，操着浓重的湖北乡音爽朗地开怀大笑，那笑声至今似乎还在耳边回响。

张政烺先生是史学界的名宿，"文革"前一直受聘为中华书局副总编辑。在校点工作中分工《金史》，倒不是因为他专工《金史》，而是因为他无史不通。曾经有过这样一个故事，林彪想了解中国的政变史，责令社科院历史所整理历代政变史料，所里诸公自然不明其所以，只得按史分人去爬梳材料，独问到政烺先生想搞哪一史时，回答是看着办吧，剩下的给我。其史通如此。张先生还是著名的版本学家，我们几个青年人怂恿他给讲讲版本，他终于答应了，在一个办公室开讲。先生讷于言，只反复说确认版本全凭实践摸索，积累经验，看得多了，自然辨认也就容易了。边说边将他带来的本子一一翻出，听得我们大感乏味。这也给心浮气躁的我们一个警示，那就是治学并无捷径可言，只有踏踏实实一步一步地去摸索才能掌握。事后，我曾拿一套《笠翁十种曲》向他请教，他只用手捻了捻纸的质地，又拿起来透着亮光看了看，便说：这是清初从朝鲜进口的高丽纸印的，版本的年代虽不能确定，但从墨色、字体清晰度来判断，可以肯定是初刻初印本。让我心悦诚服。

这期间书局领导布置标点清人王琦注本《李太白全集》，由身在四川江油的徐调孚先生分点散文部分，我和方南生同志分点诗词部分。我非常珍惜平生第一次整理古籍的实践，不愿意只作简单的标点，而要将王琦的注文与出处一一进行核对。好在领导并没有时间要求，王琦又是乾隆时期的学者，所引用的书籍今天大都可以看到，书局所藏线装书已大致够用，这就给我练习查阅古籍基本功提供了机会。当时，中华文学编辑室的老同志大部分还没从干校回来，标点工作全凭个人摸索，幸亏有校点"二十四史"的老先生在，可以随时请教。碰到最多的问题是王琦的注文往往不注明出处，使我无从核查，比如多次出现的"郭璞诗……"即是。我就去问张先生，他告诉我，这是郭璞的《游仙诗》，郭璞没有文集传世，所作《游仙诗》都收在《文选》里头。这一点拨使我豁然开朗，在《昭明文选》中一查，果然很容易就找到了。我后来又向他请教一些疑难问题，都是有求必应；也有答不上来的时候，他就说，容我回去查查，第二天总能给我一个满意的答复。我后来知道，这种请教其实是很不礼貌的，不明就里地贸然提问，很容易让对方为难。张先生不愧为大家，对于晚辈的冒失不以为忤，反予以耐心指导。我至今仍为自己唐突而受惠感到内疚。政烺先生身体魁伟却心细如发，情致闲雅，一个秋日，见其办公桌上置一佛手，此南方物，当时北方尚不多见，金黄澄亮，散发出来的芬芳馥郁袭人，嗅之心旷神怡，直至枯萎，其香气不减，次年又复如是，先生真个好兴致！

风雨无阻从北大蹬自行车准时来上班的是阴法鲁先生，其谦冲待人、和蔼可亲、热心提携年轻人，向为人所称道。印象最深的一件事是，见我暑天午休就睡在铺了一张席子的水泥地上，阴先生操着浓重的山东腔提醒："老黄，这样睡可不行，会落下病，要当心啊！"如今自己年纪也大了，每一腰腿疼痛就会想起先生当年的关切。当时正值长沙马王堆轪侯墓的成功发掘，这在老先生中引起了极大兴趣，分别对其中的帛画、帛书和竹简进行研究，而竹笛的考订和确认，就是由阴先生完成的。这才知道先生还是著名的古代音乐研究的专家。

叼着烟斗，不管冒烟不冒烟不时吸两口的是翁独健先生。翁先生是元史专家，曾见先生藏有一枚四周带边框、中刻一手体"翁"字的石印章，他说这是元代一县令墓中的出土物。翁先生专治元史，又得元代"翁"字章，这种巧合实在太难得了，难怪先生悉心把玩，爱不释手。

孙毓棠先生因患严重的皮炎，不能常来上班，每次驾临，请教他的人都很多，原来他精通蒙满文字，举凡蒙元、满清时期的一些人名地名、读音断字难定之处，在他那里都可以迎刃而解。我原在中国剧协工作，知道孙先生乃戏剧家凤子的前夫。凤子是《日出》中主人公陈白露的首演者，而孙先生则是当年著名的白话诗人，皆一时人物。孙先生与剧作家曹禺是清华同窗，据说《北京人》一剧就是以孙先生外祖父的家事为雏形创作出来的。先生晚年虽风流不再，但专意治史，又成史坛奇才。

启功先生则是最有亲和力的学者，诙谐幽默，出语快人，到哪儿都能给人带来欢笑。他是我南开读书时的导师华粹深先生的"发小儿"，一块儿念过小学，华师常跟我提到他，所以我对启先生并不陌生，反而倍觉亲切。我曾同方南生同志去他家拜望。那时，先生还住在小乘巷的南房，房子进深很浅，师母在右首盘腿面朝东盘坐在炕上，而启先生在左首正面朝北窗伏案提笔练字，分明是在照仿传为王羲之的"千字文"帖。室内别无长物，唯两件家什引人注意，一是先生用的书桌，似乎是由两个满是抽屉的高茶几架起整方的大木板组成，一水儿的紫檀木，可以想见或坐或站写字绘画都十分舒适，显系家传旧物（后来搬到师大红六楼依然用此）。另一物件则颇为新奇，只见房檩子上垂下一绳，上设滑轮，下坠四块红砖。当时启先生正患颈椎病，平日脖子上架着上下形似两个相背的塑料托盘，中间用螺丝棍撑开，松紧固可操纵，但脖子却难扭动。家中所备自然也是用作牵引颈椎的。正如《启功韵语》所云："牵引颈椎如上吊，又加硬领脖间套"；"头拴铁秤锤（吾见是砖），中间系长练。每日两番牵，只当家常饭"，真是惟妙惟肖。不想此种"恶治"竟见了奇效，从中不能不佩服先生毅力之过人。

　　说到治病，有趣的是，先生不信中医，却交有不少中医朋友。一次，知我妻有病，还专门陪我们去地安门附近一位王大夫家，为之号脉开方（记得那一次白寿彝先生也去了）。后来每次去看望，先生都会关心地先问："嫂夫人身体可好？"弄得我这做学生的很不好意思，只好搭讪：
"让您惦记着。"

先生在书局上班时，每到中午便去外面散步，顺便解决吃饭问题。一次问他："您今天午饭又在哪儿吃的？""间壁儿（jiè bǐr）康乐，吃了碗过桥米线。""多儿钱一碗？""九毛二。"先生那地道的京腔京味儿，听着都是一种享受。

"二十四史"及《清史稿》出版后，启先生仍常来书局。一次，大约在师母仙逝之后不久，书局几位老同志如李侃、赵守俨等都半开玩笑地促其再寻个老伴，先生婉言拒之，并一再以"没有物质基础"来搪塞。我听了也不明何意，后来拜读先生亲赠的《启功韵语》，乃知先生与师母四十年相濡以沫，患难与共，情深意笃，非比寻常，其《痛心篇二十首》有云："君今撒手一身轻，剩我拖泥带水行。不管灵魂有无有，此心终不负双星。"若当时书局诸公早知此"韵语"，恐怕就不会再如此多事了。

"二十四史"及《清史稿》的校点工作，当然离不开守俨同志（"守俨同志"，是当时书局同仁对赵守俨先生的习惯称呼）。这方面他自己既撰有多篇文章，别人怀念他的文章也提到不少，最近程毅中先生还有专文发表在

《古籍整理出版情况简报》上，所以不容我多作重复。下面只略述我所亲见的几件小事。

在书局，守俨同志以其家学渊源的学术水平，丰富周详的编辑经验，择善而从的判断能力，以及谦诚待人的人品声望，赢得了同仁的尊重和参加"二十四史"校点工作的老先生们的信任。当时，"文革"尚在进行之中，所谓"以阶级斗争为纲"的观点仍影响很深，甚至一个标点，如句号、惊叹号之差，都要体现阶级立场和阶级感情。今天听来或许不可思议，可当时却是不容争辩的"真理"。这虽是形势所迫，但心存余悸的老先生也不能不作如是观，否则什么"右倾""回潮"帽子就会不客气地压下来。一向被人们视为行事谨慎的守俨同志面对这种矛盾，顶着压力，巧作周旋，强作解人，终使问题得到妥善解决，其中所付出的偌大勇气和智慧，就显得十分难能可贵了。

一次，见南开大学郑天挺和杨志玖两位教授风风火火联袂出现在书局。他们是华师的挚友，我是认识的，忙上前问候，并把他们引到守俨同志办公室。两位先生显然是刚获"解放"，和守俨同志见面都很激动。我虽退身出来，但他们的谈话声不时传出，特别是郑老，嗓门儿挺高，似乎还带有情绪。事后听守俨同志解释，《明史》的校点过去一直由郑老主持，此次集中校点因为造反派不放人，于是易手他人来定稿，其中不少体例违背了原来的初衷，招致郑老的不满，一俟"解放"，郑老即由杨先生陪同前来"兴师问罪"。又是守俨同志，不仅虚心接受了郑老的意见，而且当机立断，改弦更张，特别烦请周振甫、王毓铨两位先生重新整理，恢复了原来的体例，风波平息，问题得到了圆满解决。

校点工作临近结束的时候，从一衣带水的邻邦传来日本汉学家的评论，文章的题目大约是叫"内容与形式"。对于校点工作的新成就，本是"我家生活"，他们自然无可指责；但对于冠于各史之前的"出版说明"，千篇一律地大谈"阶级斗争"，却颇多微词，意即这种外加的形式不符合实际的内容。孰不知即或那样牵强附会的"时文"，也是老先生们挖空心思抠出来的，其中自然少不了违心之论，又岂是他们左右得了的呢。辛辛苦苦的校点工作，最后硬要"穿靴戴帽"，纳入完全跟校点主旨无关的躯壳之中，以致授人以讥柄，恐怕也应在意料之中。守俨同志让把这篇文章的译稿打印出来发给每位老先生，但并没有组织当时所时兴的声讨和批判，不了了之了。我至今还记得他手揎着打印文稿无可奈何地苦笑的神态。后来就全变了，拨乱反正之后，"二十四史"及《清史稿》重印，"脱靴摘帽"，把那些外加的非关内容的"形式"悉数删掉，还校点工作以本来面目。虽然迟了，却是对日本同行批评的最为认真的回应。我猜想，守俨同志当年肯定也是这样认为的。

如今，当年参加校点工作的老先生大都已作古人，回忆他们的音容笑貌，恍如昨日，然而那又是什么样的"昨日"啊！当其时，"文革"的花样仍在不断翻新，几位老先生都是从"打翻在地再踏上一只脚"的"脚"下被抢救出来的幸存者，而一旦获得"解放"，这些老先生便义无反顾地投身"二十四史"的校点工作，似乎在这里他们又重新找到了自己的人生价值。其中我注意到了这样两点，一是不讲条件，一是不计报酬。当时有个不成文的规定，参加校点工作是不署校点者名字的。只是在"文革"结束后重印时，才在"出版说明"中一一列出历次参加校点工作者的姓名，而当时，这些专家只能隐其姓埋其名做无私的奉献，但并没听说过有哪位老先生对此提出过异议。至于报酬，他们除了得到恢复了的工资待遇外，并无一分钱的额外收入，就连吃食堂，购饭票，排队买饭，也是自行解决。后来王仲荦先生及其夫人来，也就住在简陋的办公室里；招待弟子友人吃饭，也就在外边买些熟食，在办公室里凑合。今天想起来，真够委屈这些"国宝"级专家的。对于这一切，老先生们毫不计较，争分夺秒，踏实工作，一心要将被耽误的时间抢回来，将被耽误的工作补上去。看，这就是被"四人帮"在"学术权威"之前冠以"反动"的老先生们的革命风格，大公无私，公而忘私，这种精神永远值得我们学习。

相比之下，如上我所记的这些鸡毛蒜皮的小事，难以体现老先生们奇风异采于万一，实在微不足道。不过，念及这些小事都发生在"文革"的特殊环境中，因而还可以做另一番诠释。或赏花、或玩物、或书法、或休养，或出于自愿的劳动，甚或对青年人的谆谆教诲，这些都是在结束了被"文革"专政之后才能有的闲适之举，犹如风浪之后的平静，紧张之后的放松，让他们感受到了重新自主自己生活的喜悦。唐诗中曾记述了遭贬谪又重回长安的"前度刘郎今又来"的故事。时代不同了，我们这些可敬的老先生，没有刘禹锡式的傲岸与牢骚，有的只是兢兢业业地工作，潇潇洒洒地生活。透过那些细细微微、点点滴滴的琐事，闪现的不正是另一样的劫后灿烂吗！

（原载《文史知识》2009年第8期）

回味是美好的
——参与创办《文史知识》纪事

牧之送我他的新著《编辑艺术》。

牧之的文笔一向平易而潇洒，引人入胜；这次因为行文多涉《文史知识》，所以读来尤觉亲切。

本人拙于做，懒于思，无能探讨什么编辑的艺术。虽说毕生从事编辑生涯，编书编刊也做了一些事情，却如"黑瞎子掰棒子"，只忙于过程而少于归纳，故而在牧之兄敏于思考勇于探索面前只能是自惭形秽。牧之研究创办《文史知识》的经验已经十分全面了，我作为他的合作伙伴很难再有什么补充和发挥，不过，回顾创业之初的艰辛，并肩协力的默契，倒也思潮起伏，其乐融融。

一

我和牧之都是1972年到当时刚刚恢复的中华书局参加工作的。他是从干校回到中华，我则是从中国剧协分配到中华，都编在当时的文学组，始而编《中华活页文选》，继而与工农兵三结合，一起"评法批儒"，注释法家著作，分工尽管不同，一样地全身心投入。或编或写，虽也免不了蹈袭"两报一刊"的观点乃至语言，但具体注释起古典原著来，则又小心求是，不敢妄加判断，肆意发挥。受命于领导，老实做编辑而已。至于命运安排，机缘凑巧，有了不同的走向，又岂是我辈小小编辑自己所能左右的呢？

拨乱反正，中华和商务分署办公之后，牧之调到总编室去编"古籍整理简报"，我仍在文学编辑室看书稿，工作逐渐步入正轨。1980年下半年，总编辑李侃同志突然把牧之和我找去，给我们布置了个新任务：办个普及性刊物，定名为《文史知识》。刊名已经明明白白，因而也没有提什么更多要求。

总编大人的信任，没有让我们为难，反而油然而生一种创业的冲动。在我们看来，历经十年文化浩劫，文史知识也出现了一代的断层，如何兴废继绝，把被惨遭扬弃、扭曲的古代文化重新拾掇、匡扶起来，是专事古籍整理出版的中华书局的责任，也是我们这一代"文革"前培养的年轻文史工作者的义务，所以《文史知识》确立的知识普及的方向应该是大有可为的。牧之是北大古典文献专业出身，干起来自可驾轻就熟，而我却还缺着这门功课，尚需从头学起。我甚至想，这个刊物办好了，可以成为培养古籍整理专业人才的启蒙读物，我也可以干中学了。这样的考虑就决定了《文史知识》的读者对象，应该是中等偏上文化水平的读者，具体来说，就是当时的大学生和中学教师。

明确了读者对象，也就相应地设想了一些栏目。只是闭门造车，总不能如意，这时亟思参照同类型的刊物，以资借鉴；眼前又没有，于是想到了当年余冠英先生主编的《中学生》杂志，于是我们走进了朝内大街203号那座著名的社科院宿舍，推开了余冠英先生家的风门。

余先生是位十分平易近人的学者。话题就从他当年搞的《诗经今译》开始。他说，解放初，基于给苏联老大哥提供中国古典名著普及读物的需要，科学院布置，我们做了分工，郭沫若搞《楚辞今译》，我就搞起了《诗经今译》。《诗经》，特别是其中的《国风》，其实就是流行于春秋各国的民间歌谣，所以我的白话今译的工作也就借鉴了民歌的传统，力图做到通俗易懂，体现民间文学刚健清新的风格。结果是出乎意料的好，不仅专家认可，广大青年学生也特别喜欢。说者无意，听者有心。我们从余先生的谈话中竟得到了一种启发，那就是专门家写通俗文。余先生是专治汉魏六朝文学的权威，但是"国中属而和者"并不多，倒是他的《诗经今译》为他获得了偌大的名声，犹如周振甫先生之治《文心雕龙》少为人知，而他的《诗词例话》却为许多青年学子所熟读。专门家撰写知识性读物，没有专门著作那样的深奥，然而以其权威性所做的知识普及工作却更容易得到年轻人的信赖，成为莘莘学子的良师益友。组织大专家撰写小文章，这不正是我们创办《文史知识》所应遵循的宗旨吗？我们的思路豁然开朗。顺便提一下，余先生此后就一直关心《文史知识》，不久交给我们一篇《诗经今译》的新作，译注的是《国风》中的《株林》一篇。

其体谈到《中学生》，我们问到其中颇有影响的一个栏目"文章病院"该怎么搞。余先生说，关键是选好有典型意义的"有病文章"，才能给青年读者以匡谬正俗般的指导。我们正愁找不到这类"病文"，恰恰这时，白化文先生拿来了自己的一篇经过叶圣陶老人修改过的文章。叶老修改处，工整细致，一丝不苟，本身就是珍贵的文献。

白先生学识渊博，其时正在往母校北京大学调动。他又是个热心人，《文史知识》草创时期贡献尤多，他拿来"有病文章"现身说法，颇让我们感动。其实他写的是一篇探讨青铜器的专业性很强的文章，曾请叶老审阅，叶老也字斟句酌地做了修改。后来文章在《文物》上发表，而叶老的修改稿也就保存了下来。现在拿出来昭示天下，虽其间并无"鲁鱼亥豕"之类的小误，有的也不过是学术问题的商榷，但白先生敢于拿出来，其勇气也是令人佩服的。即或如此，也还需要征得叶老的同意，于是我们将原件先行寄出，然后跟牧之一道如约到东四八条叶宅去拜望。

是叶至善先生把我们引进房间的，随即从后屋请出叶老。那是多么慈祥的长者啊，一边让着两位年轻的编辑吃茶，一边把已重新阅过的他当年修改过的文章交给我们，并表示只要原作者同意发表，他是没有意见的，还让我们代向原作者致意。看来他也挺欣赏原作者的勇气哩！浓重的乡音，我们听起来有些吃力，亏得一旁的叶至善先生代为翻译解说。这就是发表在《文史知识》创刊号上的《叶圣陶先生对〈青铜器浅谈〉一文的修改意见》。惜乎像这样大家改名家的文章太难找了，因此这一仿效"文章病院"的栏目，也就虎头蛇尾，难乎为继。

二

从受命就确定了第二年出刊的期限，在不到半年的时间里，我们使出了全身解数，动员了自身所拥有的全部人力、物力资源。所谓"人力资源"就是师友关系。牧之出身北大，"资源"当然雄厚，北大也就成了我们跑得最勤的掘金宝地。大家不妨翻翻前几期的作者队伍，以北大、北师大、南开为多，《文史知识》几乎成了四十年后"西南联大"的同仁刊物。至于所谓的"物力资源"，则是我们的自行车，在书局当时只有我和牧之的坐骑是永久牌13型锰钢自行车。当时个人家中安装电话还不普遍，所以组稿、办事，不论远近，都靠骑车；那时也没有留饭的习俗，完事就走，一般半天就把任务跑回来。以去北大为例，从王府井大街36号骑到北大南门，算了算，即或是寒冷的冬天也不过52分钟。一路上边说边笑边擘划，那是挺愉快的事。

正因为倾力为之，所以我们对创刊号也倍加珍惜，精雕细刻，特别用心。牧之请了中央党校教务长宋振庭和教育部副部长董纯才两位重量级人物撰文，在创刊号上为《文史知识》鼓吹。而第一篇"治学之道"就是业已定居北京的词坛宗师夏承焘先生的《我的学词经历》。在该文的"补白"部分特别选了《列子·汤问》中的"薛谭学讴"的故事，包括了正文、今译，并附以结合夏老文章精神鼓励青年学子刻苦治学、切莫浅尝辄止的"小议"。这种利用"补白"选择有关笔记加以译评竟一度成为《文史知识》的定式，不仅充分利用了版面，也能给学生以小启示。听说当年的高考试题有两则笔记就是《文史知识》的"补白"中引用过的，成了《文史知识》的新卖点。这既在情理之中，也是意料之外的事了。

封面设计我们请了商务印书馆的青年美术编辑范贻光同志，希望他能突出刊物兼顾文史的特点，搞出点新鲜样儿。最后他设计出一个四方图案，四角选用四块瓦当造型，分别标识着青龙、白虎、朱雀、玄武四个图像，作为中国古代文化的图腾，它蕴含了东西南北、左右前后等方位性的丰富文化内涵，似乎可以借以体现《文史知识》的文化传承。这个封面虽嫌刻板了一些，但寓意宽泛，颇耐琢磨，可谓别出一格。我们特别利用补白，据以介绍了有关的文化史知识。

《文史知识》第1期试刊号是通过新华书店经销的（从第4期起交邮局发行），出版消息一经"京所通讯"刊出，我们就一再打探全国各地的征订情况（发现人口大省山东征订上来的数字不理想，我还专程跑到济南省店去做工作），最后报上来的订数竟有十万之巨，我们着实兴奋了一番。而中华书局总编室主任俞明岳同志竟慷慨解囊，自费购买了1000册，分送亲友，广为宣传。他兴致勃勃地跟我说起：我通读了一遍，这个刊物办出了中华书局的特色，除了平实的知识性介绍，像"文学史百题"、"历史百题"（这是我们借用当年《中学生》上的栏目）、"怎样读"之外，还敢碰学术界的尖端话题。他指的是罗宗强的文章，文章巧妙地以郭老前后两篇观点相悖的论著的题目作题目，成《诗歌史上的双子星座——李白与杜甫》，反驳了扬李贬杜的错误观点。俞明岳同志是《文史知识》创刊号的第一个热心读者，也是第一个积极的订阅者，给我们以极大的信任和鼓舞，在《文史知识》创办史上是应该记上一笔的。

当然，最浓重的一笔应该记在李侃同志的头上。是他做出的决策，让中华书局走出高贵的学术殿堂，视普及文史知识为己任，使一个从事古籍整理的专业出版社更贴近青年学子，从而扩大了书局的影响。李侃同志是研究中国近代史的专家，对他的专业我知之不多，只看过他撰写的呼应社科院黎澍同志对十年动乱祸害学术的反思文章，振聋发聩，受到启发。创办《文史知识》是否也是在反思后的举措呢？我不得而知。不过，他的领导方法还是挺让我们感佩的，那就是大胆放手，充分信任，即或碰到问题也是多方支持，鼓励有加，从无挑剔责备之事。名至实归，不少场合人们都称赞他主编的《文史知识》办得好，他总是谦称：我没做什么事，我只是选对了两个人，让他们放手去做。一次他提起，民族学院的贾敬颜教授（辽史专家）劝他不要"与民争利"，他对我们说：这事跟你们无关。中华书局怎么就不能走出去呢？走出去了，扩大了影响，怎么能说是"与民争利"呢？人说领导的艺术就是出主意，用干部，李总确实做到了这一点。

三

其实，我在《文史知识》只干了一年多不到两年的时光，干到1982年改为月刊的第3期就离开了。李侃同志找我说，我是把你从文学室借来的，当初讲好借一年，现在已经一年多了，人家几次来催，再拖就说不过去了。当其时，牧之主持工作已很得手，编辑部人员也陆续配齐，于是我又回到了文学编辑室程毅中同志的麾下。

在《文史知识》的时间尽管短暂，却留下许多美好的记忆。比如创办之初，除牧之和我外，只陆续调进余喆和华晓林两位帮手，刊物的一应杂务全由他们包了。我们还一道用自行车驮着刊物到甘家口物资礼堂，周振甫先生在礼堂里面给电大学员讲授文史知识，我们则在礼堂外面利用学员课间和下课的空隙，于簇拥中叫卖《文史知识》，那也是一种豪情的抒发啊！我们还联系发行部派车到北大、人大去售书，除了《文史知识》，也带上书局别的出版物。大学学子争相翻看、踊跃购书的场面，也为校园平添一景。中华书局送书上门，似乎还是《文史知识》的青年人首创的呢！

《文史知识》不仅受到青年学生的欢迎，也得到专家学者的青睐。记得北师大教授刘乃和先生，不仅积极为刊物撰稿，还说：《文史知识》我每期必看，它对一些资料的爬梳整理很实用，我开"中国通史"课用得着，省了不少查找的力气。

一次，我们还接待了一位稀客，那是上海古籍出版社的何满子先生。他造访中华书局，特别爬上五楼来看我们。我和牧之热情接待了他，并请他到隔壁萃华楼午餐。何满子先生是治古典小说的专家，他那关于《西游记》是"神魔小说"的观点一出，引起学术界的热烈争议。他对《文史知识》的创办鼓励有加，说到兴处，呼酒豪饮。我们当时尚不会饮酒，然听到前辈奖掖，也似饮到了甘露。

还记得一事。一日，来一读者送稿，自称新华社摄影记者童大林，稿名《阳关之谜》，说是沿长城拍摄所得。这是颇为警人的题目。阳关，通往西域的丝绸之路上的重要关隘，王维那著名的诗句"劝君更尽一杯酒，西出阳关无故人"即指此。但遗憾的是，这样一个中西交通的重要枢纽，宋代以降就不在国人的视野之内了，成了千古之谜。文章作者经多年多次实地考察，终于确定了这座文史古迹的方位，就在敦煌西南方向。随文附有一张照片，竟是广袤无垠的漠海中的一座土丘。文中的考索无疑是确实的，只是作者常年在吉普车上劳顿，于行文上不甚讲究。我和刚调来的四川佬儿刘良富同志一起动笔修改润色之，又经作者过目，终于在"文史古迹"栏目中刊出。旋即被《新华月报》全文转载。据说这种转载，不论当年抑或而今，都被报刊视之为不小的荣誉哩！

凡此，都说明《文史知识》在专家、学子中间，以及在社会上的影响，在逐渐扩大着。

牧之之于《文史知识》，尽心尽力，确实具有艺术性的讲求，贡献巨大。他主持工作，总能做到时进时新，终使《文史知识》成为同类刊物之中的翘楚，并成就了他的大著《编辑艺术》，那已经是水到渠成的后话了。我的美好回味也就到此打住。

（原载《书品》2007年第1期）

编集后语

感谢《文史知识》主编李岩同志给编委出书的倡议，使我得以将一些散见文章凑成一集出版。

集名《诚之斋札记》，诚乃我的原名，至今知根知底的师友们仍以"克诚"呼之，连启功先生赐字也曾用此称呼。回想起1965年初，南开毕业，分配到中国戏剧家协会，报到那天，人事处处长师力坤老太（史学家刘大年夫人）接待的我。她说："单位对外联络多，你的名字最好改一改。"我当即问："能改吗？"她说："我给你开个证明，到派出所就办了。"鉴于学校同窗已常叫我黄克，所以自工作始，正式使用现名。后来，住房宽绰了，有了自己的小屋，为附庸风雅，遂名之曰"诚斋"，并专请书法家赵发潜先生题写匾额，倒也煞有介事。只是今既公诸于众，又恐与宋代大贤杨万里先生之号重，反落讥柄，故加"之"

字以别之。

札记虽有杂的特点，但所选大致也该有个框框。本集所选大部分文字俱与中华书局有关。我自1972年至1987年，十五六年的时光里服务于中华书局，赶上七八十年代出版界的大好形势、中华书局的宽松环境，欣逢际遇之盛，作为编辑工作者得以放手去做，或责编书稿、或校勘古籍、或编创期刊、或撰写书评、或访问作者、或赏析名篇、或径直完成领导交办的任务，大多就是这一时期的作为。没有开放的氛围、没有同事间合谐的情分，给我以激励和帮助，难得有这样的收获，这就是我的所谓中华书局的情结，始终不敢忘怀的。其中尤以程毅中先生对我影响为大，在古籍整理研究中，言传身教，指点迷津，犹如坐科的老师一般，引我入门；唯因蒙昧不开，半途而废，致无所成，老来想起仍愧疚不能自已。

在成集过程中，《文史知识》编辑刘淑丽等同仁为我搜索散见之文，并详加校勘，使我受益良多，谨致谢忱。

2015年4月